中共青海省委党校、青海省行政学院、青海省社会主义学院出版资助项目

空间的梦

高海拔地区的人口流动及社会风险

解彩霞 著

中国社会科学出版社

图书在版编目 (CIP) 数据

空间的梦：高海拔地区的人口流动及社会风险/解彩霞著 . —北京：中国社会科学出版社，2021.12

ISBN 978 – 7 – 5203 – 9463 – 5

Ⅰ. ①空… Ⅱ. ①解… Ⅲ. ①高原—人口流动—研究—中国 Ⅳ. ①C924.24

中国版本图书馆 CIP 数据核字（2021）第 270692 号

出 版 人　赵剑英
责任编辑　吴丽平
责任校对　王佳玉
责任印制　李寡寡

出　　　版　中国社会科学出版社
社　　　址　北京鼓楼西大街甲 158 号
邮　　　编　100720
网　　　址　http://www.csspw.cn
发 行 部　010 – 84083685
门 市 部　010 – 84029450
经　　　销　新华书店及其他书店

印　　　刷　北京明恒达印务有限公司
装　　　订　廊坊市广阳区广增装订厂
版　　　次　2021 年 12 月第 1 版
印　　　次　2021 年 12 月第 1 次印刷

开　　　本　710×1000　1/16
印　　　张　15
插　　　页　2
字　　　数　225 千字
定　　　价　78.00 元

凡购买中国社会科学出版社图书，如有质量问题请与本社营销中心联系调换
电话：010 – 84083683

移民研究话语中在场的空间

——代前言

　　"迁移"是人类生存的常态，人类从诞生之日起，就要随着气候、资源、季节等变迁而不断地迁移以维持生存。最早的人类迁移，地理空间是非常重要的甚至是决定性的因素。公元前4万年前后，人类借助寒冷气候而形成的各大洲之间的"路桥"，逐渐从诞生地非洲，越过大陆山川，跨过江河湖海，到地球上适合人类生存的各个角落谋求生存。早期的人类掌握自然的能力非常有限，树上的野果、林中的野兽、河里的鱼虾等自然条件决定了人们只能逐水草而居，顺自然而为，过采集、狩猎、游牧的生活，这个时期个体的人依赖群体生活，迁移基本上以群体的形式出现，族群（群体）迁移流动是主要的迁移形式。

　　后来人类有了较强的驯化植物、开垦农田、建筑房屋、饲养牲畜的能力，从而一定程度上掌握了自己的命运，过上了相对"稳定"的"定居"生活，这种长期依赖某一片土地的产出而形成的生产生活方式，使得依赖土地的人"像长在地里的庄稼一样不能移动"，培育出了对"一方水土"有着浓重情感的乡土文化，"安土重迁""父母在不远游""落叶归根"等观念成为依恋定居而抗拒流动的文化基础，"故乡"这一建立在空间基础上的情感纽带，成为整个农业社会延续的重要保障。农业社会对自然的巨大依赖，使得自然的变迁、灾难等成为改变人和空间关系的重要动力，比如中国历史上发生的闯关东，走西口，湖广填四川等重要人口迁移，基本上是在特定空间出现较大自然问题或人地冲突严重的时候发生的人口迁移。在整个农业社会的历史中，相对"静止"是整个社会的主要运作方式，而流动只是少部分地区少部分人的选择，并且因交通的不发达等因素导致的流动的高代价，使得大多数以家庭主要成员一起流动的形式呈现出来。

随着工业化和城市化的推进，工厂和城市建设所需的大量劳动力需要从农村获得补给，人类逐渐可以离开土地及其他自然资源，农村人口大量地、长期地走出村庄走向城市，进入工厂，谋求农业之外的生存方式，人口开始了大规模的流动。随着工业化的不断发展，人们为了寻求更好的生活或者更好的发展也会在不同的城市间不停穿梭，交通的发展给人们提供了渡河泅江，翻山越岭，甚至跨越国界流动的条件，大规模、长时间、长距离、跨地域、跨文化、跨国界的流动成为人类迁移的新常态。

工业革命之后的人口"迁移"与早期的人口流动不同，表现如下。第一，早期的人口流动是用步行或较简陋的交通工具的辅助下进行的，流动的距离相对较短，工业革命之后的流动距离远远增加。第二，人类在很长时期内的生产活动是围绕着"吃"进行的生计经济或糊口经济，因为地域条件决定的生产生活方式，在较短距离内有非常大的相似性，短距离的迁移不会遭遇生产生活方式的巨大改变，引起人们的较大不适，工业革命以来越来越精细的劳动分工使得迁移人口面临着生产生活方式的根本转型。第三，工业革命前的人口流动因流动距离较近，人们一般是在一个共同的"文化圈"内进行的流动，很少引起迁移者因不同文化而引起的"文化震惊"，工业革命之后远距离的迁移往往使得迁移者面临着人际交往圈的重大变化，要重新适应迁入地的文化，甚至引起严重的适应问题。第四，人口数量的激增，人口流动的绝对量大大增加，引发越来越多且复杂的社会问题。第五，因流动的常态化，使得流动成为人们众多生活方式中的一种，个体此时此刻可以在此地，很快又可以到达另外一个地方居住生活，流动更多的成为个体的日常生活方式。

学界所指的国际移民与民族国家基本上是同一进程。因为在民族国家形成之前的"国家"并没有能力有效地控制边界，各国之间也并没有清晰的边界划分①，只有伴随着现代科学技术的发展，使得主权国家有能力勘定和控制边界，民族国家成为主要的国家形态，人口从一个主权国家向另一个主权国家的迁移流动形成了国际人口迁移，描述和解释人口迁移的理论越来越多。在诸多的移民研究理论中，可以看到人口迁移的四个重要影响因素：移出地、移入地；个人；迁移成本；迁移效益。致力于研究移出地和移入地对人口迁移影响的推拉理论，强调国家、地区之间经济发展不平衡对人口迁移影响的新古典主义经济理论、劳动力市场分割理论和世界体系理论等理论都看到在人口迁移的决策和实践过程中，移出地和移入地的经济、政治、社会、文化、自然环境等诸种条件对人口迁移的影响。而移民网络说、迁移文化等理论则看到作为迁移者个体在做迁移决策时所凭借的建立在血缘、地缘、情缘基础上的亲人、乡邻、朋友所提供的种种"社会资本"是移民得以获得迁移信息和做出迁移决策的重要凭借。在迁移成本和效益的考量中，除了可得和可预计收入之外，气候、自然环境、社会文化环境、居民素质、教育条件、政治气候等和生活质量密切相关，但却无法直接用金钱购买，且凭借个体努力无法实现，而又对个体非常重要的"不可交换要素"成为越来越多的迁移者要考虑的因素。在诸多重要而不可交换的要素之中，自然环境和气候条件成为人口迁移决策的首要影响因素。

在中国的人口分布及迁移流动中，地理环境起到了至关重要的作用。1935 年，34 岁的国立中央大学地理系主任地理学家胡焕庸在《地理学报》上发表了《中国人口之分布》一文，首次提出了瑷珲—腾冲线，国际上称为胡焕庸线。胡焕庸在中国人口分布和人口密度特征的基础上把东北黑龙江的瑷珲和西南云南的腾冲做直线连接起来，中国就被分为东南和西北两部分，东南占当时国土总面积 36%，占人口总量的 96%，西北占国土面积 64%，但人口总量仅占 4%，人口密度相差 40 倍。胡先生的研究认为，自然环境、社会历史条件和经

---

① ［英］安东尼·吉登斯：《全球时代的民族国家》，郭忠华编，江苏人民出版社 2010 年版，第 264 页。

济发展水平是影响人口分布的重要因素，而最基础的则是自然环境。自胡焕庸线提出以来，中国人口规模从 4 亿人增加到近 14 亿人，经济发展和经济总量增值数十倍，国家人口迁移政策，区域发展状况等都出现了巨大变化，但胡焕庸线所揭示的人口分布西北相对稀疏和东南稠密的特征并没有发生根本的改变。中华人民共和国成立以来，尤其是改革开放以来，随着国家发展的不同梯次展开，东南沿海成为人口流动的重要目的地，而西部大开发等国家战略，虽然使广大西部地区获得了长足发展，但仍旧没有吸引更多的人口从胡焕庸线东侧往西侧迁移，西侧的人口流动呈现出大量、长期向东侧流动的特征，同时西侧区域内的流动总量也在不断增加，西侧的城市也成为本区域内人口流动的重要目的地。

改革开放拉开了中国人口大规模流动的序幕。40 多年来，长三角、珠三角等地因得天独厚的地理区位优势，使得当地快速发展起了个体、私营等经济形式，并且吸纳了大量的劳动力。中西部大量的农民离开世代生活的土地长途跋涉去获得农业之外的生活方式，随着国家全方位的开发建设，流动谋生的农民越来越多，更多的人在县域、省域和周边省份流动，因户籍等因素的影响，长途跋涉的农民工能够在打工所在地购房、置业生活下去的比例很低，大多数人在年龄逐渐增大，需要成家的时候，只能回到户籍地。各地小城镇给这些回到户籍地的外出务工而很难再回到村庄生活的农民工一个进城生活的机会，农民工得以在户籍所在地的乡镇、县城买房置业，从而实现了城镇化和市民化，大大加速了中国城镇化的速度，改变了中国人口城乡分布的空间格局，在城市居住的人口逐渐多于在乡村居住的人口数量。

纵观人类历史上的迁移流动，都是在一定的历史条件下发生的作为一个个物质实体的人，从一个特定的地理空间到另一个地理空间的过程。地理空间有其重要的特征：地理空间是自然的，与特定的河流山川植被，地形气候土壤等特征密切相关；地理空间是排他的，一个人占据了一个空间，则另外的人就无法再占用此空间，地理空间本质上是无法分享的；地理空间是唯一的，一个个体只能占据唯一的地理空间，无法同时占据不同的地理空间；特定地理空间造就特定经济社会文化政治样态。因此，人类在迁移流动中努力占据更好的地理空间和与之相应的社会、文化、经济、政治空间以获得更美好的生活，空间是人口迁移流动实现梦想的重要路径。本书以一个中国西北省份高海拔地区人口的迁移流动为例，探讨在移民研究中一直在场，但有时会被文化、社会、政治、经济等因素弱化的"空间"对一个独特地域的人口迁移流动的重要价值和影响。

目　　录

绪论　关于本书的那些事儿 ………………………………………（1）

　一　为什么和为什么：研究缘起和价值 …………………………（1）

　二　研究支柱和蓝图：理论基础和框架结构 ……………………（5）

　三　思想路径和实践路径：研究思路和方法 ……………………（9）

　四　怎样读本书：篇章结构 ………………………………………（13）

第一章　前人肩膀：国际国内有关人口流动和社会风险

　　　　的研究 …………………………………………………（15）

　第一节　国际人口迁移及其理论 …………………………………（15）

　第二节　国内人口流动的历史与现实 ……………………………（34）

　第三节　国内外风险社会及人口流动风险研究 …………………（43）

　小结　文献简评 ……………………………………………………（49）

第二章　生活在别处：流动人口的流动 …………………………（50）

　第一节　流动人口基本情况 ………………………………………（51）

　第二节　流动人口移民网络：流动惯习与情感支持 ……………（59）

　第三节　家、家园与家园感：自我认同与社会归属 ……………（68）

　第四节　流动人口社会风险 ………………………………………（78）

　小结　生活在别处 …………………………………………………（84）

第三章　就业在高原：公职人员的流动 …………………………（86）

　第一节　公职人员基本状况 ………………………………………（87）

第二节　公职人员流动影响因素：就业压力与生活选择 ……（90）

第三节　多元而"流动"的家：生活状况与家庭结构 ……（105）

第四节　公职人员流动社会风险 ………………………（117）

小结　为了更好的生活 …………………………………（123）

第四章　进城去生活：城镇化人口的流动 ……………（125）

第一节　城镇化人口基本状况 …………………………（129）

第二节　城镇化人口影响因素：城镇化建设与个体选择……（132）

第三节　城镇的生活：就业网络和生活质量 …………（140）

第四节　城镇化人口流动社会风险 ……………………（151）

小结　现代化与不平衡 …………………………………（161）

第五章　为了绿水青山：生态移民的流动 ……………（163）

第一节　生态移民基本状况 ……………………………（165）

第二节　移民利他指向：群体身份认同与责任主体转向……（167）

第三节　回不去的家园：适应状况与回迁愿望 ………（175）

第四节　生态移民社会风险 ……………………………（186）

小结　非自愿移民的自愿 ………………………………（191）

余论　个体化背景下的人口流动及社会风险 …………（193）

第一节　个体化：历史进程与理论表述 ………………（193）

第二节　中国社会个体化及其特点 ……………………（197）

第三节　X省人口流动类型与社会风险 ………………（200）

第四节　X省高海拔地区人口流动社会风险总体应对

思路 …………………………………………………（205）

小结　所得与所失：研究反思 …………………………（209）

附　录 ……………………………………………………（212）

附录一：流动人口访谈对象名单 ………………………（212）

附录二：流动人口访谈提纲 ……………………………（213）

附录三：公职人员访谈对象名单 ………………………………（214）

附录四：在职公职人员调查问卷 ………………………………（216）

附录五：在职公职人员访谈提纲 ………………………………（220）

附录六：退休公职人员访谈提纲 ………………………………（221）

附录七：城镇化人口访谈对象名单 ……………………………（221）

附录八：城镇化人口访谈提纲 …………………………………（223）

附录九：生态移民访谈对象名单 ………………………………（223）

附录十：生态移民调查问卷 ……………………………………（225）

附录十一：生态移民访谈提纲 …………………………………（227）

后　记 ……………………………………………………………（228）

绪论
关于本书的那些事儿

一 为什么和为什么：研究缘起和价值

作为一个个单独个体生命的人，出现在地球的何处，消失在地球的何方，在流动性和流动距离较小的年代还是有很大一致性的，但随着工业化推动的社会现代化进程及后来的信息化推动的后现代社会，个体生命的诞生地、生活地和死亡地呈现出越来越多的不一致，人们有了更多的机会离开出生的自然之地，主动寻求自己希冀生活的新地方。但任何单独个体的选择，却永远无法逃脱特定时间和特定空间的制约，个体的生活追求与社会条件相交织形成了特定地区人口分布与流动的静态镜像和动态图景。

对中国广袤的土地来说，5500 千米的南北跨度、5000 千米的东西跨度、8000 多米的海拔跨度，共同构成了这片土地多元而丰富的人口生存自然基础，使各地呈现迥然不同的生存样态。联合国教科文组织规定海拔 3000 米以上属于不适宜人类生存之地，但事实上，不单在中国，全世界各地都有数量不等的人口仍在海拔 3000 米以上的地方生存繁衍，并且没有消亡的迹象。高海拔地区生存的人在长期与高寒、缺氧等恶劣的自然条件抗争，用坚定的生存轨迹留下人类生存的重要样本。在社会快速现代化的时代，高海拔地区的人口也加入了快速流动进而融入和推动社会迅捷变迁的现代性大潮之中，书写一个独特地区与国家千丝万缕的关系。国家不仅仅是抽象的宏大叙事，更体现在每一个人的生命中，流淌在每一个人的血脉里，正因如此，每一个地区都是一个中国的不同呈现，每一个人都会折射出中国的不同面向，每一个个体的生命样态组成了中国的生命形态，每一个个体生命的生存轨迹绘就了现代化中国的发展轨迹，每一个个体生命折射出的生命之光，汇聚成现代化中国的时代光芒。对任何一个地区，任何一群生命的书写，都是对现代化中国的一次重要记录。本书将以 X 省高海拔地区为例，希望记录下高海拔这样一个独特地区融入现代化大潮的人口迁移流动的历史画卷，为人口快速流动的现代化中国留下一个独特的样本。

  X 省位于中国西北，面积 72 万多平方千米，人口接近 600 万人，地广人稀，省内遍布高山大川，河流密布，湖泊众多，沼泽连片①，是中国重要的河流发源地，也是重要的生态保护地。X 省共有 8 个市州级行政区，除省会 A 市外，还有 B 市和 6 个自治州。省会 A 市，平均海拔 2260 米，属于大陆性高原半干旱气候，日温差大，年温差较小，年平均气温 7.6℃，夏季气温 17—19℃，气候凉爽，是避暑的好地方，A 市集中居住了全省近 1/2 的人口。B 市是 X 省第二大城市，市政府所在地海拔 1850 米，是 X 省工业、农业和第三产业都较为发达的地区，也是人口较为集中的地区。B 市地理分布差异大，垂直变化明显，属半干旱大陆性气候，气温随海拔增高而递减，降雨量随海拔增高而递增，海拔 3000 米以上的北部地区及山区较寒冷，海拔 1700—2500 米的河水谷地较温暖。气温昼夜温差大，冬夏季温差小，日照时间长，太阳辐射强，年平均气温 3.2—8.6℃，最高气温 25.1—33.5℃，最低气温 -25.1——18.8℃。X 省除 A 市和 B 市外，其他 6 个州海拔都较高，如表 0-1。

表 0-1　　　　　　　　　各州府所在地平均海拔　　　　　　　　（单位：米）

	C 州	D 州	E 州	F 州	G 州	H 州
州府所在地平均海拔	2982	2835	3080	2491	3719	3681

注：本书所指的 X 省高海拔地区就是指除 A 市和 B 市之外的其他地区。

资料来源：X 省统计年鉴（2020）。

---

① https：//baike. so. com/doc/373357 - 395406. html.

　　较高的海拔使得 X 省大部分区域热量不足，年平均温度在 0℃ 以下，最暖月平均温度也不足 10℃。冷季热量低，降水少，风沙大；暖季只有从 6 月下旬到 9 月上旬 3 个月的时间，热量稍高，水气丰富，降水量多。当地人戏说高原气候为 "一年只有一个季节，冬季和大约在冬季"。由于海拔高、气温低，绝大部分地区空气稀薄，含氧量只有海平面的 60%—80%，没有绝对的无霜期。植物生长期短，大部分地区分布着高原草场，草原覆盖率高，森林覆盖率低。当地人的生产生活方式以牧业为主，牧畜以耐高寒的牦牛、绵羊、山羊为主，较低海拔的较少地区可以种植青稞、小麦、豌豆、马铃薯、油菜等耐寒农作物，农业不发达。

　　随着现代化进程的加快，X 省全省人口流动呈现出明显的外流倾向，如图 0-1 所示。

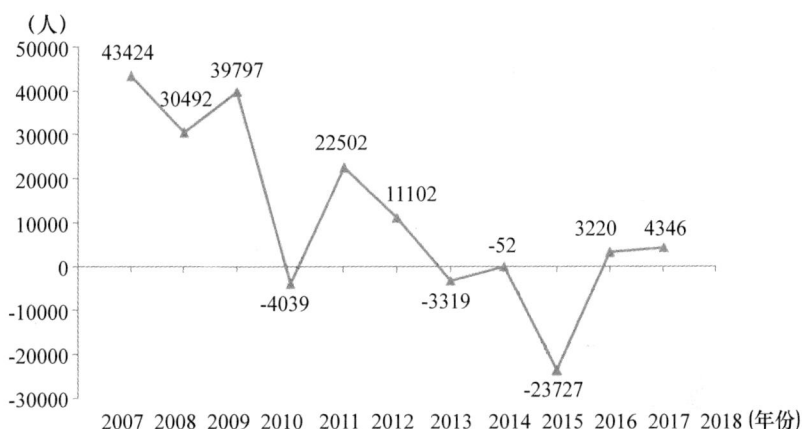

图 0-1　X 省户籍净迁入人口迁移折线

资料来源：X 省统计年鉴（2008—2019）。

　　从图 0-1 可以看出，2007 年以来，X 省户籍净迁入人口数量持续减少，其中 2010 年、2013 年、2014 年、2015 年户籍人口呈现净流出状态。

　　X 省高海拔地区户籍人口流动如图 0-2 所示。

（人）

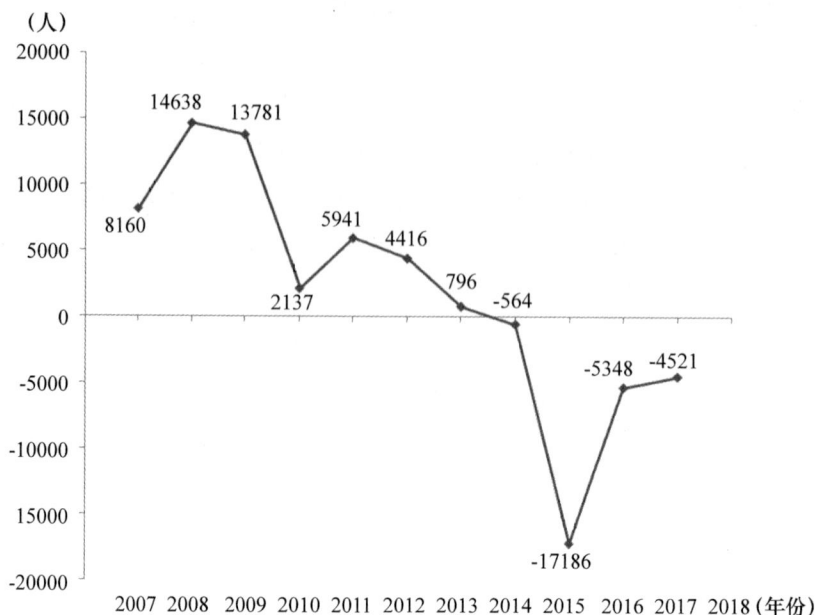

图 0 - 2　高海拔地区户籍净迁入人口迁移折线

资料来源：X 省统计年鉴（2008—2019）。

　　X 省高海拔地区的人口流动和全省的趋势大致相同但呈现出明显的地域特点，自 2014 年之后，全区域户籍人口呈现净流出状况，2015 年达到峰值，净流出 17186 人，之后持续回升，但净流出的状况并没有得到改善。

　　人口迁移流动一直是社会科学研究关注的重要内容，尤其是改革开放以来，中国人口由一个低流动的状态逐渐转变为高流动的状态，人口流动呈现出大规模、远距离、长时间持续不断地流动状态，社会科学研究人口流动众多的繁荣景象，尤其在农民工流动的研究方面，呈现出研究人员多、研究对象广、研究理论多元、研究成果丰硕等特征，而对高海拔地区的人口流动的研究也是全国人口流动研究中独特而重要的组成部分，该地区的人口流动有与全国人口流动共性的一面，同时因独特的地理环境等特征而与全国不同的一面，本书以这样一个高海拔地区的人口流动为对象研究该地区的人口流动的特征，期待给众多的人口迁移流动学术研究成果提供一个可拓展的视域。

对该地的人口流动研究有利于了解清楚高海拔地区人口的流动动力和流动选择以及对当地政治、经济、社会文化的影响，看到人口流动在对本地区发展起到重要作用的同时，还可能对地方经济社会发展潜藏和孕育社会风险，本书试图在一定程度上全景描述该地区的人口流动画卷，解释人口流动的原因，预测因人口流动带来的社会风险，为保障该地区社会和谐发展提供可供参考的意见和建议，是为本书的应用价值。

二 研究支柱和蓝图：理论基础和框架结构

（一）主要概念

移民：国际移民研究关于移民的界定指离开居住地到其他地方生活居住一定时间的人口，即从时间和空间两个角度来界定移民，跨越国界的移民被称为国际移民。

人口流动：国内学界根据中国特殊的户籍制度，将国内的人口迁移分为正式办理户籍登记变更的"迁移人口"和到其他地方生活居住但没有变更户籍登记地点的"人口流动"，把这种类型的人口称为"流动人口"或"暂住人口"。

"人口流动"是指个体或群体从一个地理空间到另一个地理空间的位置移动，具体来说本书的人口流动既包括"迁移人口"也包括"流动人口"的部分。

社会流动：指从一个阶层地位向另一个阶层地位的流动，一般会有向上流动和向下流动。中国学术界的相关研究，有时直接将"人口流动"称为"社会流动"。为了清楚地将"人口在地理空间上的横向迁徙"与"社会结构中的纵向位移"相互区分，将前者统一称为"人口流动"，将后者统一称为"社会流动"，本书主要研究人口地理位置的迁移，较少涉及社会结构的位移。

社会风险：本书的社会风险是指由社会系统产生，由一部分社会成员或全体社会成员共同承担后果，即必须动用社会力量进行干预，危及社会稳定和社会秩序的。社会风险不等于社会危机，只有在一定条件的刺激下才可能演化为社会危机。

（二）理论视角

移民研究的诸多理论中，有强调迁移微观环境对移民迁移的重要作用的推拉理论；有强调宏观环境的劳动力市场分割理论、世界体系理论；有强调移民基于理性选择基础移民的新古典主义经济理论、新经济移民理论；有强调移民迁移资源的移民网络说；有强调综合因素的累积因果关系说、移民系统理论；等等。所有理论可以一定程度上解释某种性质的移民，即诸理论或偏向移民个体因素，或偏向社会的结构性因素来解释人口迁移的原因，正如米尔斯所说："不能武断的把个人生活从宏观的制度中抽离出来，而生活正是在这些制度中表演的，有时制度比童年时代的切身环境更严重地影响个人生活"[①]，因此，本书希冀突破个体—结构二元对立的解读路径，去揭示 X 省高海拔地区人口流动在时间维度和空间维度上呈现的个体化、异质化和制度性、结构化的动态变迁趋势，还原 X 省高海拔地区人口流动现象所呈现的结构性影响因素，来展现 X 省高海拔地区人口流动的多元性、复杂性乃至矛盾性。

对 X 省高海拔地区来说，高原、高寒的特殊自然地理区位、文化传统变迁速度较慢的文化格局以及社会经济发展滞后的特殊社会状况，与其他类型的移民相比，存在诸多特殊性。比如，人们为何会从地理区位较好的地区到 X 省高海拔地区工作生活？为何越来越多的 X 省高海拔地区公职人员在退休后会选择离开自己生活工作过若干年的地方到其他地方买房居住生活？游牧千年的牧民为何会选择下山，离开祖辈生活的草场，进城生活？一些生态重要地区的牧民，为何会整体搬迁到一个陌生的环境生活？对一个个具体的流动的人来说，这种生活的决策是基于个体和家庭考虑的重要决策，但同时也是某种个体

---

① ［美］C. 赖特·米尔斯：《社会学的想像力》，陈强、张永强译，生活·读书·新知三联书店 2001 年版，第 11 页。

无法选择的结构化力量形塑的结果。

　　基于此，本书将主要以吉登斯的结构化理论、贝克的个体化社会命题和孔飞力关于移民"通道—生境"模式及李明欢的"两个世界"理论，共同构建本书研究的理论框架。具体来说，本书以吉登斯的结构化理论框架为出发点，检视社会结构与个体行动的互动如何促成了人口的流动及其影响。在此基础上，本书将着眼于 X 省高海拔地区四大类别的人口迁徙的历史脉络和现实状况，来研究中国社会个体化程度对人们的迁徙原因和路径选择的影响，以及他们的自我评价的意义。本书将关注人口迁徙的横向图景，解读在迁出地与迁入地这"两个世界"之间这些群体所经历和体验的"通道"及与之相伴的"生境"。

（三）研究蓝图：本书的框架结构

　　个体和社会的关系问题一直是社会理论家关注的核心，也是各种理论建构的基石，吉登斯的《社会的构成》一书论述的正是社会理论家一直在论争的"社会结构"与"个体能动性"之间的张力问题。吉登斯超越了社会决定派和方法论派，前者认为社会结构事实独立于个人又强加于个人之上，后者认为社会整体只是个人的集合，在此基础上，采取了两条论证理路：一条是强调社会制度和社会互动在社会整合中的关键作用，另一条是沿着与集体特性相区别的个人能动性路线而展开，形成"双线交汇"的"结构二重性"理论，认为个体和社会形成同构和互构的关系，既强调社会结构对人类行为的"形塑"作用，又强调人类的日常生活实践对社会结构的"反塑"作用，即人类在受制约中创造了一个制约我们的世界，这是吉登斯《社会的构成》一书的主要观点，也正是书中的个体和社会结构的"形塑"和"反塑"的相互作用。对本书来说，X 省高海拔地区的人口流动，在多大程度上是制度的"形塑"，而人们流动的日常生活实践又在何种程度上"反塑"了各项制度设置，是本书需要着力解决的问题。

　　贝克的《个体化社会》是对欧洲环境下表现为个体化普遍主义逻辑的理论阐述。虽然社会生活中个体的重要性不断上升并不是一个新的现象，个体与社会的关系在将近一个世纪以前涂尔干和韦伯的古典理论中就已具有核心地位，在当代的社会理论里依旧如此。但是，当代个体化命题的新颖之处在于它致力于处理两大相互矛盾的关系，即：一方面是个体性日益增长的需求；另一方面却又强烈地表现出个体对于社会制度的依赖。新自由主义理论认为个体是天然自主自立自决的行动者，只有完全摆脱社会制度的约束才能充分实现自我。但是，新的个体化命题则强调制度对于个体化施展的重要作用，概而言之，当代不同国家的社会制度实际上对于寻求独立的个体之形成和个体化社会重组方面，具有不可轻视的作用。中国自改革开放以来，个人的主观能动性得到极大发挥，个体社会的崛起显而易见。然而，以西欧福利国家社会为基础而建构的个体化命题对于目前仍处于现代化进程的中国有何意义？这个问题亦是本书试图去讨论的。

在现实世界中，中国人用一代代跨地域、跨文化持续不断的流动实践书写了人口流动史；在社会科学的研究范畴里人口流动一直是一项事关社会结构的宏大叙事，本书运用田野调查的方法，既关注人口流动的宏观社会结构也关注个体生动而鲜活的日常生活，更关注流动者个体具体而微却又与社会结构千丝万缕的联系，开启人口流动的日常生命历程与社会结构之对话。

因此本书的研究架构如图 0-3 所示。

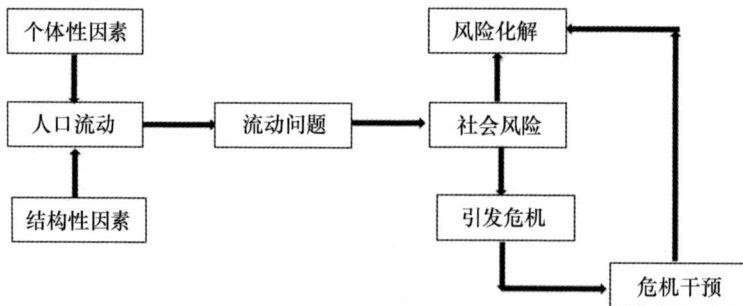

图 0-3 人口流动及社会风险研究架构

三 思想路径和实践路径：研究思路方法

（一）研究思路

本书认为人口流动是一个个体决策的过程，同时也是一个社会结构性因素起重要影响的过程，本书将从个体性因素和结构性因素共同起作用的视角，即个体性和结构性的"双重因素"来研究人口流动及可能引发的社会问题，以及面临的社会风险。具体来说，个体性因素包括迁移者的个体生物学特征，比如年龄、性别、民族；迁移者的社会特征，比如受教育程度、居住地域等；本书认为，迁移决策在很大程度上不仅仅是个体的决策，而是家庭的决策，所以家庭因素也是个体性因素中重要的部分；个体和家庭所拥有的社会网络是个体赖以迁移的重要社会资本。

结构性因素是影响迁移者的又一重要因素，有些类型的人口迁移，如果没有结构性因素是不可能发生的，所以本书将充分考量影响该地区人口移动的各种结构性因素，包括自然因素（生态环境破坏与保护）、地区经济社会发展状况（就业形势、城市化）、地区社会发育程度（教育资源、医疗资源的分布）、地区文化发展状况等宏观社会结构的影响，也会关注具体的社会政策，比如生态移民政策对该地区人口流动的影响、就业制度对人口就业的影响。

在人口流动的研究中，不管是国际人口迁移还是国内人口迁移，被广泛认同的"自愿性"和"非自愿性"人口迁移的分类，其实就是对迁移中个体性因素还是结构性因素起主要作用的两种理论上的"理想类型"，个体性因素在迁移决策中起主要作用的可称为"自愿性"移民，结构性因素起主要作用的可称为"非自愿性"移民，但事实上没有绝对"自愿"的人口迁移也没有绝对"非自愿"的人口迁移，更多类型的人口迁移则混合着许多复杂的因素，这些因素有个体性的也有结构性的。也正因此，本书将在个体性因素和结构性因素的基础上建构 X 省高海拔地区的人口流动的研究模型，见图 0 - 4。

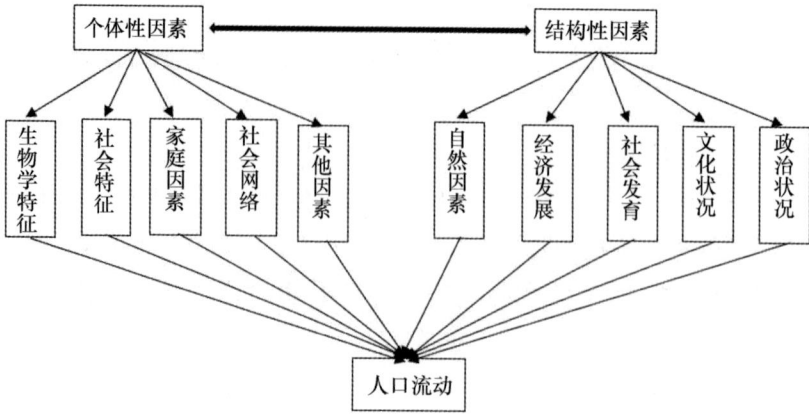

图 0-4　影响 X 省高海拔地区人口流动的个体性和结构性因素

X 省高海拔地区的人口流动有多种形式，从 X 省高海拔地区流动到全国各地甚至跨境跨国流动，从全国各地和跨国跨境流动到 X 省高海拔地区，形式多种，本书在考虑个体性和结构性两个因素的视角下，主要研究了 X 省高海拔地区人口流动的四种形式，这四种形式只是因其类型的人口流动数量较大，可能孕育的社会风险较严重，介于本书主要关注人口流动对 X 省高海拔地区的风险，从 X 省高海拔地区流动到该省以外的人口没有作为本书的主要研究对象。

本书对 X 省高海拔地区的人口流动在区分个体性因素和结构性因素的作用大小的基础上，主要研究流动因素中个体性因素起主要作用的流动人口的流动、个体性因素大于结构性因素的公职人员的流动、结构性因素稍大于个体性因素的城镇化引起的从乡到城的人口流动，以及结构性因素起主要作用的生态移民四种人口流动。

X 省高海拔地区四种重要类型人口流动中个体性与结构性因素大小的判断见表 0-2。

表 0 - 2　　　　　　　　　　人口流动类型与影响因素

人口流动类型	个体性因素与结构性因素的大小
流动人口	个体性因素起主要作用，个体性因素远大于结构性因素
公职人员	个体性因素起主要作用，个体性因素大于结构性因素
城镇化人口	结构性因素起主要作用，结构性因素稍大于个体性因素
生态移民	结构性因素起主要作用，结构性因素远大于个体性因素

　　虽然研究者深知，任何分类都是对复杂社会的简单化，但社会科学的研究对复杂社会现象进行结构化的描述、分析和解释也是其研究价值所在，因此，本书不试图去对 X 省高海拔地区人口流动的"全描"式研究，而用一种类型化的研究方式，用结构化的理论来对 X 省高海拔地区复杂人口流动做研究，以期能够对四种主要类型的人口流动进行一定程度的"深描"，以给后来的研究者提供一个可以参照的研究视角。

（二）研究方法

　　本书的研究对象为 X 省高海拔地区的四类人口流动形式：流动人口的流动、公职人员的流动、城镇化人口的流动、生态移民的流动，对不同类型的人口流动采用了不同的研究方法。

　　流动人口的调查方法。因流动人口的就业状况、居住模式等情况的不可掌控性使得研究对象总体特征不可预知，因此针对流动人口的研究几乎没人能用随机抽样的方式进行，本书运用非随机的判断抽样、滚雪球抽样、偶遇抽样，在 X 省高海拔地区运用判断抽样的方式选择不同职业、不同民族、不同流出地的研究对象作为第一顺序的研究对象，在研究对象的介绍下，不断寻找更多的研究对象，进而构成本书的 124 位流动人口样本。因为流动人口的抽样方式，本书并不试图用这些研究对象的特征来推论整个 X 省高海拔地区的流动人口状况，只想在一定条件的限定下，有限接近 X 省高海拔地区流动人口的总体状况。对流动人口，本书采用了结构式访问、无结构式访问和深度访谈的研究方法，共访问访谈对象 124 位，访谈内容被呈现在本书中的有 34 位调查对象，具体情况和访谈提纲见附录一、附录二。

公职人员的调查方法。本书的公职人员的流动包括退休公职人员和在职公职人员的流动。对退休公职人员，本书使用各州老干部管理部门登记的退休人员花名册，从花名册中随机抽取调查对象，用面对面或电话、网络等形式进行问卷调查，共涉及研究对象 197 位，对一些重要的研究对象进行了结构式访问、无结构式访问和深度访谈。对在职公职人员，利用在省委党校的培训班次，进行整群抽样，抽取不同级别的班级，完成问卷调查，共计 151 位，对一些重要的研究对象进行了结构式访问、无结构访问、深度访谈。在职公职人员和退休公职人员共涉及研究对象 348 人，其中访谈内容被呈现在本书中的 43 位，调查对象具体情况和调查问卷、访谈提纲见附录三、附录四、附录五。

城镇化人口的调查方法。进城生活的农牧民，居住比较分散，总体特征无法把握，本书运用滚雪球抽样的方式，即在各州首先寻找到一些进城生活的牧民作为首位调查对象，进而由他们推荐介绍新的研究对象的滚雪球抽样。本部分的调查对象应用结构式访问、无结构式访问和深度访谈的研究方法，共访问访谈对象 71 位，访谈内容被呈现在本书中的有 35 位调查对象，具体情况和访谈提纲见附录七、附录八。

生态移民的调查方法。X 省高海拔地区，因环境保护压力大，近些年采取了生态移民的方式，即把居住在生态较为脆弱草场的牧民，迁移到城镇周围居住生活，以恢复原居住地生态的人口迁移方式。本书根据移民村的不同状况，选择了在 G 州州府居住的两个移民村，在 D 州州府居住的 H 州的两个移民村和 D 州的一个移民村，运用等距抽样的方式抽取调查对象进行了问卷调查，对重要调查对象进行了或无结构访问或结构式访问或深度访谈。因 X 省高海拔地区生态移民同质化程度非常高，本书共访问访谈了 53 位研究对象，访谈内容被呈现在本报告中的有 25 位调查对象，具体情况和调查问卷、访谈提纲见附录九、附录十、附录十一。

本书使用问卷调查法、无结构式和结构式访问法，结合深度访谈的研究方法，以期既能从面上广泛涵盖 X 省高海拔地区人口流动的状况，又能深入每一类型访谈对象的具体生命过程，借此分析 X 省高海拔地区人口流动独特的个体性因素和结构性因素，以及由此种人口迁移流动而产生的社会风险。

四　怎样读本书：篇章结构

本书根据个体性因素和结构性因素在人口迁移过程中的作用大小，建构如下篇章结构。

绪论，包括本书选题的原因与意义，框架结构，研究思路、方法与研究地点介绍。

第一章，文献述评。本章将回顾国际国内人口流动的历史与现实、理论及有关社会风险的研究，以期对本书提供扎实的学术基础。

接下来的四章是对四种主要类型的人口流动的研究，每一章将分为四个方面，第一介绍研究对象的基本特征，第二是引起迁移流动的个体性和结构性因素，第三是生活状况或生存主要问题，第四是此部分人口流动孕育的社会风险，最后是本章小结。

第二章，本章将关注个体性因素对人口迁移起主要作用且个体性因素远大于结构性因素的人口流动类型即流动人口的流动，包括流动人口基本状况，引起迁移的个体性和结构性因素，流动人口的自我认同与社会归属，可能引发的社会风险以及风险化解策略。

第三章，本章将关注个体性因素起主要作用，且个体性因素大于结构性因素的公职人员的流动，包括公职人员基本状况，分析引起这部分人口流动的个体性和结构性因素，公职人员的生活状况与家庭结构，可能引发的社会风险以及风险化解策略。

第四章，本章将关注结构性因素起主要作用，且结构性因素稍大于个体性因素的城镇化引起的人口流动，包括城镇化基本状况，分析引起这部分人口流动的个体性和结构性因素，城镇化人口的就业网络与生活质量，可能引发的社会风险以及风险化解策略。

第五章，本章将关注结构性因素起主要作用，且结构性因素远远大于个体性因素的高稀源①生态移民，包括生态移民基本状况，分析引起这部分人口流动的个体性和结构性因素，高稀源生态移民的适应状况与回迁愿望，可能引发的社会风险，以及风险化解策略。

最后是总结与讨论。回顾整个研究，总结本书的优点，指出本书还未完成的事宜，以便后来的研究者可以借鉴经验、吸取教训。

---

① 高稀源为化名。

第一章
前人肩膀：国际国内有关人口流动和社会风险的研究

第一节 国际人口迁移及其理论

一 国际人口迁移与华人国际流动研究

正如米尔斯指出的社会科学研究一定要分清"环境中的个人困扰"（personal trouble）和"社会结构中的公众论题"（social problem），超越个人的局部环境和内心世界的社会问题是社会科学的研究指向，文森特·帕利罗等也指出社会问题会对个人或社会造成物质或精神的损害。① 对人口流动来说，只有长期大规模的人口移动，影响了众多社会成员个人、家庭甚至整个社会，引发了一系列的社会问题，才成了一个需要被研究的、有价值的社会科学研究议题。21 世纪，人类全面进入信息化社会，地球因信息和交通的联系而变成了"地球村"，全球化时代悄然而来，开放的社会已经成为人们的共识，人口以及人力、人才的全球流动已成趋势，当今世界几乎所有国家处于国际移民潮之中，区别仅在于有些国家主要是移民输出国，有些国家主要是移民输入国，有些国家主要是移民过境国，而更多的国家则是这三种情况同期并存。但同时，现代民族国家的形成使得各个国家以固守国家有形的地理边界和文化传统的方式维护国家利益，开放的

---

① ［美］文森特·帕利罗、约翰·史汀森、阿黛思·史汀森：《当代社会问题》，周兵等译，华夏出版社 2002 年版，第 6 页。

世界和固守的国家利益之间形成无解的悖论，这对世界的发展和各个国家的发展无疑是严峻的问题。

关于人口的跨境迁移，是与"国家"和"主权"概念密切相关的，而"国家"和"主权"的观念并不是一个古老的命题而是直到十五六世纪以后才成为一种共识。因为在世界文明发展的早期，清晰地划定边界和有效掌控边界事实上是不可能的，并没有一种文明能够有能力真正掌握"国家"的边界，更无法把"主权"思想渗透到"国家"管理的各个角落之内更何谈"边界"之外，那时的人口迁移更多的是在自然地理、文化传承的界域内进行，较少与政治因素如"跨国""跨境"等相关，正因为此，本部分所指的国际移民是指15世纪之后"国家"和"主权"观念形成并逐渐被广泛认可和接受之后的国家与国家之间的人口移动。

随着国际人口的迁移，国际人口迁移的研究也不断展开，本部分将从国际移民概念类型、移民、时空线索等方面对国际人口迁移进行文献梳理。

（一）国际移民概念及类型

国际移民概念界定：根据联合国关于"国际移民"的基本定义，除各国正式派驻他国的外交人员，除联合国维和部队官兵等跨国驻扎的军事人员之外，所有在非本人出生国以外国家定居一年以上的人口均属"国际移民"①。个人生命历程中经历过"跨越主权国家边界"并以非官方身份在非出生国生活一年以上的经历，是界定"国际移民"最重要的基本原则②。

按照联合国的划分，国际人口迁移分为四类：永久性国际人口迁移、国际劳工迁移、国际难民和非法国际移民③。李其荣将移民分为：短期劳力移民，比如出国务工的合同工；高技能型和经营型移民，包

---

① 李明欢：《国际移民学研究：范畴、框架及意义》，《厦门大学学报》（哲学社会科学版）2005 年第 3 期。

② 李明欢：《国际移民的定义与类别：兼论中国移民问题》，《华侨华人历史研究》2009 年第 2 期。

③ 陈勇：《当今永久性国际人口迁移现状及其特点》，《人口与经济》2000 年第 2 期。

括各国的引进人才和投资移民；非正规移民，俗称非法移民；被迫移民，包括政治难民、环境难民、工程移民等；家庭团聚型移民；归国移民，侨居国外又回国定居的移民①。李明欢则认为分类的标准不同，移民的分类不同。以迁移数量为标准，迁移可分为：个别迁移、小群体迁移、大规模迁移等；以迁移的距离为标准，迁移可分为：短程迁移、长途迁移或跨洋迁移、洲际迁移等；以迁移的动机为标准，迁移可分为：生存性迁移、发展性迁移或自愿迁移、被动迁移等；以法律角度衡量，迁移可分为：合法迁移、非法迁移或正规迁移、非正规迁移等；以时间为序，迁移可分为：短期迁移、长期迁移或临时迁移、永久迁移等；以迁移者的身份为标准，迁移可分为：独立迁移、依附迁移、工作迁移、家庭团聚迁移、避难迁移、学习迁移等；以迁移目的为主要分类标准，迁移可分为：工作性、团聚性、学习性、投资性、休闲性和托庇性六大类。

（二）国际人口流动的历史与现实

15 世纪以来世界大规模的国际移民有三次：一是 15 世纪末至 19 世纪中叶，欧洲的民族国家逐渐形成，生产力的迅速发展以及后来的工业革命推进了殖民主义的扩张，欧洲人作为水手、军人、农民、商人、僧侣以及行政人员和其他劳工迁居海外，西非的黑人作为美洲新大陆建设的奴隶被迁移了 900 万—1000 万人口②③④。二是 19 世纪中叶至 20 世纪中叶，这个时期的人口迁移主要是从欧洲向美洲、澳洲和南非的迁移，大约 6000 万人口。三是"二战"后至今，成千上万人由战区迁居到非战区和其他国家，而战后又重返家园。战后战败国的战俘及家属回迁本国，如作为战败国的德国仅 1947 年被遣返回国的人数就达 1200 万人，战后，日本回迁人数也达 630 万人，这一时期其他地域的人口迁移主要是从中美洲、地中海等地区迁往北美和西欧，大约 1500 万人，同时南欧、海湾石油国家、拉美、非洲和亚洲

①　李其荣：《经济全球化与国际人口迁移》，《民族研究》2003 年第 6 期。
②　李其荣：《经济全球化与国际人口迁移》，《民族研究》2003 年第 6 期。
③　原新：《国际人口迁移透视》，《经济评论》1993 年第 4 期。
④　李京东：《世界人口迁移现象透视》，《潍坊教育学院学报》1998 年第 1 期。

则有新的移民输入国出现。进入 21 世纪。随着信息技术的逐渐普及、交通条件的普遍提高，人们生活观念的逐渐变化，广阔的地球逐渐成为"地球村"，国与国之间的交往、交流越来越密切，人口流动更为频繁，目前有 1.75 亿人生活在非出生国，全世界每 34 人中就有 1 人是跨国移民；而在工业化国家中，这一比例更高达每 10 人中就有 1 名跨国移民，同时主要的移民地区和移民国接纳移民的数量越来越大，新的移民国逐渐形成。

美国、加拿大、澳大利亚、新西兰由于地广人稀，劳动力缺乏，是四个传统的主要移民国家。将美国、加拿大和澳大利亚在 1975—1994 年所接纳的移民数相加，就可以看出这几个国家 20 年间所接纳的移民总数在逐年增加，平均每年接纳 100 万人以上。在 1956—1985 年的 30 年间，美国共接纳了大约 1200 万永久性移民，加拿大共接纳了大约 380 万永久性移民。在这 30 年间，澳大利亚和新西兰所接纳的永久性移民分别达到了 310 万人和 65 万人。从 1989 年起，苏联和东欧各国相继发生剧变，这些国家放宽了对本国公民出入境的限制，大批苏联人和东欧人开始涌向西欧和北美。1989 年，美国共接纳了 135 万常住移民，1990 年达到 210 万常住移民的历史最高纪录，其中很大一部分来自苏联和东欧各国。美国 1980 年人口中大约有 6% 的人出生在国外，通过 1990 年的大赦计划，使得 300 万名非法居民永久归化，美国人口中 8% 的人出生在国外。加拿大 1991 年的人口普查资料显示 16.1% 的人出生在国外。澳大利亚 1993 年大约每五个人中就有一人出生在国外（21%），另外有 19% 的人的父母至少有一人出生在国外。1990 年，新西兰人口中有 14% 的人口出生在国外。1995 年后，中国台湾省成为新西兰最大的移民来源地，使以前的最大的移民来源地英国退居第二位，而中国大陆是新西兰第三大移民来源地，接下来是韩国和中国香港。

欧洲各国的移民历史有长有短，移民史长的有法国、英国、荷兰等，短的有德国、意大利和西班牙等，"二战"后，大多数西欧国家的决策者们着眼于解决经济发展过程中劳动力紧缺的问题，拓宽了合法移民渠道，鼓励和接纳历史移民和永久移民，放宽了家庭团聚等移民渠道，最晚 20 世纪末，移民已经成欧洲各国的共同现象①。许多国家虽然本身人口密度相当高，但由于本国出生率降低，人口进入老龄化，而经济发展又需要大批青壮年劳动人口，故在战后成为净移民人口国，如西欧的法国、英国、荷兰、原西德等②。德国接纳了大量散居在国外的德国人归国，1988—1991 年，大约有 120 万居住在东欧和苏联的德国后裔移居德国，仅 1990 年就有大约 40 万德国后裔返回德国。到 1991 年时，德国大约有 530 万外籍人口（不包括从国外回来的德国人后裔），这些人口占德国总人口的 8.6%。20 世纪 90 年代初，日本劳动力严重不足，开始实施民族回归政策，1991 年，大约有 14.8 万日本后裔移居日本，其中大约 12 万人来自巴西，近两万人来自秘鲁。苏联解体后的各独联体国家有 5400 万—6500 万人为非本国居民，如果将这些人包括在国际移民范围内，各独联体国家内大约有 6000 万国际移民③。

1948 年以色列建国，人口基本上由其他地区迁移去的，是实实在在的移民建立的国家。以色列的《回归法》明确规定：除非在进入以色列后三个月内提出拒绝，凡进入以色列的犹太人都自动享有以色列国籍，大批犹太人从世界各地回归"祖国"。据相关统计，从以色列正式建国到 1991 年大约有 200 万犹太人从 80 多个国家先后回归以色列，他们成为以色列国家建立和发展所需的基本人力资源④。

1990 年以来，西亚石油国家石油工业蓬勃兴起，经济得以高速发展，就业机会增多，吸引了大量外籍劳工入国，如科威特、阿联酋、卡塔尔等，这些国家成为新的移民接纳国。

（三）华人国际流动研究

作为国际人口流动重要组成部分的华人国际流动的研究成果是非

---

① 伍慧萍：《移民与融入，伊斯兰移民的融入与欧洲的文化边界》，上海人民出版社 2015 年版，第 5 页。

② 庄国土：《从移民到选民：1965 年以来美国华人社会的发展变化》，《世界历史》2004 年第 2 期。

③ 陈勇：《当今永久性国际人口迁移现状及其特点》，《人口与经济》2000 年第 2 期。

④ 李明欢：《谋生于合法与非法之间：在以色列的福建人》，《世界民族》2008 年第 4 期。

常丰富的。近40年来，华人新移民增长速度非常快，目前有超过3700万人散居于世界各地①。而早在中国历代典籍包括正史、类书、实录、方志和各种笔记、小说中不乏国人迁徙海外的记载。比较有名的是明初随郑和下西洋的马欢所著的记载爪哇的杜板、新村、苏门答腊旧港等地华人社区的聚居、谋生和社会结构情况的《瀛涯胜览》②。清代以后，中国人怀抱各种目的以各种方式出国，成为中国人口向外宣泄的重要方式——下南洋。东南沿海地区，福建、广东的地方志、官方文编和私家著述中有许多关于南洋华侨的记载。比如18世纪末谢清高口述、杨炳南笔录的《海录》和王大海的《海岛逸志》是关于南洋华侨信息的记录，同时在朝廷的起居注、奏折、会典、实录中也有越来越多的涉侨事务的内容，虽然有些著作对华侨社会有一些分析，但仍算不上学理性研究，对华侨事务的学理性研究，肇始于南洋殖民政府的官员，其中部分成了研究南洋华侨的专家③。

对研究者来说，面对一部近五百年且目前已有近4000万人的中华移民史，从任何角度的总结和归类都难免会失之偏颇（既无法做到面面俱到又无法深入细节），本书试图从时空的角度，移海拾贝，以窥中华移民的一斑。

东南亚是中国海外移民最集中的地区。第二次世界大战前，95%以上的中国本土之外的华人聚居于东南亚。"二战"后，随着该地区华人生存环境的两个方面的重大变化（一方面，东南亚各国在中华人民共和国成立后基本随即禁止了中国大陆新移民的入境，另一方面战后近半个世纪东南亚的一些国家曾先后多次施行过歧视、排斥国内华人的政策甚至大规模驱赶华人的恶性事件），使得那些有能力（智力或财力）、有可能（投亲靠友、留学求职甚至冒死出逃）的移民纷纷远走高飞。有的回到中国，如20世纪50年代有大批印尼华侨青年回国，80年代越南排华时有60多万难侨回国，另有大批东南亚华人流

---

① Hong Liu, "An Emerging China and Diasporic Chinese: Historicity, State and International Relations", *Journal of Contemporary China*, 20, 2011, pp. 813 - 832。

② 庄国土：《回顾与展望：中国大陆华侨华人研究述评》，《世界民族》2009年第1期。

③ 庄国土：《回顾与展望：中国大陆华侨华人研究述评》，《世界民族》2009年第1期。

向欧美及大洋洲①。

美洲大陆也是中国人外迁的主要目的地。1785 年，两名中国水手首次登上美洲大陆，1848 年加利福尼亚发现金矿，吸引大量华工涌入加拿大淘金，1851 年加州华人已经有 2.5 万人，2017 年，加拿大华人已达 180 万人②。19 世纪 60 年代，美国修建横贯大陆的太平洋铁路，招聘了大量华工，华人数量达到 6 万多。1870 年后的经济危机导致了美国漫长的排华政策，直到 1965 年美国政府修改了移民律，取消了偏袒欧洲裔移民的名额分配制度，此后大量华人涌入美国，并在 20 世纪 80 年代以后成为美国人数增长最快并在经济和科技领域取得巨大成就的少数民族社群③。1849 年 10 月，75 名契约华工船抵达秘鲁，揭开了华人移民秘鲁的序幕，1859—1874 年有 8.7 万中国人进入秘鲁，1876 年几乎 2% 的秘鲁人口中是中国血统④。

第二次世界大战后华人海外迁移的大流向和战后由发展中国家向发达国家流动，由比较落后的发展中国家向比较发达的发展中国家流动，由比较不安定的地区向比较安定的地区流动的国际人口迁移的主流方向是一致的。现在的华人，已跃出了传统社会的经济、文化领域，并逐渐在美国的政治领域取得地位⑤。

欧洲也是中国人的迁入地。自 17 世纪中叶起，随着西欧耶稣会传教士在华活动日趋活跃，逐渐有中国教士或教会学校的学生或经西欧传教士推荐或直接由传教士带领前往欧洲⑥。但就宏观而言，在历时久远、人口数以千万计的海外华人社会中，华侨华人群体似"异军

---

① 李明欢：《战后世界人口的增长与华人海外移民》，《华人华侨历史研究》1993 年第 1 期。

② 李桂山等：《加拿大华人社会历史变迁及其身份认同》，《经营与管理》2014 年第 12 期。

③ 庄国土：《从移民到选民：1965 年以来美国华人社会的发展变化》，《世界历史》2004 年第 2 期。

④ 张华贞：《斗争与融合：契约华工与秘鲁华人社会的形成》，《西南科技大学学报》（哲学社会科学版）2014 年第 1 期。

⑤ 庄国土：《从移民到选民：1965 年以来美国华人社会的发展变化》，《世界历史》2004 年第 2 期。

⑥ 李明欢：《战前中国人移民西欧历史考察》，《华侨华人历史研究》1999 年第 3 期。

突起"在欧洲成长壮大是 20 世纪才日渐凸显的社会现象，并在世纪末引起了欧洲朝野的普遍关注①。法国是最早出现中国移民群体的国家之一。自 20 世纪 80 年代以来，自中国大陆的新移民源源进入法国，法国华人人口总量持续攀升，法国华侨华人人口总数已经从 20 世纪 50 年代的不足 3000 人，猛增到大约 45 万人，其规模在欧洲各国中高居首位②。在英国的人口普查资料中关于在英国合法居住的"中国人"的统计，可以向前追溯到 1851 年。在德国有关当地中国人的人口统计资料，可追溯到 1890 年。在荷兰则可从其远洋公司残存的档案中查找自 1898 年起受雇于荷兰的中国船员人数及简单的个人背景资料。进入 20 世纪 80 年代，伴随着中国改革开放大潮，中国跨境移民潮以超乎任何人想象的速度高涨，欧洲成为中国当代新移民追寻发展的一大重要舞台。当历史走向 21 世纪时，欧洲华人社会已拥有百万之众。但对欧洲不同国家华侨华人的研究程度明显不平衡，其中以对英、荷、法之华人群体的研究著述较多，其他国家则相对薄弱③。

随着经济全球化的纵深发展，中国人开始向传统上较少涉足的地区迁移。周海金的研究显示，20 世纪 50 年代初，在非洲的中国人仅 3.7 万人，六七十年代，非洲的华人中基本上是中国香港人和中国台湾人④。1990 年后，中国人大规模涌入非洲，据北京大学李安山教授于 1996 年的估计，当时在非华人华侨约为 13.6 万人。2002 年，中国海外交流协会的朱慧玲结合其出国考察、采访、文献与问卷调查估算出非洲华人华侨的数字为 25 万人左右。2009 年南非国际问题研究所根据不同国家在 2007 年或 2008 年的统计认为总

---

① 李明欢：《欧洲华侨华人研究述评》，《厦门大学学报》（哲学社会科学版）2002 年第 4 期。

② 李明欢：《法国的中国新移民人口构成分析——以传统、制度与市场为视角》，《厦门大学学报》（哲学社会科学版）2008 年第 3 期。

③ 李明欢：《欧洲华侨华人研究述评》，《厦门大学学报》（哲学社会科学版）2002 年第 4 期。

④ 周海金：《非洲华侨华人生存状况及其与当地族群关系》，《东南亚研究》2014 年第 1 期。

计有 58 万—80 万中国人在非洲大陆。综合各种数据初步估计，至
2012 年底，非洲华人华侨的总数已逾 100 万人。80 年代南非的鼓励
投资移民和技术移民的政策，促进了中国港澳台地区的人口向南非
迁移，1990 年中期以来，南非的中国大陆新移民猛增，目前南非华
人总数在 20 万左右，主要是中国大陆和港台等地的投资技术移民，
福建、广东、台湾籍人分别占 35%、20%、20%。南非的中国移民
大都集中居住在南非的一些商业中心从事工商业①。南非复杂的种族
状况、多元的文化传统、动荡的社会治安同诱人的商机并存，南非
的中国移民不像欧美等发达国家的中国移民谋求"落地生根"，但
却又在处处充满商机的南非流连忘返②。

　　关于海外华人的研究在华人生存模式、华人社区、华人社团等方
面也比较集中。移民为了在当地很快地生存下去，会选择和来源地相
同，文化相似的人一起居住，所以全世界有华人的地方几乎有"唐人
街"，华人最开始的职业基本上实在唐人街从事"三把刀"（菜刀、
剪刀、理发刀）式的家庭经济③。李桂山的研究显示，华人为了生
存，帮人洗衣、运货、清洁、饭馆服务员，几乎包干了城市里无人愿
意做的最苦最累收入最低最底层的工作④。张华贞的研究显示，初到
秘鲁的华工，超过 90% 的在种植园中从事着农业劳动的苦力，其余
的华工则在生产鸟粪的岛屿、硝石产地、铁路建筑和新兴的手工业中
服役。黄润龙的研究显示，大约一半以上的华人从事传统的商业、零
售业、食品加工业等传统职业，但近二十年，华人的就业范围的扩展
速度是非常快的，已涉及很多新的行业，比如房地产、工商业、金融
业、食品业、服务业等。他的研究还显示：40% 的美国华人从事服务
业；荷兰华人虽只占居民的千分之三，但其经营的餐馆却占全国的千

---

　　① 万晓宏：《南非华人现状分析》，《八桂侨刊》2007 年第 1 期。
　　② 陈凤兰：《文化冲突与跨国迁移群体的适应策略——以南非中国新移民群体为例》，
《华侨华人历史研究》2011 年第 3 期。
　　③ 吴婷：《加拿大华人社会与政治参与——以 2011 年联邦大选为切入点》，《八桂侨
刊》2012 年第 1 期。
　　④ 李桂山等：《加拿大华人社会历史变迁及其身份认同》，《经营与管理》2014 年第
12 期。

分之二十五；新西兰华人只占总人数1%，但其餐馆、快餐店却占全国的30%，华人在种植业和原材料加工业方面也占一定的比例①。吴婷的研究认为目前的华人经济已经走出了唐人街，华人移民的职业结构也发生了变化，经济活动遍及工业、商业、外贸、农业、服务业，他们中出现了成千上万的"师"，如工程师、律师、医师、教师、农艺师、经济师等，经济向多元化、集团化、国际化的经济模式转换。

华人社区的研究也是学术界关注重点之一。研究显示，华人社区和当地社区之间呈现两种不同的关系：一种被称为东南亚型，指移民与当地人交往交流交融较多融合程度较高的关系；另一种被称为欧美型，指移民与当地人交往交流交融比较少、融合度较差的关系②。比如张华贞研究的秘鲁的华人社会因特殊的历史际遇不是想着"挣钱回老家"和"叶落归根"，而是选择主动融入当地社会"落地生根"，与当地人通婚，接受当地文化，信仰当地宗教，从心理到行动把秘鲁当成自己的"新祖国"，加之华人的聪明勤劳，使得秘鲁的华人逐渐成了当地比较强势的族群，他们担任政府要职、参加议会选举、经营大公司、开创自己的新闻媒体③。武斌关于英国诺丁汉华人社会的研究显示：2011年诺丁汉地区的华人数量占英格兰华人总数的2.35%，2001—2011年诺丁汉地区华人人口数量增加了1.4倍，几乎是英国华人平均增长水平72%的两倍，诺丁汉已成为英格兰华人增长最快的地区，但由于缺乏交流互动，华人留学生与旅居当地的华侨华人被视为与当地社区没有太多互动的"平行社区"，近60%的当地居民强调"缺乏有关华人社区的信息"，留学生、华人居民与当地社会间形成一种"三角关系"④。陈凤兰的研究显示，大多数南非华人与当地人沟通较少，比较封闭，不爱从自己的圈子里走出来，是一个独立的

---

① 黄润龙：《我国海外华人的分布及发展》，《人口学刊》1997年第1期。

② 任娜、陈衍德：《日本华侨华人社会形成新论》，《史学月刊》2017年第5期。

③ 张华贞：《斗争与融合：契约华工与秘鲁华人社会的形成》，《西南科技大学学报》（哲学社会科学版）2014年第1期。

④ 武斌：《当代留学生与海外华人社会：关于英国诺丁汉华人社会的实证研究》，《华侨华人历史研究》2015年第2期。

社会群体和社区。

关于华人社团的研究。华人社团担负着"桥"和"墙"的社会功能。"墙"指对内强化成员的我群认同，实现阻抗"他者"的无形屏障，"桥"指社团充当本社群的代言人，并在与移入地和原居地大社会的交往中进行沟通与协调①。

随着中国改革开放进程加快，国家大门进一步打开，中国也逐渐成为国际移民的目的地，王亮的研究显示：2004 年，公安机关出入境管理部门批准外国人入境 1693.25 万人次，是 20 年前的 11 倍。2016 年，外国人入境人数达 7630.54 万人次②。吕云芳以居住厦门的外国人为切入点，研究了外籍人士非正式团体的建构以及其在外籍社群、社团、当地社会的三方互动中起的作用，认为外籍团体在推动外籍社会空间的发育方面有作用但在推动外籍社群融入当地社会作用较小，外籍华人形成了一个隔离于中国社会的独立空间③。许涛研究了生活在广州的非洲移民的社会支持，认为他们无法获取像中国公民一样的正式社会支持，因为他们面临着本国社会支持断裂和弱化以及移入地社会支持缺失的困境，为突破困境，非洲移民通过延续和加强既有社会关系、结交新朋友、通婚和加入宗教以及志趣团体等方式重构了他们的社会支持网络④⑤。

二　国际人口迁移理论

理论是对客观事物的抽象概括，可以用来描述、分析、解释某一类现象。关于国际人口迁移的理论，则是大体上在描述、分析、解释近代以来兴起并逐渐成为社会问题的国家与国家之间的人口流动，关于移民各种理论流派、观点也是非常之多，李明欢把国际移民基本理

① Li Ming Huan，"*We Need Two Worlds*"：*Chinese Immigrant Associations in a Western Society*，Amsterdam：Amsterdam University Press，1999，p. 202.

② 王亮：《在华外国人的现状及治理——以广州市非洲裔外国人群体为例》，《团结》2018 年第 4 期。

③ 吕云芳：《超越"朋友圈"：正在形成的在华外籍团体》，《开放时代》2011 年第 5 期。

④ 许涛：《广州地区非洲人的社会交往关系及其行动逻辑》，《青年研究》2009 年第 5 期。

⑤ 许涛：《广州地区非洲人社会支持的弱化、断裂与重构》，《南方人口》2009 年第 4 期。

论分为三种：强调市场导向的经济理性选择论；注重政治内涵的文明冲突论；强调全球化趋向的跨国主义论①。本书认为对跨国人口的研究可大致分为两大部分，即迁移动因、移民适应和认同研究，本部分试着从这两个视角对移民理论进行归类综述。

对社会科学研究来说，任何分类都是一种建立在研究者主观意愿之上的"理想类型"的划分，受研究者学术眼光、知识结构等方面的局限，使得任何分类都不会是完全科学的，总存在着一些无法容纳进此种分类的事项（无法穷尽），也存在着可能符合该种分类不止一个类别的事项（无法完全排他），但分类也是为了使复杂的社会科学研究简单化的一种行之有效的方法，分类研究也成为众多研究者择之而用的原因。

（一）关于移民动因的理论

人们为什么要离开自己居住的土地，去迁移到其他地方居住，移民为何在此时此刻迁移到彼地生活，移民是主动选择、出于偶然还是因为无奈，从人口开始大规模迁移以来，对人口迁移动因的研究成为移民研究的主要内容之一。关于迁移动因，学界提出过一系列的理论，试图从宏观、中观、微观各层次进行分析，较有影响力的理论包括推拉理论、新古典主义经济理论、劳动力市场分割理论和世界体系理论等②。

19 世纪 80 年代形成的强调外部环境对人口迁移有重大作用的推拉理论（push and pull theory）是解释人口迁移动因的较早也较被广泛认可的理论。19 世纪 80 年代，列文斯坦发表了《移民的规律》一文，开始了对移民规律的研究，之后，经由赫伯尔、李（E. S. Lee）等人的发展，形成了人口迁移是由迁出地的推力和迁入地的拉力共同作用的结果的推拉理论。列文斯坦的研究发现，当时的人口流动主要是从农村地区向城市地区移动，从工商业不发达地区向工商业发达地

① 李明欢：《当代西方国际移民理论再探讨》，《厦门大学学报》（哲学社会科学版）2010 年第 2 期。

② 李明欢：《欧洲华侨华人研究述评》，《厦门大学学报》（哲学社会科学版）2002 年第 4 期。

区流动，人口有时是先迁移到郊区再迁移到市区，虽然有时会出现短暂的人口逆流现象，但主要流动方向是持续不变的，为此列文斯坦认为迁入地的收入程度是吸引人口不断流入的原因，而人口迁出地的低收入则是人口外流的推力，推力和拉力共同作用，使得人口长期大规模地向一个方向流动。推拉理论虽几经发展，但其解释范围和解释力都是非常有限的，比如人们除了经济收入的考量之外，其他因素在人们的迁移决策时是否也有重要影响？比如同样的人口和地区，面临同样的政治、经济、文化、社会、自然条件，有的人口会迁移，有的人口为何不会迁移？同样的经济发展状况的地方，为何会考量迁移到此而不迁移到彼？面临政治危机、自然灾害、社会巨变情况的人口，迁入地的拉力并不明显，为何也会选择迁移？推拉理论在很大程度上将人口的迁移看作外力作用的结果，对迁移者自己的迁移决策和选择很少涉及①。

1962 年经由拉里·萨斯塔和迈克尔·托达罗的发展而成型的新古典主义经济理论一定程度上克服了推拉理论的明显局限。该理论看到了因国家之间经济发展不平衡而造成的劳动人口的收入差距，使得人口从较低收入国家向较高收入国家迁移，同时看到了人口迁移并不是完全由外部环境决定的而是迁移者的主动决策过程，个人经过对所处之境和所期之境的比较，对成本效益的估算，权衡了种种选择，自然要前往回报最多的地方②。但是新古典主义经济理论认为经济状况对人口迁移有重要作用却无法解释越来越多的中产阶级选择出国，也无法解释为何有些人口有向一定地区移民的习惯。

奥迪·斯塔克、爱德华·泰爱德华·泰勒等在新古典主义经济理论的基础上发展了新经济移民理论。该理论把家庭而不仅仅是个人看作追求收益最大化的主体，认为迁移行为不仅要使迁移者的个人利益最大化，同时也要为其家庭提供增加资本来源和控制风险的重要途径，为了获得资本等稀缺资源，会将一个或多个家庭成员送到国外的

---

① 傅义强：《当代西方国际移民理论述略》，《世界民族》2007 年第 3 期。
② 傅义强：《当代西方国际移民理论述略》，《世界民族》2007 年第 3 期。

劳动力市场去，外出的家庭成员给家庭的汇款可能会是全家的重要经济收入①。新经济移民理论研究发现家庭成员的迁移不但提高了家庭的收入，而且在某种程度上能提高其家庭在当地社会中的地位。该理论研究发现引发移民的动因不是两地"绝对收入"的差距，而是基于同参照群体比较后可能产生的"相对失落感"，也看到了政治因素和社会因素对移民的作用。

1979 年迈克尔·皮奥里提出劳动力市场分割理论。该理论从移民输入国的市场机制角度来分析国际移民现象。认为发达国家已经形成了工作环境舒适、收入高、保障好、福利好的高级劳动力市场和工作环境差、收入低、保障差、福利低（甚至无）、工作不稳定、晋升机会少的低级劳动力市场双重劳动力市场。本地劳工喜欢在高级劳动力市场就业，而低级劳动力市场则很难招到本地劳工，外国移民正好来填补这个空缺。劳动力市场分割理论的缺陷是忽略了移民输出国的状况②。

1974 年伊曼纽尔·沃勒斯坦提出的"现代世界体系"理论，在此理论基础上形成了关于移民的世界体系理论。世界体系理论强调世界政治、经济发展的不平衡对国际移民的作用，认为世界不同国家处在"中心—半边缘—边缘"的世界体系中，随着世界一体化的形成，半边缘和边缘地区的国家的社会、经济、政治结构发生变迁，传统生产生活方式难以为继，人口大量、长期地从边缘、半边缘国家向中心国家迁移，使边缘和半边缘国家融入核心国家主导的全球经济中的过程③。

总体来说，在 20 世纪 80 年代以前的人口迁移研究多数是从就业和收入的差别的经济机会方面去解释迁移的规律，后来人们注意到一些非经济因素对移民决策的重要作用。

1987 年由道格拉斯·梅西等人在"社会资本论"的基础上提出

---

① 傅义强：《当代西方国际移民理论述略》，《世界民族》2007 年第 3 期。

② 傅义强：《当代西方国际移民理论述略》，《世界民族》2007 年第 3 期。

③ 傅义强：《当代西方国际移民理论述略》，《世界民族》2007 年第 3 期。

了移民网络说。该理论认为建立在血缘、乡缘、情缘基础上，移民和原居地的亲人、朋友，基于亲情、友情所建立起来的种种联系是移民得以获得迁移信息和做出迁移决策的重要资本。移民网络会随着迁移者的数量增加和异质性增加而不断地扩大，这也成为迁移者越来越丰富的迁移资本。20世纪90年代中后期至21世纪，随着全球化进程加剧与跨国主义思潮兴起，学者们重新思考传统移民研究，提出一条弥合宏观与微观的中观思维之路——社会网络分析模式。Faist考察德国的土耳其移民时提出，移民在移入地的社会适应过程中会通过将移出地关系网络跨境扩张，进而建构移入地和移出地相联结的移民跨国社会空间，从而影响移民在经济、文化、政治等各方面适应，同时移民网络也会对两地社会施加影响①。在这些研究中可以看出，移入地的关系网络实质上是移出地网络的跨国化，而并非移入地网络的异地重建。在跨国化的过程中，社会网络也可能会发生嬗变，如巴黎的温州人亲缘关系的影响和作用不如在国内那么强，"人情变得淡薄"，但是朋友等弱关系可能会越来越重要。王春光对巴黎的温州人的研究也反映了相似的移民社会空间跨社会建构过程。温州人通过家乡的亲缘、地缘关系网出国，到达巴黎后，还是借助该网络立足、生存、创业发展，并以此构筑自己的社群空间②。

　　经济学家冈纳·米尔达尔、道格拉斯·梅西等提出和发展完善的累积因果关系说，与法国著名社会学家皮埃尔·布尔迪厄的"惯习说"理论观点基本相同，也被称为"惯习说"。累积因果关系说解释了在同一地区拥有同样资源的人，为什么有一些人比其他人更容易移民；为什么有的地区比另外地区有更浓厚的移民文化③。移民网络、累积因果关系说、迁移文化等从不同角度阐述移民的延续和发展取决于移民社会网络和由此形成的链式迁移、崇尚移民的特色社区文化。

---

① Faist Thomas. *The Volume and Dynamics of International Migration*, Oxford University Press, New York, NY, USA, 2000.

② 王春光：《巴黎的温州人：一个移民群体的跨社会建构行动》，江西人民出版社2000年版。

③ 傅义强：《当代西方国际移民理论述略》，《世界民族》2007年第3期。

阿金·马博贡耶对非洲城乡移民的研究基础上由克里茨、利姆、兹洛特尼克等学者提出了移民系统理论。移民系统是一种空间，包含了移民迁入国与移民迁出国相对稳定的联系。该理论认为由于政治、经济、文化和外交等因素的影响，移民迁入国与迁出国之间形成了紧密而稳定的纽带，从而导致了后续的大规模移民。移民系统理论试图整合其他研究方法对移民流两端的所有关系如移民网络、中间组织、文化联系、国际关系等进行整体性的研究①。移民系统理论存在于对当代国际移民具有重要影响的世界政治经济、国际关系以及政府的移民政策与法律制度等宏观结构和中介性的组织，如走私团伙、慈善或人道主义团体，为移民提供服务帮助移民进入他国的微观结构中②③。

近些年在传统关于移民研究理论的基础上，有更多的研究者注意到其他因素对移民动因的作用，影响和导致人口迁移的因素，涉及移出地、移入地、迁移成本效益及个人四个方面。如环境因素、社会福利因素、制度因素、迁移者的素质和拥有的资源等。环境因素认为人口迁移除了考量收入和可预计收入之外，越来越多的人开始考量用钱不能买到的物品，比如气候、自然环境、社会文化环境、居民素质、教育条件、政治气候等和生活质量密切相关的却不是凭借个体努力就可实现的对个体非常重要的"不可交换的物品"，这些条件会对缺失的经济条件起到很好的补偿作用④，社会福利因素很多时候被看成一种有时比直接收入还重要的社会因素，好的社会福利会吸引人口从社会福利低的国家向社会福利高的国家迁移，这也能够解释为什么失业的移民仍然愿意滞留在侨居国家。移民政策对移民迁移有不可忽视的影响，国际移民明显受到移民迁出国和迁入国双方政策的影响，然而两相比较，迁入国政策对移民的影响较之迁出国政策要重要得多。许多移民接纳国都制定了以本国利益为主导的移民政策，目的在于对跨

---

① 傅义强：《当代西方国际移民理论述略》，《世界民族》2007 年第 3 期。
② 傅义强：《当代西方国际移民理论述略》，《世界民族》2007 年第 3 期。
③ 李明欢：《欧洲华侨华人研究述评》，《厦门大学学报》（哲学社会科学版）2002 年第 4 期。
④ 范力达：《全球化背景下的国际间人口迁移研究》，《人口学刊》2003 年第 3 期。

国流动的人口进行各种限制与选择①。比如加拿大的对华政策直接导致在加华人人口数量和华人经济发展等方面的变化，为了限制华工，加拿大政府有征收华人"人头税"的传统，1902 年加拿大皇家委员会决定将针对华人的人头税增至 500 加元，直接导致华人在加拿大一直处于整个社会的边缘地位；1923 年，加拿大联邦政府通过了《排华法案》只允许华人商人入境加拿大，这一法案一直持续 1947 年，导致在加华人的数量从 39587 人降至 34627 人②，20 世纪 80 年代，加拿大实施了投资移民法，开放签证、允许中国大陆人以"技术移民"签证进入加拿大后，华人人口以前所未有的速度急剧上涨。2001年华人人口突破了百万大关，2006 年达到 120 万人，2011 年更是超过了 130 万人达到了 134 万人③，2017 年达到 180 万人。再如菲律宾的华侨政策使得华裔少数民族开始全面融入菲律宾主流社会，菲华社会的形态经历了从落叶归根向落地生根、从侨民社会向公民社会的转变④。世界上一些国家虽然不是移民国家，但欢迎那些与本国民族、文化和宗教有渊源关系的人定居，家庭团聚移民是传统移民国家永久性人口迁移的主流。近些年的国际人口迁移显示，在各个国家都努力吸引更多的优秀人口的政策推动下，那些拥有较好教育背景、较多经济资本的迁移者更容易做出跨国流动的迁移决策，由于终生预期回报会随年龄的增加而降低，迁移的倾向随年龄的增长而降低；受教育程度高的人能够更多地获取信息并能够降低迁移风险，他们表现出更高的迁移可能性⑤。

（二）关于移民适应及认同的理论

现代民族国家的确立，使得主权、领土及边界的思想深入人心，

---

① 范可：《移民与"离散"：迁徙的政治》，《思想战线》2012 年第 1 期。

② 李桂山等：《加拿大华人社会历史变迁及其身份认同》，《经营与管理》2014 年第 12 期。

③ 吴婷：《加拿大华人社会与政治参与——以 2011 年联邦大选为切入点》，《八桂侨刊》2012 年第 1 期。

④ 杨静林：《马科斯的华人同化政策与菲律宾华人社会的嬗变（1975—1985）》，《八桂侨刊》2015 年第 1 期。

⑤ 范力达：《全球化背景下的国际间人口迁移研究》，《人口学刊》2003 年第 3 期。

更渗透在统治阶层治理国家的整个过程之中。随着民族国家的概念不断地被强化，文化与具体的地域、具体的族群产生实体感的联系，人们再也不能毫无约束的自由行走，人们跨越国界则意味着跨出自己的文化圈而进入"他人"的文化圈，因此会产生文化之间的各种问题，比如文化冲突和文化融合。但值得注意的是，长久以来形成的历史心性与社会网络并未被刚性的国家制度隔断①，踏入他人文化圈的移民，则不得不面对"我是谁"的问题，即发生"自我认同"和"族群认同"的问题，"我族"与"他者"成为族群分野和族群认同的惯常思维。

对移民适应和认同研究，最为知名的理论就是同化论和多元文化主义两大派系，然而学界一直有着个体适应与群体适应两种不同的研究视角，共同之处在于通常以整合或融合为最高目标，这也同时成为移民社会流动的重要测量指标。早在 1782 年，法裔美国学者克雷夫科尔就美国的族群流动现象形象地提出了美国已经并且仍然继续将来自不同族群的个人熔化成一个新的人种——"美国人"的"熔炉论"，认为美利坚合众国从诞生之日就是一个各种族群的大熔炉，来自不同国家的不同族群融合成一种生物因素上的"混血"族群，文化因素上的"混合"族群，进而形成一种新的"美利坚"族群，在这一过程中，所有的族群都做出了生物学和文化意义上的贡献。而在"熔化"的过程中，许多族群是主动的，如华人在唐人街族裔经济区起步，发达后搬离唐人街，进而融入或同化于主流社会，此时华人获得了经济和社会生活层面的向上流动。

1924 年，犹太裔美国学者霍勒斯·卡伦在批评"熔炉论"的基础上提出的"文化多元论"成为国际社会对待移民问题的基本立场。文化多元论认为族群或国家的发展不仅仅是主民族发挥其文化的过程，更是一个所有族群承继本族群文化，兼收并蓄其他族群文化，从而形成一种百花齐放，百家争鸣，和而不同的社会文化形态，即如费

---

① 段颖：《跨国流动、商贸往来与灵活公民身份——边境地区缅甸华人生存策略与认同建构之研究》，《青海民族研究》2018 年第 1 期。

孝通先生所说："各美其美，美人之美，美美与共，天下大同"的文化样态。Young Yun Kim 认为在跨文化交流中，一个文化中的个人或群体向另一个文化学习和调整的发展即涵化过程是一个长期积累的过程，表现为压力—调整—前进这样一个动态的形式。

在研究华人移民群体的适应问题时，孔飞力先生提出了"通道—生境"模式。孔飞力的《他者中的华人：中国近现代移民史》一书，以大历史的宏观视野重新解读中国"安土重迁"之传统文化，以"他者"的眼光剖析华人与移入地社会的多重互动，构建具有中国特色的移民"通道—生境"理论模型①。作者在书中提出，纵观中国人海外移民的数百年历程，可以看到在移出地与移入地之间长期延续着条条"通道"。此类"通道"并非如丝绸之路那样显现于现实的地理空间，而是经由潜在的亲缘、乡缘之关系网络编织而成。"通道"的构成元素一是实质性的，即人员、资金、信息的双向流通；二是虚拟性的，即情感、文化乃至祖先崇拜、神灵信仰的相互交织。在交通不便的年代，穿梭来往于移入地与移出地，为移民传递家书钱款的个体"水客"和体制性的"侨批局"，是通道的实际载体；而到了信息发达的今日，从电报、电话、传真到电子网络等无所不在的通信体系，再加上现代交通发达便捷，使得通道运作更为通畅，功能也更加多元。与"通道"相辅相成的是在通道两端，即特定移民群体的移入和移出地双双形成的"小生境"或曰特殊的"生态圈"。在移入地是一个保持中国移民群体文化特色的小环境：可能是相对集中的商贸经营区或行业圈；也可能是在血缘地缘基础上建立的庙堂宗祠、社团学校等；可能是实体性的，即形成于现实空间的"唐人街"；也可能是潜在的，即可以在需要时组织动员群体力量以采取共同行动的社会网络。当如此移民"通道—生境"发展成为一种地域性文化后，移民就不再是一种无奈的选择，而是一种文化生态，他们经由通道两端社会生态的相互比较，从现实和想象双重层面，对是否如愿实现社会流动

———————————
① 参见［美］孔飞力《他者中的华人：中国近现代移民史》，李明欢译，江苏人民出版社 2016 年版。

之目标而做出主观评价，同时也与客观评价相映衬。因此，必须始终将通道的两端作为相互关联的部分结合进行研究，才能理解移民的动力、机制及认同特征。

李明欢提出了跨国移民领域的"两个世界"理论，阐述了移民如何在其祖籍国和移入国之间，了解两国差异，利用两国差异，进而形成了一个协同运作的体系。李明欢认为：对于第一代跨国移民而言，他们实际上同时生活在移入地和原籍地的"两个世界"，一个是他们每日需要面对、但始终感觉是一个陌生的"他者的"世界，而另一个则是存在空间距离，但在他们想象中却总是充满亲情温馨、近在咫尺的属于"我的"世界。他们为了实现个人和家庭的上向流动（Upward mobility）而迁移到"他者"的世界，他们在那里所承受的一切，都需要源自"我的"世界的激励，无论这种激励是真实的，或是源于想象的。而且，他们在他者世界中所获得的一切，都需要或期待能够在"我的"世界得到认可。唯有如此，他们才会感受到自身实现了社会上向流动的成就感[①]。

第二节　国内人口流动的历史与现实

中国农业社会历程非常漫长，这一时期的人口流动正如费孝通先生所说的，土地不能移动，农民也像长在地里的庄稼一样，不能移动，少数迫不得已外出流动的农民也是憧憬着"落叶归根"而不是"落地生根"。中国历史上的人口迁移流动甚至是大规模的人口迁移流动比如闯关东、走西口、下南洋等，事实上都是在或发生自然灾荒，或人地关系紧张等情况下发生的，如果土地数量够多质量够好，自然条件较好的情况下人也就不会去走西口、闯关东[②]。

---

① Li Ming Huan, "*We Need Two Worlds*": *Chinese Immigrant Associations in a Western Society*, Amsterdam: Amsterdam University Press, 1999.
② 范可：《移民与"离散"：迁徙的政治》，《思想战线》2012年第1期。

一　国内主要人口流动简史

关于闯关东的学术研究显示，大多数学者认为是因为华北地区生存环境的恶化引起的，但王杉从更全面的角度分析了闯关东的成因，认为华北人民自身的现代化演变及东北地区良好的社会环境，才是华北人民闯关东的更有说服力的原因。随着 20 世纪 20 年代欧美之风横扫中国大陆，华北的小农自然经济解体，工商业得以发展，华北农民逐渐放弃了"安土重迁"的传统；近代中国铁路网的形成，给人口向东北流动提供了交通条件；当时的民国各届政府都制订了向东北移民垦荒的计划；移民移出地政府鼓励境内人口向东北移民；东北地方政府，上至张作霖父子下至东三省各级地方政府对移民东北均持积极态度①。这一切因素都促使了 20 世纪 20 年代华北"闯关东"浪潮的形成。

雷承锋、刘建生认为清中叶以后形成山西人出杀虎口去内蒙古鄂尔多斯等地谋生的原因有三：第一，山西与内蒙古地区相邻，山西人口急增，人口密集，人口压力大，而土地稀少，人地矛盾激烈是造成"走西口"的根本原因；第二，自然灾害频发，加剧了人地矛盾，是造成"走西口"的自然条件诱因；第三，当时实施的私垦及放垦政策，引导"走西口"潮流，是造成"走西口"的社会诱因。②

中华人民共和国成立之后，采取了一系列的制度集中资源、人力、物力、财力以进行快速的现代化建设，这些制度包括户籍分类制、阶级分类制、人民公社制等具体的制度，但这些制度事实上限制了中国的人口流动，包括人口的地域、乡城、阶层的流动，直到改革开放之后，中国的人口流动重新被开启，并且呈现出史无前例的独特特征。

---

① 王杉：《再论 20 世纪 20 年代华北人民"闯关东"狂潮之成因》，《齐齐哈尔大学学报》（哲学社会科学版）2001 年第 5 期。

② 雷承锋、刘建生：《清代西口移民问题》，《西南民族大学学报》（人文社会科学版）2013 年第 5 期。

二　改革开放以来有关人口流动的研究

中国改革开放以来的快速现代化进程，事实上就是一部人口流动史。改革开放后，人们逐渐离开其出生、成长的地方，去陌生的地方上学、工作、生活、终老，人口流动呈现出流动人口数量多，流动速度快，流动地域广的特征，有关人口流动的研究，成为学术界三十多年来长盛不衰的热点，国内人口流动的研究在实践研究和理论建构两个方面逐渐展开。

（一）"流动人口"与"人口流动"

关于人口流动的概念使用上，由于中国独特的户籍制度，人口从一个地方流动到另外一个地方，并不直接决定户籍和身份的变化，在很长一段时期内，尤其是从农村向外流动的人口很难将农村户籍改变为城市户籍（逐渐推进的户籍制度改革，将逐步改变了这一状况），国内学界通常将国内的人口迁移分为政府容许的、可以正式办理户籍登记地变更的人口迁移，称为"迁移人口"，将自行来到其他非正式居住户籍登记地点但没有办理户籍变更手续的人员称为"暂住人口"或"流动人口"，即只有身体流动而无户籍变更的空间移动或乡城移民即为"流动人口"或"劳动力流动"，而相关群体则通常统称为"农民工"或"外来打工者"①，以区别于国际上的"人口迁移"概念。

（二）农民工流动研究

作为改革开放以来中国规模最大，持续时间最长，对社会的影响最彻底的人口从农村向城市的流动，即农民工的流动，是学界关注的重点。总体来看，20 世纪末及之前的关于农民工的研究，多为理解此迁移现象并试图分析其对我国社会经济的影响；21 世纪以来的研究，更为关注迁移人口群体的阶层身份、认同及城市融入，尤其是2010 年中央一号文件中首次提出了"新生代农民工"的概念之后，

---

① 马戎：《西部开发中的人口流动与族际交往研究》，经济科学出版社 2017 年版，第11 页。

学界的研究重点转为对新生代农民工的市民化。本书将从社会学研究最重要的农民工迁移原因、农民工社会网络、新生代农民工的社会融入三个方面进行文献综述。

1. 农民工迁移原因

较早的农民工研究基本上认为农民进城务工是一种"离土又离乡"的农村剩余劳动力转移，是农民经过农业生产与非农业生产，农村收入与城市收入比较之后的一种理性决策①。袁亚愚使用"推拉理论"研究中国农民向外流动的原因，认为农民向外流动是由外出就业预期和实际收入较高的拉力和村庄不充分就业且收入预期较低、收入不稳定等推力两种力量共同作用下形成的②。王春光认为农村的普遍贫困和农民的生存理性是农民外出的主要原因③。洪小良分析了流动的个体和家庭因素，指出家庭劳动年龄人口总数（包括在迁入地和原籍的所有劳动年龄人口）、原籍家庭人均耕地面积、家庭迁入地收入、给原籍家庭的汇款金额、迁入地亲戚人数等理性考虑，以及情感、社会心理、生活习惯、价值观念等各种非理性因素，总是在不同程度影响着人们的迁移行为④。但正如李强指出的一样，由于户籍制度的特殊性，中国的城乡人口流动无法用推拉理论来加以解释⑤。李斌认为，中国的劳动力流动表现出与其他国家类似过程的最大不同点就在于：它是一个既有流出又有回流的过程⑥，这验证了李强之前的研究发现，李强试图运用推拉理论模型对影响中国农民工流动的因素如城乡差距进行分析，但是发现由于户籍制度的影响，推和拉都发生了变形，产生了特殊的推拉模型，即农民年轻时因经济原因驱动前往城市挣钱，

---

① 宋林飞：《"民工潮"的形成、趋势与对策》，《中国社会科学》1995 年第 4 期。

② 袁亚愚：《中国农民的社会流动》，四川大学出版社 1994 年版，第 4 页。

③ 王春光：《新生代农村流动人口的外出动因与行为选择》，《中国党政干部论坛》2002 年第 7 期。

④ 洪小良：《城市农民工的家庭迁移行为及影响因素研究——以北京市为例》，《中国人口科学》2007 年第 6 期。

⑤ 李强：《影响中国城乡流动人口的推力与拉力因素分析》，《中国社会科学》2003 年第 1 期。

⑥ 李斌：《城市住房价值结构化：人口迁移的一种筛选机制》，《中国人口科学》2008 年第 4 期。

年纪大时因户籍原因选择返回乡村养老。段成荣等指出流动人口越来越集中地流入沿海地区，特别是长三角和珠三角地区，那里集中了全国流动人口的一半以上①。因此，学者们注意到应该从宏观的视角来看待中国的城乡人口流动，蔡昉等认为把整个经济变化及制度环境作为迁移研究的背景是非常重要的②，国家经济发展需要大量的可自由流动的劳动力，而长期就业不充分的农村居民则是这些劳动力的有效来源。李友梅等认为票证制度的取消、针对个人的身份证的发放等也是促进农民流动的重要制度安排③，王宁认为为了避免统治合法性的危机而进行的改革开放，使得物质生产进入前所未有的丰富状态，实行几十年的"苦行者社会"的制度安排逐渐解体，"消费者社会"逐渐来临，个体逐渐成为一个个追求物质消费的"消费者"，为了满足不断上涨的消费需求，人口不断加速流动到能够获得更好收入的地域，加速了人口流动④。黄平则利用吉登斯的结构二重性理论来解释农民外流不仅仅是制度安排的阻碍或推动，并非简单地只是个人追求利益最大化的经济理性选择，而是主体与结构二重化的过程⑤。文军用理性选择理论来研究农民流动，认为农民流动经历了"从生存理性到经济理性再到社会理性"的过程，因人地关系紧张而形成的"生存压力"使农民面临向外流动的"生存理性选择"，但由社会制度等结构性因素而造成的结构性压力的松弛是 20 世纪 80 年代以后形成大规模人口外流现象的主因，对"80 后"等新生代农民工来说，社会理性选择则是向外流动的主要因素⑥。

---

① 段成荣、杨舸、张斐：《改革开放以来我国流动人口变动的九大趋势》，《人口研究》2008 年第 11 期。

② 蔡昉、都阳、王美艳：《户籍制度和劳动力市场保护》，《经济研究》2001 年第 12 期。

③ 李友梅等：《中国社会生活的变迁》，中国大百科全书出版社 2008 年版，第 18 页。

④ 王宁：《从苦行者社会到消费社会：中国城市消费制度、劳动激励与主体结构转型》，社会科学文献出版社 2009 年版，第 28 页。

⑤ 黄平主编：《寻求生存——当代中国农村外出人口的社会学研究》，云南人民出版社 1997 年版，第 29 页。

⑥ 文军：《从生存理性到社会理性选择：当代中国农民外出就业动因的社会学分析》，《社会学研究》2001 年第 3 期。

2. 农民工社会网络

社会网络作为农民工流动的重要影响因素，成为中国学术界研究农民工流动的一个重要维度。农民工社会网络的研究主要集中在社会支持网方面。徐丙奎等认为进城务工农民的迁移方式是"链式"迁移，对其社会关系网络的再构，人际传播的方式与内容的改变，城市的社会生活空间和秩序的重构都有重要意义[1]。移植、复制原有的乡土社会网络，原有的基于血缘、地缘、亲缘为纽带所移植的乡土社会网络，虽然规模小、同质性高，但对农民工初期寻找工作和感情支持发挥了不小作用。扩充再构的社会网络以业缘、趣缘、友缘为基础的再构社会网络范围大、异质性高，对农民工融入当地社会有重要意义。李树茁等认为社会网络结构变量对农民工初次流动的职业阶层有重要影响[2]。周霞认为农民工的社会关系网络呈现为以义务信任为基础建立强关系，以契约信任为基础建立弱关系，而以交往信任为基础不仅建立中等关系，而且还可以将弱关系转为中等关系，把中等关系变为强关系差序格局特征[3]。单菁菁认为建立在职业分工基础上的社会互动使得农民工的社会关系网络由传统社会封闭型地域网络向现代社会的开放型业缘网络转变[4]。刘华芹认为城市农民工网络广度比较低，网络密度比较高，组合比较单一，同质性较高[5]。石岩的研究显示，农民工的初级社会网络给予初出门务工农民工最初的经济和精神支持，为其寻找工作提供信息、节约成本，但同时这种关系网络也使得农民工的交往范围较小，呈现内倾化的交往模式，使得农民工群体

---

① 徐丙奎：《进城农民工的社会网络与人际传播》，《华东理工大学学报》（社会科学版）2007 年第 3 期。

② 李树茁、杨绪松、任义科等：《农民工的社会网络与职业阶层和收入：来自深圳的调查》，《当代经济科学》2007 年第 1 期。

③ 周霞：《论农民工的社网络与信任结构的同构性——以成都市大丰镇为例》，《西南科技大学学报》（哲学社会科学版）2008 年第 3 期。

④ 单菁菁：《农民工的社会网络变迁》，《城市问题》2007 年第 4 期。

⑤ 刘华芹：《农民工的网络过程及其影响因素分析》，《广西民族学院学报》（哲学社会科学版）2006 年第 4 期。

的社会资本之和等于甚至小于整体社会资本①。男性农民工的情感和社交支持网络资源占有更加均衡，特别是在社会交往支持方面，而女性的实际支持网络资源占有更加均衡，白萌研究了不同性别农民工情感支持网络、社交支持网络和实际支持的区别，认为男性农民工的情感和社交支持网络资源占有更加均衡②，而女性的实际支持网络资源占有更加均衡，流动男性情感支持受到较大损失而女性的社交支持则受到较大损失。李树茁关注农民工社会网络的整体结构，研究范围也扩展到社会讨论网。任义科等在婚姻、生育和养老话题讨论方面的子群数量较多③：情感支持网的子群数量都较少，而实际支持网和社交支持网的子群较多，表明农民工在日常帮助和社会交往方面较情感交流更容易形成子群。李树茁等人的研究显示农民工群体的社会支持主要体现在日常帮助和社交面，很少进行情感交流④。王荣明研究了农民工社会网络中的弱关系对务工收入的影响，认为农民工的教育水平对其工资收入有显著影响，因为农民工大多数从事重体力劳动，使得男性工资收入明显高于女性，农民工所具有的相对较强的弱关系（成为朋友）会帮助其提高收入⑤。

3. 农民工的社会融入

农民工的工作、生活、自我及社会认同、城市融入（适应）、市民化等方面的研究是研究农民工问题的主要关注点。农民工市民化制度性尤其是户籍制度的障碍的讨论是国内学者研究比较集中的部分。有对户籍制度的批评，也有将新生代农民工作为一个城市问题群体提出，讨论农民工的教育、素质等影响市民化的进程以及对城市管理形

① 石岩：《农民工群体社会资本的分析与建构》，《沈阳农业大学学报》（社会科学版）2007 年第 6 期。

② 白萌、杜巍：《农民工社会网络复杂性特征的性别差异研究》，《求索》2013 年第 9 期。

③ 任义科、杜海峰等：《中国农民工社会网络的凝聚子群结构分析》，《社会》2008 年第 3 期。

④ 李树茁、任义科、费尔德曼：《中国农民工的整体社会网络特征分析》，《中国人口科学》2006 年第 3 期。

⑤ 王荣明：《农民工社会网络中的弱关系对务工收入的影响研究——基于北京市农民工的调查》，《调研世界》2015 年第 8 期。

成的挑战。秦阿琳揭示了农民工从流动人口转变为定居移民的必然趋势，她指出将农村进城人口界定为"流动人口"而非"移民"，具有政治上的工具意义，因为在特定的制度背景下，两者承载着不同的身份、权利以及资源，体现了完全不同的政治意涵，从而制度性地将流动人口阻挡在城市化之外①。王春光认为新生代农民工融入城市面临着三大难以化解的张力：政策的"碎步化"调整与新生代农民工越来越强烈的城市化渴望和要求之间的张力；他们对城市化的向往与他们实现城市化的能力之间的张力；中央城市化政策与地方落实城市化措施之间的张力。农民工这一特殊群体也吸引了境外学者的兴趣，他们的研究更强调现代性和国家—社会之间的权力关系、农民工的主体性建构②。苏黛瑞探究了在农民城市化道路上政府、市场和进城农民这三者之间的关系③，潘毅考察了打工妹群体在全球资本主义、国家和父权制文化三方合力下抗争而形成阶级认同④，杰华从流动者经验和自身解释方式出发，探讨了全球化和现代性如何在个人层面得到体验，并形塑女性农民工的主体建构⑤。张鹂在一个市场化和人口空间流动不断增强的时期，通过观察流动人口社区在建立—拆除—重建过程中的政治博弈，试图探究空间、权力和身份变迁怎样相互交织，重塑国家—社会关系。⑥ 罗竖元认为新生代农民工群体的身份认同呈现出积极的状态，并采取行动逐步实现从"双重边缘人"的自我身份认同向城市市民身份认同的转变⑦。彭莹莹等的研究认为社会网络可

①　秦阿琳：《从"流动政治"到"移民政治"——农民工城市融入的代际变迁》，《中国青年研究》2013 年第 8 期。

②　王春光：《新生代农民工城市融入进程及问题的社会学分析》，《青年探索》2010 年第 3 期。

③　Solinger, Dorothy J. *Contesting Citizenship in Urban China: Peasant Migrants, the State, and the Logic of the Market*, California Press. 1999.

④　参见潘毅《中国女工——新兴打工阶级的呼唤》，明报出版社 2006 年版。

⑤　参见［澳］杰华：《都市里的农家女——性别、流动与社会变迁》，吴小英译，江苏人民出版社 2006 年版。

⑥　参见［美］张鹂《城市里的陌生人：中国流动人口的空间、权力与社会网络的重构》，袁长庚译，江苏人民出版社 2013 年版。

⑦　罗竖元：《社会网络、身份认同与新生代农民工的心理危机》，《华南农业大学学报》（社会科学版）2018 年第 4 期。

以直接影响新生代农民工创业的机会能力①。汤兆云等的研究认为，虽然生活和社会环境不同于第一代农民工，但新生代农民工传统乡土社会网络没有发生多大变化，其社会地位仍处于城市社会的社会排斥之外，由于其生活圈子、人际交往圈子以及语言等因素的制约，他们仍然没有能够融入城市社会②。

4. 农民工社会流动

李强研究农民工持续的社会流动状况，他从职业流动的角度考察了农民工的初次与再次职业流动情况，农民工初次职业流动后职业地位普遍上升，但再次职业流动地位变化微小，关键是无法跨越城乡阶层分化。学界的研究共识是制度隔绝一直是乡城流动人口实现社会流动过程中一堵无法跨越的高墙③。张翼指出教育在社会流动中越来越显著的重要性，同时户籍制度所造成的制度壁垒限制着农村人口的城市化和受教育水平，最终制度性阻碍了他们向上流动。农民工只能依赖非制度性途径获取地位的流动④。渠敬东、李汉林认为城市农民工是依赖社会关系展开自己的经济行为，农民工的社会网络是围绕着血缘、地缘和业缘等同质关系构成，并影响农民工生活世界的建构过程⑤。赵延东等提出在农民工经济地位获得过程中，社会资本所扮演的角色是极其重要的，其作用可能比人力资本等因素更为显著，甚至连他们拥有的人力资本也可能要依靠其社会资本才能充分发挥作用⑥。渠敬东、李汉林分析了农民工群体以初级群体为基础的社会网络具有强关系的特点，指出同质群体成员是构成农民工之间强关系纽带的基

---

① 彭莹莹、汪昕宇：《社会网络对新生代农民工创业能力的影响——基于资源获取和创业学习的中介效应》，《湖南农业大学学报》（社会科学版）2017 年第 3 期。

② 汤兆云、张憬玄：《新生代农民工的社会网络和社会融合——基于 2014 年流动人口动态监测调查江苏省数据的分析》，《江苏社会科学》2017 年第 5 期。

③ 李强：《农民工与中国社会分层》，社会科学文献出版社 2004 年版。

④ 张翼：《中国人社会地位的获得——阶级继承和代内流动》，《社会观察》2004 年第 9 期。

⑤ 李汉林、渠敬东：《制度规范行为——关于单位的研究与思考》，《社会学研究》2002 年第 5 期。

⑥ 赵延东、王奋宇：《城乡流动人口的经济地位获得及决定因素》，《中国人口科学》2002 年第 4 期。

础；信任，尤其是非制度化信任是构造纽带关系强度的重要前提条件。王春光认为，社会关系网络成为农民工得以流动的主要社会机制，强关系有助于农民工获得信息、经济和精神的支持和帮助，但是却难以使他们实现更大的社会地位的"跃进"和提高，这也是农民工大多停留在水平流动上的一个主要原因①。李春玲指出中国社会三重制度分割——二元社会结构、二元经济结构和二元劳动力市场结构——将流动人口劳动力隔离在特定的社会和经济空间之内，从而导致流动人口极其特殊的社会经济分层形态和社会经济地位获得模式，也迫使流动人口沿着特殊的流动路径并遵循着非正式的规则来实现上升社会流动，这些特殊的路径和非正式规则构成了一种社会经济地位获得的非制度模式，如社会网络、机遇、冒险等因素②。

第三节　国内外风险社会及人口流动风险研究

一　风险社会研究

明确"风险"这个词何时以及为什么会出现在人类的话语体系中，要注意到这么几个人和一个重要历史事件。首先是人类学家玛丽·道格拉斯，她在《洁净与危险》这本书里第一次把 17 世纪在赌博概率中使用的风险概念用来描绘人类社会所遇到的问题。该书研究人类必须要面对和处理的一个问题即"不洁（污秽）"，认为"每个族群都有很多关于洁净与不洁的禁忌，如果某些人跨越了禁忌的边界或进入不洁的状态，可怕的灾难（危险）就会发生在他头上。洁净是一种秩序，不洁是对秩序的冒犯，保持洁净，去除不洁，是一项为了维护秩序、重组环境而做的积极努力"。在道格拉斯看来，违反不洁禁忌会导致危险，但危险是对特定群体的、小范围的，在很大程度上可以避免或可以通过行动（可控）去"清洁"（恢复秩序）的。但

---

① 王春光：《农民工的社会流动和社会地位的变化》，《江苏行政学院学报》2003 年第 4 期。

② 李春玲：《城乡移民与社会流动》，《江苏社会科学》2007 年第 2 期。

道格拉斯在 1966 年出版此书时并没有意识到"风险"的概念，"我最初写《洁净与危险》时，全然不知在不久的将来对于'污染的恐惧'将会支配我们的'政治场景'，人类开始害怕空气污染、水污染、海洋污染甚至食物污染，污染成了全人类要面对的，甚至没有办法'恢复'的'失控了'的状态，而这是置我们于危险境地的凶暴的技术发展造成的"，人类已经进入了与"危险社会"全然不同的"风险社会"。道格拉斯第一次明确了传统危险社会和现代风险社会的区别，揭示出风险是现代社会的命运，在风险中生存，在生存中面对和化解风险成为当代人的命运。

20 世纪 80 年代乌尔里希·贝克出版了《风险社会》一书，认为"现代性正在成为它自己的主题和问题，人类正生活在风险社会这个'文明的火山上'"。贝克说，风险不是危险，风险也不是苦难，因为危险是一个、一群或一部分人面对的，而风险是全人类所面对的。风险社会命题因"风险在全球范围内扩展的飞去来器效应，无论富裕的还是有权势的人，谁都不可幸免"的论断，使得"风险社会"成为一个受众多研究者甚至普通公众所关注的议题。

风险的产生依赖于科学和社会的建构，科学和结构化不仅是处理问题的源泉，更是造成问题的原因①。人类好长一段时期关心的是外因导致的危险（源于神和自然），比如在自然和生产条件双重限制下的长期的食物短缺情况明显的表面化的环境污染"刺激着人们鼻子和眼睛"，而今天，风险新的历史本性则来自内在的决策，比如过量饮食导致的"超重"问题、存在于物理和化学的方程里不可被感知的风险。

风险的起因是工业的过度生产，产生的各种毒素和污染物，直接渗透到人类的空气、水和食物中，且伴随的短期和长期的对植物、动物和整个生态系统的影响。因此财富生产伴随着风险生产，与社会分配、科技发展所引起的问题相重叠。

风险的分配是一种"飞去来器"的效应，摆脱了"凶手—受害

---

① ［德］乌尔里希·贝克：《风险社会》，何博闻译，译林出版社 2004 年版，第 190 页。

者”模式，不论富裕还是有权势的人都无法幸免，风险是普遍的，但却是不稳定、不确定和不可预测的。当今的风险社会和传统的工业社会的区别在于财富生产和分配与风险生产和分配的“逻辑”之间，工业社会财富生产的逻辑和风险分配的逻辑是相容的，而风险社会风险分配的逻辑和财富分配的逻辑是相冲突的，即财富在上层聚集，风险在下层聚集。风险的分配并不是均衡的，即并不是风险的制造者要承担更大的风险，而是风险制造者和无辜者都要承担风险甚至无辜者要承担更大、更多的风险。处理、避免或补偿风险的可能性和能力在不同职业和不同教育程度的阶层之间的分布是不平等的：有钱有权的人，可以通过选择较安全的居住环境，更少污染的、更少毒素的、精细饲养的特供健康食物来规避风险；受过良好教育的人可以通过获得和选择有效信息来规避风险，即那些拥有收入、权力和教育上的优势的人可以购买安全和免除风险的特权。因而风险事实上巩固了阶级社会，风险也伴随着新的阶级和阶层地位的不平等，贝克说贫困招致了大量的不幸的风险。

风险的生产和分配是系统性的、长期的问题，是全球化的，没有一个国家可以站在全球风险社会之外，但风险的国际分布也是不平等的，后发展国家和先发展国家同时承担发展的后果，但很少享受发展成果。贝克甚至说：“在极端贫困和极端的风险之间存在系统的吸引，饥饿的魔鬼与倍增的风险的堕落天使争斗着。”

即使如此，人们对不可知风险的忽视是可怕的，贝克认为阶级社会的驱动力“我饿”（问题、困难），风险社会的驱动力“我怕”（焦虑），但对可见的财富（物质）的追逐和对不可感知的风险的忽视，导致风险的无所不在。

安东尼·吉登斯认为，[1] 风险概念源于16、17世纪航海家、探险家的语言体系中，指的是“未知的水域”，是与空间相关的概念，后来有了时间的内涵，比如“风险投资”，以致后来，风险则指代各种不确定。来自外部的、因为传统或者自然的不变性和固定性带来的风

---

[1] ［英］安东尼·吉登斯：《现代性的后果》，田朱译，译林出版社2000年版，第15页。

险被称为外部风险，由于人类不断发展的知识对世界的影响产生了被制造出来的风险。工业社会以来到今天，人类担心的几乎是外部风险，天灾、饥荒、瘟疫，但最近我们开始担心自己制造的风险，如环境问题、核污染，另有涉及人类的日常教育、就业、医疗、婚姻家庭领域的风险，被制造的风险有扩张的趋势，更让人担忧的是，人们甚至完全不知道风险的大小和程度以及可能造成的伤害。

风险概念标识了现代社会与前现代社会的根本差异，在传统文化里大都没有风险这个概念。风险与冒险或者危险不同，风险意味着一个主动与它的过去即现代工业文明的主要特征决裂的过程。社会风险的增加带有一定必然性，风险损害着公众对社会系统的信任，造成了本体性不安全感。吉登斯甚至认为现代性的风险社会是设计错误的且容易操作失误的、失控的洪水猛兽，人类很难驾驭。

风险系统保险事实上是福利国家对风险的一种人为控制手段，但实质上，无论私人保险还是国家保险，只是一种风险的重新分配。风险在世界范围内扩展，是全球化、社会化、制度化的，风险无所不在，甚至风险意识本身也是风险，风险的预防也是风险，因处理危机带来了新的危机，比如除草剂的使用导致了环境的破坏，化肥农药是人类为了摆脱饥饿的选择，但却带来更多的健康隐患。

贝克认为风险社会最终是一个灾难社会，伴随着人们安全感的丧失和信任的崩溃，"关于风险，不存在什么专家"。存在社会的"专家系统"使得关涉进步的科学理性和关涉伦理的社会理性分裂，因没有科学理性的社会理性是盲目的，没有社会理性的科学理性是空洞的，造成了前所未有的社会风险。

吉登斯比较乐观，认为我们的时代并不比别的时代拥有更多风险，只是风险状况发生了变化。现代科学技术致力于防止各种风险，试图将所有具有严重后果的风险降到最低点，但所有的科学技术首先会有助于产生某些风险[1]，因此吉登斯并不期待用科学技术来防止风

---

[1] ［英］安东尼·吉登斯：《失控的世界——全球化如何塑造我们的生活》，周红云译，江西人民出版社2001年版，第3页。

险而是用"超越了所有价值的具有相互排斥的权力分化"和社会运动，才能为风险未来可能出现的转变提供重要指针①。

二　中国社会风险研究

继贝克、吉登斯的风险社会的研究之后，"风险"的概念逐渐成为社会科学界的关注议题，"风险"则指有目的的行动造成不可预计、不确定的社会后果。社会风险本身并不意味着社会危机，但却意味着爆发社会危机的可能性，可能性在一定条件的催化下就变成了现实性，社会风险就转变成了社会危机，将会对社会稳定和社会秩序造成灾难性的影响。

中国社会风险研究显示：中国的社会风险状态既不是纯粹传统的，也不是纯粹现代的，而是一种混合状态，中国社会风险呈现"风险共生"的表征。中国社会快速的社会变迁和转型，使得前工业社会、工业社会和后工业社会的各种风险同时并存。前工业社会的自然灾害、传染病等传统风险依然对人们的生产、生活和社会安全构成威胁的同时，现代化进程中不断涌现和加剧的失业问题、诚信危机、安全事故等工业社会早期的风险正处于高发势头，同时，现代风险的影响已超越国家疆界，如国际金融风险、环境风险、技术风险、生物入侵等随时可能对人类的安全造成威胁。政治、经济、文化、社会、自然全方位快速变革和不平衡、不同步的发展同时发生。政治领域的腐败破坏了中国经济发展的成就，也阻碍社会透明、公平、公正。经济领域的各行业各地区发展不同步，"三农"问题成为问题高发地，工业制造业降级、金融风险，各地区发展不协调，国有企业和私营企业拥有不同的发展际遇等。贫富分化加剧，食不果腹和严重浪费同时并存，中国居民基尼系数已经接近警戒线水平，而且仍然呈现上升态势，贫富悬殊正在危及中国的社会稳定。传统文化在快速的社会变迁中被不断地抛弃、扬弃、解构、重构，人们越来越生活在高速发展的现代文化的"骷髅地"。传统的物质文化、非物质文化随着生产生活

---

① ［英］安东尼·吉登斯：《现代性的后果》，田禾译，译林出版社 2000 年版，第 115 页。

方式的变迁失去了寄居的土壤，高速的发展没来得及沉淀文化的因子，文化顺着一条既没维系传统又没累积现代的道路狂奔。作为国家和民众之间最重要的桥梁的中间力量——社会，在传统的中国由地方乡绅来扮演，在国家现代化的过程中，社会因素发育的土壤不够肥沃，社会在国家和个人之间艰难求生。自然生态随着现代化的进程付出了非常大的代价，空气污染问题严重，水资源短缺且污染严重，土壤数量减少且污染严重，环境事件突发高发。作为人生两大坐标系——家庭和就业在巨大的社会变迁中面临各种风险。个体最稳定依靠的家庭本身失去了稳定性，离婚率居高不下，结婚率持续走低，各种异常家庭层出不穷，不断增加的就业人口和岗位需求与工作岗位不足之间矛盾重重，人口就业压力已然十分巨大，且失业群体有年轻化趋向。所有的这些社会风险对当前中国来说都是客观存在的"社会事实"，人类历史的长河显示，从来没有一个没有社会问题的制度设置，人类就是在不断地解决问题的过程中逐渐走到现在，而现在面临的问题则要通过较高级别的人类智慧加以解决，因为累积矛盾、问题越多就越可能造成重大的社会危机。

三　人口流动及社会风险研究

现代性以来渐成规模的国际国内人口流动，造成了各种不同的社会风险。前文综述中提到，关于移民适应的熔炉论和文化适应论，在流动人口人数少，经济地位较低的情况下，移民会或主动或被动地适应当地文化，逐渐放弃自己族群的文化传统，出现处于社会支配地位的主文化对移民亚文化的融化、同化。但当移民人数数量多，经济地位较高的情况下，则会出现移民和当地族群的冲突，包括文化冲突、就业冲突等，而移民和当地族群的冲突则会在各种国家政策中得以体现，比如美国、加拿大历史上的排华，东南亚尤其是马来西亚的排华，基本上是为了保护本国人的工作机会而通过国家制度来限制华人。

中国改革开放四十年来的人口流动研究显示，城乡人口流动因为户籍制的分割使得农民工在他乡、城市就业若干年仍旧无法在所在地落地生根，第一代农民工还可以回到承包的土地上去，而作为第二代或曰新生代农民工来说，他们中的很多人在城市出生，除了从父母那里承袭过来"农民"的身份之外，跟土地、跟村庄几乎没有其他关系。而二元户籍结构还没有根本解决，他们被户籍"撕裂"的身份会成为这一数量庞大的群体的"心头之痛"，在新时代成长起来的新生代农民工，"平等"观念深入脑髓，迫切追求人与人之间最基础的"公平"。农民因为户籍无法享受和本地人一样的就业、医疗、社保等待遇会产生巨大的不公感，"不患寡而患不公"，成为引发社会问题的缘由之一。

小结　文献简评

从国际国内人口流动和社会风险研究的相关学术史的梳理发现：第一，国际人口流动和族群关系研究、社会风险的理论和实证研究非常丰富，给中国的经验研究提供可借鉴的理论视角和实践参照，但人口流动不仅仅是个体和群体身体在一定的时间从一个地理空间到另一个地理空间的位置移动，更蕴含着族群文化、社会结构、资本、权力、社会治理模式等相互影响的更为复杂的社会因素，必须把中国的人口流动放到中国实践的具体语境下加以研究，才能对解决具体的社会问题有实际的参考意义。第二，国内有关人口流动的研究是在东西二元、城乡二元等宏大的视角下进行，对特定的地域来说，宏大语境只是研究的背景语言，而不是可切实操作使用的具体视角。对 X 省高海拔地区人口流动来说，特定的地理区位以及由此而来的地方心理，引起该地人口流动的个体性和结构性因素以及人口流动的主要类型是本书适合的研究视角。第三，关于 X 省高海拔地区人口流动的研究，在对流动动力、特征、流动的社会影响等方面的关注较多，但对因人口急剧流动可能引起的社会风险预测不足。本书将在个体性—结构性研究框架的基础上，深入研究 X 省高海拔地区的人口流动问题，科学预测因人口急剧流动或伴随其中的不合理流动可能引发的社会风险，为避免社会风险演化为社会危机提供可供参考的理论支撑。

第二章
生活在别处：流动人口的流动

　　20世纪80年代的中国，始于农村联产承包责任制的改革拉开帷幕，部分逐渐吃饱肚子的市民开始"下海"①，在市场经济的洪流中博取更好的生存，而长期禁锢在土地上的农民，也因温饱问题的解决而想办法提升生活水平，因此离开土地，离开农村，获得非农以外的收入，成为农民流动的最重要理由。

　　1958年颁布了《中华人民共和国户口登记条例》，严格的户籍制度限制了人口的乡城流动，把中国分割为二元社会结构，"户籍"制度也把农民死死地捆绑在了土地上。1985年身份证的发放，给了农民自由流动的可能，有能力离开土地的农民，离开家乡到全国各地去寻找新的生活，但至今还没有完全破除的二元户籍身份的壁垒使流动农民的户口很难随着身体的流动而快速迁移，社会福利保障并无法随着身体的流动而有所转变，中国农民工的流动在世界移民研究中被冠以一个特殊的称谓："流动人口。"②

　　改革开放以来的不同区域的不同发展的时间梯度，使得东南沿海作为改革开放的前沿，工业化伴随城市化的快速发展，吸引了大批流动人口进工厂、下工地，成为吸纳流动人口的主要地域，虽然近些年各地工厂出现大规模的用工荒，但仍旧不可否认的是，发达地区吸纳了绝大多数的流动人口。对流动人口来说，向外流动的动因除了宏观

---

① 指放弃原来安全、稳定的工作，去尝试有一定风险的经商或创业。
② "流动人口"一词，下文不再加引号。

社会结构性的管理松弛之外，也即是说，人口的流动中，结构性因素包括人口流动的制度性因素、经济发展的空间差异等是宏观的社会背景，在个体的流动决策中起到非常重要的作用。何时流动、如何流动、跟谁流动、流动到何处、从事何种职业，更多地依赖于个体抑或家庭的决策。而对 X 省高海拔地区来说，在流动人口流动的结构性影响因素是直到 2008 年才开始的西部大开发，国家的直接投资，使中国广大西部地区的经济发展逐步起色，促进了部分人口向不发达的西部地区的流动，但即使是二十多年的大开发，仍旧无法弥补东西巨大的政治、经济、社会、文化鸿沟，流动人口为何会离开原居地而向地理区位并无优势，经济社会发展相对落后的 X 省高海拔地区流动，会有特殊的因素吗？在该地区的流动人口的流动中，个体性因素究竟起了怎样的作用？这种类型的人口流动可能会引发何种社会风险，如何避免或化解风险是本部分要讨论的问题。

第一节　流动人口基本情况

X 省高海拔地区的流动人口与全国各地一样，因就业行业千差万别、居住方式多样分散等基本特征，很难概括其总体特征，因此针对流动人口的研究几乎没人能纯粹使用随机抽样的方式进行。本书对 X 省高海拔地区流动人口运用非概率的判断抽样、滚雪球抽样、偶遇抽样，采用结构式访问、非结构式访问和深度访谈的研究方法，共采访了 124 位研究对象。首先根据职业、民族、流出地、性别等特征选择或偶遇第一顺序的研究对象，而后通过滚雪球的方式获得更多的研究对象，构成了流动人口的研究样本。本书根据个案研究的样本能否穷尽所有可能的研究对象的情况，根据同类个案合并的原则，其中 34 位作为本书的主要个案。前文说过，本书并不试图用研究样本去推论总体，而是试着用 X 省高海拔地区流动人口的故事去接近这群鲜活生命丰富人生中的某些面向，但即使如何努力，这种接近仍然显得单调、不足与无奈，这是研究的宿命。

一 流动人口特征

通过 X 省高海拔地区六州官方的流动人口统计，X 省高海拔地区共有流动人口为 223567 人，在全国人口流动的大趋势下，X 省高海拔地区的流动人口总数并不多，各州流动人口数量见表 2 - 1。

表 2 - 1 　　　　　　　　X 省高海拔地区各州流动人口数 　　　　　　（单位：人）

	C 州	D 州	E 州	F 州	G 州	H 州
流动人口数	187957	9198	1615	10287	4333	10177

资料来源：官方公布各州暂住人口管理统计年报表（2018）。

从表 2 - 1 可以看出，X 省高海拔地区的流动人口中，C 州的流动人口数量最多，共 187957 人，而最少的 E 州只有 1615 人。X 省高海拔地区各州流动人口以男性为主，在平均海拔最高的 H 州中流动人口男性比例占 82%，海拔较低的 E 州男性比例最低，也占 60%，D 州中男性占 74%，F 州占 76%，G 州占 68%，C 州占 69%。

二 样本人口学特征

通过结构式和非结构访问在 X 省高海拔地区调查了 124 位流动人口、调查地点分布，见表 2 - 2。

表 2 - 2 　　　　　　　　　　调查对象所在区域

地区	人数（个）	百分比（%）	累积百分比（%）
C 州	18	14.5	14.5
D 州	19	15.3	29.8
E 州	20	16.2	46
F 州	26	20.9	66.9
G 州	21	16.9	83.8
H 州	20	16.2	100
合计	124	100	

流动人口调查对象中年龄最小的为 17 岁（不包括随父母上学的孩子），最大 54 岁，年龄集中在 21—50 岁，其中 21—30 岁，占 21%，31—40 岁占 39.5%，41—50 岁占 25.8%，三部分合计占 86.3%，说明 X 省高海拔地区流动人口以中青年为主。从民族构成来看，本书流动人口调查对象中比例最高的是汉族，占 49.3%；其次是回族，占 28.2%；再次是藏族，占 12.9%；另有蒙古族占 4.8%、撒拉族占 4.8%。

流动人口调查对象文化程度以高中、小学、初中为主，其中高中比例最高占 39.5%，其次为小学占 31.5%，再次为初中占 21.8%，接受大专教育的只有 4 人，占 3.2%，可以说，X 省高海拔地区流动人口总体受教育程度不高。流动人口调查对象以已婚者为主，占调查对象的 63.8%，加上离婚再婚和丧偶再婚的，已婚者占 65.3%，未婚者占 29%，加离婚未婚、丧偶未婚和未婚者占 34.7%。

流动人口调查对象的主要部分还是省内流动，其次则是甘肃、四川、陕西、宁夏等距离上比较近的西部省份。迁移人口的研究显示迁移的成本随着迁移的距离的增加而增加，不仅是由于路途的耗费，更是由于远距离的劳动力市场的信息不如近距离的劳动力市场的信息更完整[①]，调查对象来源地，省内流动的 35 人，甘肃省的 35 人，四川省 10 人，陕西省 9 人，河南省 9 人，宁夏回族自治区 6 人，江苏省 5 人，河北省 4 人，重庆市 3 人，安徽省 3 人，山东省 2 人，江西省 1 人，浙江省 1 人，湖南省 1 人，共 124 人。

虽然因现代通信技术的发展，使得人们之间的联系再也不受时间和空间的限制，"地球村"使得人们可以随时交流，但空间不仅仅是交往距离的问题，更是蕴含文化生活的意蕴，不同空间的生活会承载不同的文化面向，人们尽可能选择与自己文化接近的地域流动，以避免文化不同造成的不适应与挑战。

在当地能否较长时间生活，甚至可以在当地安家成为流动人口是否融入迁入地，适应当地生活的重要指标，调查 X 省高海拔地区的流

---

① 范力达：《全球化背景下的国际间人口迁移研究》，《人口学刊》2003 年第 3 期。

动人口的流动时间，结果显示 X 省高海拔地区各州流动人口居住时长以一年以下为主，除 C 州居住 1 年以下的占 53%，1—5 年的占 33%，5 年以上的占 14% 之外，其他几个州 1 年以下的流动人口占绝对多数，E 州占 95%，G 州占 88%，F 州占 87%，H 州占 86%，D 州占 84%，各州居住 1—5 年的人口比例很小，5 年以上的人口比例极小。

从江苏到 F 州做建材批发零售生意的黄老板说：在这里，咱就啥都不管，只要能赚钱就行，不赚钱咱就会赶紧撤。如果可以，咱还是喜欢在离老家近的地方挣钱，啥都熟悉，环境也好，可我们老家，现在做生意的人太多，钱不好挣。(HNJSH – 2016 – 10 – M46)

调查 X 省高海拔地区的流动人口的流动目的，其结果显示 X 省高海拔地区流动人口以务工为主，投资经商其次，两类合计比例占所有流动目的的 80% 以上，G 州、H 州和 C 州的务工和投资经商人口在流动人口中的占比更高达 94%、94% 和 91%，可见 X 省高海拔地区的流动人口是以谋求经济利益为主要的追求。

三　流动人口生计模式

"父母在，不远游"，安土重迁的中国人，如果能够在祖先的土地上生活的不是很辛苦，基本上不会做出迁移决策。而改革开放以来，市场经济的发展，逐渐使中国人的传统观念得以改变，人们为了更好地生活，离开自己祖辈生活的地方，寻求生存，而迁移的过程基本上伴随着职业的变迁，从农业劳动到非农职业是最基本的变迁。改革开放的不同发展批次，使得东南沿海地区率先工业化和城镇化，人们从落后的中西部省份，进入东部发达地区的工厂，从农民转变为工人成为众多流动人口的职业选择。

X 省高海拔地区流动人口中，因为当地工业发展不足，没有可以给流动人口提供就业岗位的大型工厂，流动人口的就业领域主要集中在第三产业：包括餐饮业，旅店业以及其他服务行业；个体商户是流动人口就业的重要领域；建筑工人、保安、勤杂工等非技术劳动岗位也是流动人口就业比较集中的领域。

表 2 – 3 显示调查对象的职业分布主要集中在开餐馆（老板）以

及餐厅服务人员，建筑工地打工，做与地方特产密切相关的批发零售生意，卖菜及相关产品等。

表 2 - 3　　　　　　　　　调查对象职业分布

工作性质	人数（个）	百分比（%）	累积百分比（%）
开餐馆	21	17.0	17.0
建筑工地打工	16	13.0	30.0
虫草枸杞等特产生意	10	8.1	38.1
餐馆服务人员	10	8.1	46.2
建材零售	9	7.3	53.5
开出租车	5	4.0	57.5
卖菜	8	6.5	64.0
服装零售	6	4.8	68.8
保安勤杂工	5	4.0	72.8
旅店服务人员	5	4.0	76.8
开挖掘机叉车	4	3.2	80.0
灯饰卫浴零售	4	3.2	83.2
汽车修理	4	3.2	86.4
卖调料	4	3.2	89.6
卖肉	4	3.2	92.8
卖米面	4	3.2	96.0
卖熟食	2	1.6	97.6
美容美发	2	1.6	99.2
开小杂货店	1	0.8	100.0
合计	124	100.0	

根据 X 省高海拔地区 6 个州的暂住人口统计年报表显示，建筑工地打工的基本上居住在工地，工作开始入住，工作结束撤离，除了工

友，基本不和外人接触。暂住人口统计年报表显示 X 省高海拔地区流动人口居住方式以租赁住房和在工地或单位居住为主要方式。C 州租赁住房占 35%，在工地或单位居住的占 40%，两者合计占 75%，有 13% 的人口自购住房或其他方式居住；D 州租赁住房占 52%，在工地或单位居住的占 44%，两者合计占 96%，有 4% 人口自购住房或其他方式居住；E 州租赁住房占 57%，在工地或单位居住的占 29%，两者合计占 86%，有 14% 人口自购住房或其他方式居住；F 州租赁住房占 58%，在工地或单位居住的占 36%，两者合计占 94%，有 6% 人口自购住房或其他方式居住；G 州租赁住房占 67%，在工地或单位居住的占 23%，两者合计占 90%，有 10% 人口自购住房或其他方式居住；H 州租赁住房占 81%，在工地或单位居住的占 12%，两者合计占 93%，有 7% 人口自购住房或其他方式居住。

X 省高海拔地区流动人口中，以投资经商为目的的较多，经营模式基本上以家庭经营为主，经营"内卷化"特征明显，即家庭是基本的劳动单元，人们在家庭之内进行劳动协助，共同完成劳动任务，分享劳动成果，家庭成员是最多的雇用对象，劳动是在"家庭"（扩大的意义）之内完成的，但家庭成员参与并不直接提高收入，只是在一定程度上降低劳动强度。

> 家里租了一套院子，我们自己做豆腐，自己发豆芽，家里有小货车，我老公负责取货送货，我在市场卖。我们家孩子爷爷帮助我们干活，一年也不给他钱，就一起吃一起住，以后老人生病啥的得我们管着。我们这种小生意，雇不了人，本来就挣不了几个钱，雇人不划算。（HLMD - 2018 - 10 - W45）

在 X 省高海拔地区经商的人口中，餐饮业和旅店业因为劳动强度大，需要人手多，是雇佣劳动最多的领域，但也显示，即使劳动强度高，如果家庭成员能够满足劳动，则会以家庭成员为主。如果需要雇用员工，则会首先考虑从老家找，实在找不到才雇用当地人。

这几年 X 省的旅游发展好，夏天的三个月，我们这种旅店也爆满，去年旺季的时候房价 260 元都订完了。我们这 40 个房间，属于小旅店，雇了 5 个服务员，有 3 个是亲戚，另外两个是本地人，我和老公也啥事都忙，夏天人多的时候，我家娃爷爷和奶奶也来给我们帮忙。不给他们钱，给他们也不要，就等老了帮他们养老就行。（CLCH－2017－02－W39）

我们是甘肃临夏人，我们家做虫草生意，这几年虫草生意不好做，为了有稳定的收入，我老公说开个餐馆，请了临夏人当厨师，服务员本地的有两个打杂的，其他十几个都是我们从下面（老家）带来的。（GSLM－2016－08－W40）

我们是湖南人，现在在这里给老板看门。老板是我们湖南的老乡，来这里（E 州）做生意，开 KTV，还有饭馆、宾馆、咖啡馆，我们就到这里来给他干。我老公白天帮他打扫卫生，晚上就给看门，我在宾馆里打扫卫生，还在 KTV 里当领班，我老公一个月就赚四五千，我就三四千。现在管得紧了，KTV 关门了，其他的也不太好，我就没干，我老公还给看场子，但他自己一个晚上不敢住，我就陪着他。（ELJH－2017－01－W46）

家庭劳动力不足，X 省高海拔地区流动人口个体商户会优先选择从家乡招聘、以老乡带老乡的方式到 X 省高海拔地区就业成为最主要的流动渠道。而对 X 省高海拔地区个体商户来说，经营是以赚钱为目的，如果不赚钱则很快转移地方，不会坚守。

今年这里修路来着，我们生意不太好，去年挺好的。夏天挖虫草的季节我老公就在这里做虫草生意，冬天冷了就在西宁待着，我们再打算开几年就不开了，转出去了。（HSLM－2018－10－W40）

我们2017年8月才开业（卖灯饰卫浴），前几天下雨，天气不好，生意也不好，今天才卖了200多元。我们刚到这里别人就说那你们要是两三年前来，生意还差不多，这两年生意也不好做，现在做这行的也很多。竞争太厉害了，我们是8月1日开业，从我们开业后又有三家开业了。我们这里（E州）签了三年的合同，先在这边三年试一下，不行了再换地方。（EWY－2017－04－M25）

我们这汽车修理店开了两年了，投资了12万元，到现在也没挣多少钱，我准备再干一年，如果还不好，就准备把店转让了，我去干别的，我媳妇带娃回老家（X省B市某县）去，怎么说老家气候也比这里（F州）好一点。（FBQX－2016－12－M29）

我们是重庆人，2004年我们到这里挖虫草，虫草不好挖，挣不了钱，就干了这个。我们老家生意不好做，2008年我们两口子就开始做调料生意。现在这个地方生意不好做，流动人口少了，以前挖虫草的季节流动人口多，现在草场都老板承包了，他们把人直接拉到草场上吃住，我们生意就不好。建筑业也是，高速路啊，飞机场啊都修好了，流动人口就少了，人很少了。我们现在干一年算一年，明午都47了，也就退休了。我们重庆在这的（H州）人不多。（HLNT－2016－08－W47）

流动到X省高海拔地区的人口，建筑工地打工的占较大比例，这部分人在工地干活，在工地吃住，和工友交往，很少和本地人交往，是流动频率最快的一群人，而在这里做生意的人，以赚钱为目的，生意不好，会很快离开。

第二节　流动人口移民网络：
流动惯习与情感支持

一　流动人口流动惯习

移民研究的各种理论揭示，人口流动是受宏观的社会、政治、经济、文化、国别影响；微观的个体生物学因素有性别、年龄、族群以及中观的社会网络、社会资本等各种条件引导或制约的人们理性选择的结果。中国的流动人口是国内所有类型的人口流动中最自觉自愿的，他们在个体或群体理性基础上，在社会结构内部，充分利用自己和家族所拥有的社会网络和社会资本进行迁移决策，是符合目的性的社会行动。

在所有移民研究的理论中，推拉理论虽然对结构性移民如生态难民、工程移民、政治难民等解释力度不够，但仍旧能够解释大多数自愿性移民的迁移，迁入地的拉力和迁出地的推力共同发力，人口就会做出迁移决定。但对 X 省高海拔地区来说，政治、经济、社会发展在全国都属于后发阶段，而该地区的海拔高、气候寒冷、大气含氧量低、热量较低等自然特征也无法成为吸引人口迁移的有效拉力，一些相对发达地区的人口，为何会迁移到 X 省高海拔地区工作？个体作为流动行为理性的行动者，是利益最大化的追求者，总是试图用最优策略取得最大社会效益，在不同的情境中应该会选择最优的行动策略，对 X 省高海拔地区流动人口来说，迁移到此，是否是最优且有最大效益的行动？X 省高海拔地区流动人口的流动实践，是不是有其他的因素起作用？

> 　　刚来的时候，年轻，没有影响，这几年不行了，冬天每天都头疼，药天天吃着，感冒啊很难好。在这里挣点钱，到合适的时候去气候好的地方生活。这里长期待着气候也差着，所有人到这里是为了钱呗，这几年生意也不太好做。十几年前，那时候虫草生意做的人少，开饭馆的人也少，开个饭馆钱也挣好，感觉不那

么吃力，这两年人多了，做虫草生意比前几年多好多，人太多了。你看么，一个生意做得好，人都马上就知道了，人就马上上来了，这里虫草价高得很，拿到西宁都没那么高的价位，所以不好做，这里的草直接走广东啊那些地方，才能赚点钱。我们有时候卖不上（高价），也亏着。（HSLM－2016－08－W40）

自然条件、气候环境的不适宜，使得流动人口如果生意不好或挣钱不多，就会很快地离开 X 省高海拔地区。

> 笔者：你来这适应吗？
>
> QXP：来这不适应，高原嘛！
>
> 笔者：你是怎么不适应？
>
> QXP：就这腿，走路累，缺氧，楼梯都上不去，特别累，上气不接下气。我们那是平原，再就说我没出去过，第一次出门就到这里了。
>
> 笔者：这边和你老家比，气候还有啥不一样？
>
> QXP：这边空气挺好的，比我们那边空气好，我们那边污染得厉害。我们那里也太热。但说这里冬天气候更不好，到时候不知道还是个啥情况。（FQXP－2016－10－W54）

QXP 是河南人，到 F 州帮助即将临盆的儿媳带孩子，可是 54 岁并不大的年龄，在平均海拔 2400 米的州府所在地，10 月的天气，已经非常不适应，她解释说可能是自己第一次出远门的原因，但还是担心冬天可能更不好过。F 州府所在地年平均气温只有 5.2℃，降水量年均 425.7 毫米，日照年均 2413.1—2634.9 小时，气候干燥寒冷，对长期在平原地区生活的她，适应环境成为一个重要的问题。

> 我第一次到 G 州，是找我朋友玩。那时候是夏天，草场上那个花啊，真是美得很，我就一下喜欢上了 G 州，夏天草场绿了的

时候，闲了去草场躺着，闻着草香，看着蓝天白云，那感觉，在其他地方是没有的。

我老家（陕西延安）太热，我喜欢天气凉，可 G 州就是冷的时候太长，一年稍微热的时间也就三个月，其他的时候都冷。一到冬天，草原也没草了（指草枯了），那时候身体也会有一点高原反应，人的心情也不好。（GCZJ – 2016 – 09 – W36）

36 岁的 CZJ 在 G 州打了 3 年工，因夏天的一次旅行使她喜欢上了美丽的草原，但其他季节的气候她还是不适应。

X 省高海拔地区，气温极低，温度较高的 6 月下旬到 9 月上旬是草原最绿最美的季节，吸引了大量旅游人，其他季节，有条件离开的人会去气候好一点的地方工作生活。

我找人在 H 州承包了个活儿，没个放心的人，我就把我爸叫来，我爸 56 岁，还不太老，可他一到这里，夏天的时候还好，到了 11 月，气喘的就不行，整天说像喝了酒一样，觉也睡不好，把我吓的，赶紧往甘肃老家送，一到老家，慢慢地就好了，也没去医院，他死活再也不上来了，让我雇人去。我这也是，这个工程干完，就不干了，这里干活，身体不适应，麻烦事情太多。（HLCX – 2016 – 09 – N32）

X 省高海拔地区特殊的自然地理环境，对流动人口的吸引力不大，但仍旧有 22 万多的流动人口，这些人口流动实践的发生，惯习和资本的结合可能才是流动实践发生的重要因素。

惯习是一种存在状态，指的是一种性情倾向、趋向、习性或偏好，惯习能够指导行动者的行动，使行动者形成行动模式。场域和惯习都无法单方面决定实践，资本和惯习相结合，会产生特定场域的社会实践。X 省高海拔地区流动人口的流动实践，正是在人们的流动偏好与其所拥有的资本相结合的条件下发生的。

20 世纪 70 年代，社会网络研究逐渐在"物质资本""人力资本"

的基础上发展起来成为"社会资本"维度。20 世纪 80 年代前后，科尔曼的社会资本理论形成，该理论认为社会资本存在于人际关系和结构之中，并为结构中的个人提供便利，处在此社会网络中的个体可以从中获取对行动者自己有用的信息。工业革命之前的社会资本主要是由家庭和家庭派生出来的其他社会结构比如邻里、社区等原初性社会组织，具有社会保障和社会支持的功能，是人力资本和物质资本无法比拟的。在现代复杂的社会系统中，人们建立新的社会关系，形成各种人际关系网络，为个人提供了新的资源，这就是社会资本。社会资本是一种相互关系、信赖关系，社会资本需要在较长时期的互动中形成，具有不可转让性。[①] 某一行动者可以占有的资本数量，依赖于行动者可以有效加以调动的关系网络规模的大小，依赖于和他有联系的每个人以自己的权力所占有的资本数量的多少。

现代性进程中，越来越多人的网络由后天的各种关系来建构，传统的血缘、地缘、亲缘关系所蕴含的社会资本在个体生涯的作用逐渐淡化，而新的"一起同过窗的，一起扛过枪的，一起下过乡"的同学关系、战友关系、同事关系甚至兴趣团体等成为人们建构新的社会网络的新路径，这种网络是一种"弱关系"网络，但因其成员的异质性较高，使得人们之间分享的资源较多，越来越多的人更热衷于这种关系。但是这种后天关系是要有共同经历才能建构，对于 X 省高海拔地区流动人口来说，较低的"社会资本"使得他们很难建构后天社会关系网络，更多人的社会关系网络仍旧建立在传统的地缘、血缘、亲缘关系等强社会关系之上，这种关系网络的社会资本极为相似，同质性很高，可获得的社会资源较少。研究显示，在个体的生涯过程中，弱关系经常发挥非常重要的作用，而对弱关系较少的流动人口来说，强关系则是可凭借的重要资本。

二 流动人口移民网络与情感支持

在对 124 位流动人口进行结构性访问的时候，几乎每个人会提到

---

① 文军主编：《西方社会学经典命题》，江西人民出版社 2008 年版，第 255 页。

一个或几个引导自己到 X 省高海拔地区工作的重要人物。

> 笔者：你们四川人，怎么会到 H 州来？
>
> GMC：那时候他们说，这里挖虫草、做虫草生意可以，我们就来了，后来挖虫草的人越来越多，草场也被老板们承包了，我们也就不挖虫草了。再就想着这里比我老家好一点，在这做点生意也可以。
>
> 笔者：他们是谁？
>
> GMC：他们啊？就是以前老家的人，亲戚啊，朋友啊的。
>
> 笔者：那他们是怎么到 H 州的？
>
> GMC：也是别人说的吧！
>
> 笔者：你知道的你身边最早到 H 州的是谁？他怎么来的？
>
> GMC：也不好说谁最早来，就是我们来的那年（2010 年），都说 H 州有生意，我们一起来了好几家。（HGMC－2016－08－M37）

这是一段笔者试图搞清楚流动者流动起因的对话，结果却发现，很少有人能够说清楚自己身边最早到 X 省高海拔地区工作的人是谁，但自己到 X 省高海拔地区工作，一定会有一个"领路人"。

> 我在 G 州待了两年。G 州那地方，没人（靠山）你是没法做生意的，我小姨、小姨父在州上工作，小姨父是派出所所长。我老公有做头发的手艺，我们就在州上开了个理发馆，一开始他没雇人的时候我就在他店里帮忙，后来他雇了人，他脾气又不好，我就和他分开了干，在他店旁边卖童装。那时候的钱还是好挣，当地民族懂汉语的少，钱又多，不在乎钱，你要把他们哄高兴了，理个发、洗个头的你要多少他们给多少，买衣服也是，要多少给多少，不砍价，但其实想好好做生意的也不敢乱要价。（GJN－2016－09－W38）

X省高海拔地区任职的公职人员，成为到此地流动的流动人口的重要支持，不管是在经济还是情感上都能给流动人口提供必要的支持。JN38岁，陕北人，她到G州开店的唯一原因是小姨和小姨夫在那里工作，能给她提供必要的帮助。

> 我到这里12年了，一直卖豆腐，一到9月、10月之后豆腐就卖不动了，现在工地还没走完，我儿子又开始做馍馍，卖不动豆腐卖馍馍。以前我们搁家开个饭馆，赔干干净净的了，借钱来的。开了饭馆那时大队赊你的，吃了不给钱，一换书记吧，他说他给，他又说他给，结果也没人给，也不要了。我们家我弟媳妇他舅舅在这当工程师，他叫我弟媳妇来，我弟媳妇又叫我拉来。（HHDF-2016-08-M47）

> 我是甘肃甘南合作人，到这里已经5年了。那时候不上学了，家里也没事情干，就考了驾照，有驾照了，家里有人说，到这里（C州）可以来开出租车，就来了。（CCZC-2017-02-M25）

"家里人"所拥有的信息，是CZC到X省高海拔地区开出租车的重要原因，而这个信息的获取则是建立在家族长期经营的社会网络基础之上。

> 笔者：你们从哪里来的？
>
> QX：河南周口。
>
> 笔者：那怎么到这里来了？
>
> QX：这边有亲戚，我爸妈在X省B市某县那边开店！
>
> 笔者：他们到这里也不算近啊？
>
> QX：那还是在一个省啊！（FBQX-2016-12-W24）

家庭或家族中有人在X省某地的就业，也成为他们有信心到X省其他地方就业的重要支持，虽然BQX和父母地理空间的距离并不近，但心里情感距离都是在一个省内，可以提供当地的市场信息，在经济和情感上也可以有支撑。

> 我老家四川的，家里山区，生活条件不好，我就出去学了做菜的手艺，我小舅子在这里考了公务员，说是生意比较好做，我就和媳妇到这里开了这家店（川菜馆），小舅子给介绍人来，我的生意在这一带还不错。（HGCD - 2016 - 12 - M36）

在当地工作的亲戚朋友，成为这家川菜馆拥有的重要社会资本，使他们能够凭借手艺，仰仗亲戚介绍的客源而生活下去。

江苏到 X 省高海拔地区做装修建材批发零售生意的蒋老板在该地做生意好多年了，他的基本判断是 X 省高海拔地区做生意利润高一些，所以一直辗转 X 省等较高海拔地区做生意。

> 笔者：你哪里人啊？
>
> JBL：我江苏徐州人。
>
> 笔者：徐州人怎么到 F 州了？
>
> JBL：开店吗，哪地方挣钱哪地方去么！
>
> 笔者：那说明这地方挣钱呗！
>
> JBL：反正比我们老家挣钱好些。再说老家那里应酬多，花钱的地方多，啥都要应酬，各种人情一年好多。我从 1999 年就在 A 市干了，做了几年又跑到西藏日喀则做了几年，2008 年我就又回老家了，回老家几年挣不上钱又跑出来了。我们姊妹四个都在 X 省这里，我是老大，我两个妹妹一个弟弟，他们都在 A 市建国物流，都是装潢材料，搞批发。从开始就一直做这个。
>
> 笔者：那你打算在这里再做几年？
>
> JBL：再不知道啦！我打算能做几年做几年，实在不行撤到西藏，再没好地方。现在做生意基本上透明了，卖家知道价格，买家都知道价格，他不可能到我家就买，他还要别家看看。在高海拔地区做，利润还高一些。
>
> 笔者：其实在别的地方做，估计也可以，要不全国各地做和

你一样生意的人赚什么啊！（笔者有意引导）

JBL：其实说的也是，那人家不和我一样挣钱？

笔者：那你说你一个江苏人，老在高海拔地区做生意，究竟是为啥？

JBL：（仔细想了一会儿）可能是习惯吧！我们老家没到过高海拔地区的人，一听说这里，就觉得环境不好，还要和少数民族打交道，他们怕，我就不怕，我和少数民族打交道一点都不怕。（FJBL－2016－08－M40）

凭借最初到 A 市做生意获得的经验和自信，蒋老板一路在高海拔地区做了 20 年的生意，他的解释是"习惯"，也即是他流动的"偏好"，这偏好来源于流动给他带来的成功。

笔者：这里做建材生意的多吗？

JBL：也多，上面有一家，是河南人，我这是第二家。那边刚开了一家，他们是安徽的，那边还有一家是四川的，那边还有两家是本地人，再过去就是一家陕西的，还有一家甘肃的。

笔者：那竞争还很激烈？

JBL：竞争也没啥竞争的。我们是这里最大、东西也最多的一家，我们投资要 200 多万元呢。我们家族式的做，进货渠道清楚，直接从厂家进货，别家也没有我们家那么大的库房。现在做生意，反正要稳稳当当地做呗，别宰人，别胡整，就没事，比如这个板子卖 120 元，给他 120 元，给他也 120 元，州长来买也 120 元就不出毛病，你要乱卖，就有人打了骂了，就这样才能慢慢地做下去。（FJBL－2016－08－M40）

惯习的养成，更多的要靠"成功经验"不能靠"失败的教训"，在对 X 省高海拔地区做生意 5 年以上的商户进行调查的时候，发现都是做得比较成功的。

我在这里已经十几年了。刚来的时候，生意特别好做，赚钱也快，我十年前就赚了 200 多万。八年前，有事情回了趟老家，准备在老家做，可咱离开老家的时间也长了，根本没啥人脉，就又回这里来了。回来后，这里做生意的已经很多人了，不太好做了，但我们投资大，货全，生意就还好。我准备再干几年，万一不好再换地方。（EBSZ‑2016‑12‑M41）

BSZ 是河南人，最初在 E 州开了较大的杂货店，后来在老家朋友的建议和经济资助下，开了超市，超市生意不错。BSZ 在 X 省高海拔地区较长时期做生意的经验，使其有能力和信心生活下去，在回老家生意不好做的情况下，很习惯地又来到 X 省高海拔地区，这是一种流动的惯习，也是在成功经验下形成的。

在这里做生意的，一般也就看最早的一两年咋样，要是一两年生意做得好，就会继续做，不好，很多人就盘了铺子去其他地方了，所以流动人口流速还是挺快的。就那些生意做得好的，有的做个十年、八年甚至二三十年的都有。（FNDZ‑2016‑10‑M35）

NDZ 是 F 州公安局治安支队的警官，具有十多年流动人口的管理经验，他认为，生意的成功与否是流动人口在该地停留时间长短的重要因素。也是说，在 X 省高海拔地区流动人口"惯习"的养成，需要成功经验。

X 省高海拔地区流动人口，凭借自己和家庭在该地区所拥有的社会资本，以及流动惯习，在这片高原进行或长或短的流动。但他们的"家"在哪里？他们对 X 省高海拔地区的归属感又是怎样的呢？

第三节 家、家园与家园感：
自我认同与社会归属

人类是土地的孩子，从人诞生之日起，就依赖着土地的丰厚馈赠获得食粮和住所，人们在某地居住，获得生存资源，逐渐地对居住地有了一种与其他地方不同的深深爱戴和依恋的感情，这居住的地方是"家"，这赖以生存的天地则是"家园"，对"家园"的感情尤其是依赖感和归属感则是"家园感"。

甲骨文和金文中的"家"，是由"宀"（本义是房屋，引申义为覆盖）与"犬"组合而成，"犬"即建筑前的奠基仪式时埋入的牺牲，因此"家"乃祭祀先祖的神圣建筑物，即祖庙[1]。"家"后来的写法"宀"加"豕"，即为屋下有猪，含家中有人有财产的意义。英文中的 family 较早时期指某一个确定的人群，既包括具有血缘关系的人还包括奴仆佣人等，house 一词指一群扩大性的、拥有共同祖先并有着继嗣关系的世系或亲族集团所组成共处的居所[2]。道格拉斯认为"家"可以被定义为一种生活模式，那里有家具，有必要的生活用品，有一个家人能够起居活动的生活空间。也即是说，"家"源于一个血缘群体对某一特定物理空间的有效控制，从而使"家"成为实体，成为一种"存在的标识"。"家"还赋予时间以结构性意义，使记忆和期待有了实际的依托，"家"可以被理解为是历时性的空间结构和资源配置的承受者[3]。现代意义上的"家"的内涵则较小，意味着已婚夫妻和他们的孩子们共同生活的地方，家庭在社会学家和人类学家看来是有经济合作和情感陪伴的社会功能。

---

① 张颖、彭兆荣：《家在"念"中：国家级非物质文化遗产〈亚鲁王〉的认知与阐释》，《贵州社会科学》2013 年第 11 期。

② 张颖、彭兆荣：《家在"念"中：国家级非物质文化遗产〈亚鲁王〉的认知与阐释》，《贵州社会科学》2013 年第 11 期。

③ 李明欢：《社会人类学视野下的"迁移"与"家园"》，《吉首大学学报》（社会科学版）2005 年第 4 期。

一　流动人口自我认同

在对 X 省高海拔地区流动人口调查的时候，笔者想了解流动人口目前在哪里居住，问"你家在哪儿？"却得到了众多诸如"家在 A 市""家在四川""家在重庆""家在山东"等答案，显然被访对象并不认为自己目前所住的地方是"家"，虽然有的确实是"一家人"在 X 省高海拔地区居住生活，但为什么家人现在一起生活的地方不是家，而自己出生的或以前生活的地方或户籍所在地才是"家"？X 省高海拔地区流动人口的自我认同和社会归属究竟是怎样的呢？

本书发现 X 省高海拔地区流动人口形成的这种自我认同和心理归属与流动人口基本上是"人户分离"的生活模式有关，人们一般会认为自己是户籍所在地的人，称户籍所在地为家，因为户籍与社会保障、入学就医、福利救助等一系列制度密切相关。这种认同状况不仅仅是 X 省高海拔地区流动人口的问题，而是所有中国流动人口面临的问题。

　　笔者：你们这店投资了多少？

　　DSW：大概 20 多万？

　　笔者：钱是哪里来的？

　　DSW：自筹的。

　　笔者：那不是有大学生创业项目，你们没有贷款？

　　DSW：觉得那个比较麻烦，要有项目，还得回老家就业局去申请，在外地没法办。亲戚朋友手里有就先借一点。（FDSW－2016－10－M27）

鼓励创业的各项政策，同时附加了很多限制，只有在户籍所在地才能申请到的大学生创业资金，无法在就业的地方直接得到资助，使得在外就业者无法找到归属感，制度性的区隔，影响了流动人口对流入地的适应和认同。

现在身体还好，不咋生病，还能干几年吧，身体不好了，就要赶紧回老家去。我们旁边那户河北人，本来生意做得挺好，可他媳妇生病了，也不是啥大病，但在这里看病啥都不方便，根本就无法报销，所以他媳妇就先回老家看病去了，没多长时间，他们维持不下去也就关门了。（HZHP - 2017 - 02 - M41）

各种因为户籍不在本地，就无法享受部分福利的社会政策，造成流动人口选择在 X 省高海拔地区挣钱，家安在其他地方的生存策略。体现在流动人口在 X 省高海拔地区购房意愿上。

笔者：你们在哪里住？

HLB：在上面。（指商店上面的二层阁楼）

笔者：你们在 X 省做生意都十多年了，也没想着在这里买个房子？

HLB：我们都在老家建房子，不打算在这边安家。

笔者：那你爸妈，哥嫂都在 X 省 B 市，B 市现在发展挺好的，他们也没打算在 B 市买房吗？

HLB：都没有，我哥嫂在我们老家的县城里买了房子，他们觉得这边太干燥了，再说老家的朋友也多。咱不是这里的人啊！做生意可以，长期待一辈子，那不行。（EHLB - 2017 - 01 - M39）

在 X 省高海拔地区做生意的流动人口，无论流动时间长短，成功与否，在当地购房置业的意愿都不高。

笔者：你们一家人现在住哪里？

JBL：就在这后面（指商店后面的仓库）。

笔者：你们生意做得这么好，也没打算在这里买房？

JBL：没有，不会在这里常住下去的。

笔者：那你们老了准备去哪里？

JBL：老了肯定回老家。我再干十年退休，2008 年我手里就有几百万了，家里门面房也买好了，房子也修好了，老了就回家享福去了。（FJBL－2016－10－M40）

在 X 省高海拔地区生意做得较为成功的 JBL，2008 年的时候手里就有了几百万元，他选择在老家购房置业，也不投资购买当地住房改善居住条件。他家目前居住在仓库旁边的一间独立的屋子，房间里堆满了杂物，只有房间最里面开辟出来做厨房用的部分功能比较清楚，其他地方功能很难区分，笔者进去的时候，JBL 从床下抽出折叠椅给笔者坐，解释说："这里就是临时居住的地方，乱得很。我老家房子买好装修好了，那，漂亮得很。"虽然在做生意的地方居住条件很一般，但 JBL 说起自己在老家的住房，自豪感油然而生。

X 省高海拔地区的市场形态发育比较低，除了大型的水果蔬菜市场，其他的市场分布是较为混乱的，而众多经营户基本上是生活区域和经营区域在一起，居住质量不高，而比率不高的在当地购房者，投资的性质更大。

我们在这里买了个小院子，又当库房又住人，冬天冷的不行。我们等着这房子拆迁了就走，回去老家。我们在老家的县城里买了房。（GLMD－2016－08－W45）

这个地方（指开餐馆的店铺）是我们买的，那时候他们说这里要修路，可能会占到这里，当时手里还有点钱，就把这里买下了，可后来修路也没扩这么宽，我们这里就没被占，现在没办法，我们先开餐馆，等到时候要走了，再卖掉就行，估计价格也不会亏，就是没有拆迁好。（CSLM－2016－08－W40）

X 省高海拔地区流动人口在当地购房率极低，是因当地房地产增值空间不大，流动人口不准备长期居住，一般都是投资性购房，即使当地房价与其他地区相比较低，流动人口购房意愿仍旧不足。

> 我们刚到 H 州的那时候，我家娃一个 10 岁、一个 11 岁、一个 14 岁，三个娃在老家（重庆垫江县）自己照顾自己。我们没办法带啊，海拔高，对孩子生长不好，加上这里的文化不一样，语言不通，娃上学不方便，我们在外面，孩子们也是受苦了。现在都长大了，老大结婚了，老二读了师范，现在教书呢，老三也读大学了。最近这两年我们身体都不舒服，想回去老家找点啥事情，把个人生活维持住就行，我老公单传，回去要照顾老人家，我们是不会住在这儿的。（HCJX - 2016 - 08 - W48）

在 H 州做了十几年生意的 CJX 两口子，因为他们在 H 州做生意的地方海拔 3280 米，怕对孩子的生长发育有影响，加之他们做生意起早贪黑非常辛苦，没有充足时间照料孩子，还有语言文化等方面的较大差异，使得他们一直没有把孩子带在身边，只能让 3 个十多岁的孩子在重庆老家自己照顾自己生活了十多年，但对 CJX 两口子来说，虽然在 H 州待了十多年，却担心一直在重庆的老家，在那个户籍所在的地方，在家里的孩子身上，对他们来说，户籍和孩子在的地方才是家。

> 我们家两个娃，大的一个 17 了，在老家念高中。他小学在这里（G 州）上了，初中、高中就去下面（甘肃甘南州）上，下面孩子爷爷奶奶、姥姥姥爷都在，可以照顾。不能在这里上学，我们回族少，挨欺负的不行，再说我们下面学校好一些。我们家小的一个 8 岁，在这里念小学二年级，我们在 A 市买了房子，等到 5、6 年级了我们再给转到 A 市去上学，我自己就下去带他上学。（GSLM - 2016 - 08 - W40）

相较全国其他地方，X 省高海拔地区的教育水平不高，使得需要养育孩子的很多流动人口家庭不得不选择教育条件相对较好的其他地区让孩子接受教育。而流动人口在当地较少的人力资源支持也使他们不得不选择老家等地方以获得社会支持。由于 X 省高海拔地区社会较独特的文化样态，使得其他文化背景的人无法快速融入进去，导致流动人口对 X 省高海拔地区的融入感不强，融入意愿不足，对 X 省高海拔地区的认同程度不高，绝大多数流动人口不会在当地购房置产，追求"落地生根"，更难看到有人主动迁移户籍追求定居，在适当的时机"落叶归根"或到其他自然条件较好的地区生活成为绝大多数 X 省高海拔地区流动人口的流动意愿。

二　流动人口社会归属

户籍制度和 X 省高海拔地区较独特的民族、社会、文化、经济状况，流动人口的归属感较低，使得这一地区的流动人口流动速度快，流动频率高，"流动"是 X 省高海拔地区流动人口的生活常态。

对流动人口来说，居住的场所不是"家"，"家"蕴含了社会关系和文化生活的重要意义。对于不想也无法在当地"落地生根"的流动人口而言，他们实际上同时生活在移入地和老家"两个世界"，一个是他们每日需要面对、但始终感觉是一个陌生的"他者的"世界，而另一个则是存在空间距离，但在他们想象中却总是充满亲情温馨、近在咫尺的属于"我的"世界。

> 笔者：今年过年回家吗？
>
> CFS：每年都回去，今年不准备回去了。
>
> 笔者：今年为啥不回了？
>
> CFS：回去太花钱。这几年每回去一趟，都花好几万。
>
> 笔者：好几万？都花哪儿了？
>
> CFS：这地方远，坐火车回，咱没那么多时间，就得坐飞机，春节机票又不咋打折，贵得很。再你回老家，七大姑八大姨的不带点特产啊，回家看看亲戚，还得买礼物，请亲戚朋友吃个饭喝个酒，也是钱，给娃们发个压岁钱，这不得好几万。我们这远地方回去的，又在外面做生意赚钱，咱也不能太寒酸。咱这算情况

好的，生意做得不好的，好几年都不敢回一趟。（GCFS－2016－08－M45）

对 X 省高海拔地区的流动人口尤其是较长时间的流动人口来说，虽然事实上他们在流入地即"他者的"世界生活的时间远远多于故乡即"我的"世界，但心里归属以及成就感都来自那个一年回去一次甚至几年回去一次的"老家"。

你看我们在这里，天天穿成这样（蓝色劳动布大褂）干活，回家的时候，我们都穿最好的衣服，坐飞机回家。那全是亲戚朋友，咱再咋地也不能在他们面前丢面子，回家花钱多，到这里就辛苦再挣。（DJBL－2016－10－M40）

X 省高海拔地区流动人口为了改善个人和家庭的生活而迁移到"他者"的世界，在流入地辛苦努力的工作，却并不想"安家落户"，而是时时想着自己的成功在迁出地即"我的"世界的重要意义，所以他们在流入地节衣缩食，以期回到"我的"世界时是一个"光彩的""有面子的""被人认可"的成功者，如此来实现向上流动的成就感。即使那些在流入地比较"成功"的人，也以得到"自己的世界"的认可为荣。

我家是 X 省 B 市的。那些年在 B 市跑运输时和别人发生了一些纠纷，就想找个远远的地方，别在那里闹心，我就到了这里（C 州州府），刚来的时候还是跑运输，后来一位老乡在收垃圾，给别的老板打工，我和他们老板聊了，发现还挺挣钱，我就买了一块地，做起了垃圾生意。后来城市扩建，我的土地被征收了，我就在更远的地方又弄了块地，后来城市又扩建，又被征收了。是啊，这两次征收我得了好多钱。我回老家买了几套房子，省会 A 市也买了。虽然都是在 X 省，可咱还是想回老家，我老家气候好，各方面都好，我这收拾收拾就下去了。（CHLY－2018－05－M46）

74

流动人口户籍所在地的社会认同的发生，是与他目前所生活的境遇有关，同时也是户籍制度以及与其相关的一系列制度的结果。从本质上说"认同"就是"我是谁?"和"我们是谁?"的问题。正如本尼迪克特所说："每个人都是被分别送到这个世界上来的，他就必须从这个世界入手来创造他个体的生活"①，所以对个体来说，出生时周围的"我们"是界定"我"的重要参照点，是个体自我认同的重要界标，比如我是湖北孝感人，汉族，某地和某族群成为个体界定自我的重要维度。对流动人口来说，本质上是一种"身""心"相分离的社会认同"生境"，而这也导致了在流动地的"过客"心态。

X省高海拔地区流动人口和当地居民之间的交往，显示出一种明显的"过客心理"，表现出"工具型关系"。人与人的交往显示出情感型、工具型和混合型三种关系，在较亲密的群体里比如家庭、家族、朋友、村社等社会单元里，人与人的交往会显示出较多的情感色彩，或爱或恨，或高兴或悲伤都会不时地表露出来；而在另外的社会单元里，人与人的交往是不带太多感情色彩的，只是一种资源的交换，比如纯粹市场关系中的售货员与顾客，服务员与食客等；还有些社会关系里既有情感型又有工具型，体现了一种混合型的社会关系，比如传统的工作单位等。X省高海拔地区的流动人口中在工地打工的流动人口和本地人的交往机会非常少，交流深度非常浅，而经商的流动人口，则主要围绕着经营活动展开，不愿花费时间和当地人建构较为密切的关系。

笔者：你们在这里和谁来往的比较多？

LZG：经常来往的还是老家一起过来的人，有啥困难还是找老乡，或者找亲戚。

笔者：跟其他地方的人交往吗？

LZG：跟其他地方的人也交往，当地认识的人，关系好的也有了，有几个交往的时间多一些。

---

① ［美］本尼迪克特：《菊与刀：日本文化的诸模式》，田伟华译，商务印书馆2015年版，第231页。

笔者：那当地认识的，交往到什么程度，比如找他们借钱吗？

LZG：借钱（思考），借钱还真没有，需要借钱的时候还是找以前的关系。认识的当地人其实就是一起玩。（EZG－2017－01－M45）

LZG 是从四川到 X 省高海拔地区的，置办了一套麻将设备，他们的居住地成为闲暇时间大家聚会的场所，经常出现的是一起在市场做生意的伙伴，还会有做其他工作的老乡来打麻将。但是遇到具体的困难，他们求助的主要对象还是亲戚和老乡，不太会向一个市场上一起做生意其他非老乡的人求助。

移民者同时还是"跨界者"，即他们很可能并不只是在一个既定的地域内流动，而是在迁移过程中跨越了所谓社会文化边界①。对当地文化的学习，是流动人口主动融入的表现，抽象的文化的学习，体现在日常生活中则表现为对吃、穿、住、行等日常生活的模仿。

笔者：你到这里十多年了，饮食习惯有啥变化吗？

ZGF：大的也没啥变化，我们南方人（浙江），喜欢吃米饭，但当地的吃的我们也吃，牛羊肉现在也吃习惯了，这里的羊肉很好吃的。

笔者：当地民族食物吃吗？

ZGF：有时候也吃，和当地人一起也吃，但有的人不习惯，我媳妇就吃不了当地的食物。

笔者：当地话会说吗？

ZGF：不会（笑），当地人买东西，连说带比画，有的还能说汉语，不学当地语言没事。（EZGF－2018－01－M43）

语言和饮食是族群分野的重要标识，当人们闯入陌生的族群，对

---

① 李明欢：《社会人类学视野下的"迁移"与"家园"》，《吉首大学学报》（社会科学版）2005 年第 4 期。

当地饮食的适应和语言的学习是融入当地的重要路径，而对 X 省高海拔地区流动人口来说，很少有人会主动学习当地语言，而是当地族群逐渐在学习通用语言。

ZAM 是四川人，娶了当地少数民族的媳妇，定居了下来，成为四川在当地的流动人口时常热议的话题，在他们看来，将来 ZAM 可能会很难回四川了。

> 我那时候跑牧区做家具，看上我媳妇，长得漂亮，结婚了，生了三个男娃，三个娃少数民族话和汉话都能说，学习也都可以，将来想去大城市。（HZAM‒2018‒07‒M48）

爱情的冲动使得 ZAM 成为为数不多的流动到 X 省高海拔地区而后娶当地牧民的女儿定居下来的人，但是他对孩子的希望是"去大城市"。

> 笔者：你会说当地少数民族话不？
> ZAM：不太会说。
> 笔者：那你和媳妇怎么交流？
> ZAM：就她们的话啊，标准话啊（指普通话）、四川话啊，都说着。我媳妇汉语程度好着。（HZAM‒2018‒07‒M48）

现代性不可抗拒的强大裹挟力，所有的族群都无法避免的被裹进这一潮流，而这其中的强势文化在地域上的表现并不一定是该地主要族群的文化，仍旧是代表着更现代、更先进的文化。每一个男性或女性的每一种个人兴趣都是由所处的文明的丰厚传统积淀所培养的，个体所属的文化提供了构成生活的原始材料，如果文化极贫，个体就遭殃了，如果文化极富，个体则有幸不错失良机，[①] 而单面向的文化，

---

① ［美］本尼迪克特：《菊与刀：日本文化的诸模式》，田伟华译，商务印书馆 2015 年版，第 12 页。

则使得文化失去多元面向。

X省高海拔地区流动人口在当地就业生活，却缺乏家、家园与家园感，社会归属感较低，在当地安家落户的意愿也较低，总是想着回到"故乡"，但事实上为了生活必须长期离开故乡，短暂地回到故乡却又有很多不适，故乡成了离不开却又回不去的尴尬之地。

第四节　流动人口社会风险

一　社会融入程度较低

人们在从一地迁移到其他地方，总是期待尽快融入当地生活中去，建构自己想要的生活，但对X省高海拔地区流动人口来说，社会融入程度总体较低，在影响X省高海拔地区流动人口社会融入的诸因素中，与影响从欠发达地区流向发达地区、从农村流入城市的流动人口社会融入因素有共性的一面，也有X省高海拔地区特殊地域的原因。

在农民工社会融入的研究中，认为影响社会融入的宏观因素有经济层面、社会层面、制度层面、心理层面等[1]；中观因素有职业家庭成就感、本地排外度、落户定居意愿、文化风俗习惯认同感、本地活动参与度、本地生活融入度、地缘业缘联系程度[2]、住房性质[3]等；微观因素有家庭是不是整体迁移，家庭在当地的收入支出，家庭代际间的互动等；个体性因素有年龄、性别、族群特征，个体收入情况等。

而对X省高海拔地区流动来说，除了这些共性的因素之外，X省高海拔地区高海拔的地理特征，欠发达的经济特征等是影响流动人口

---

[1]　虞新胜、朱佰颖：《新生代农民工城市融入影响因素分析——基于2013年中国社会调查问卷分析》，《东华理工大学学报》（社会科学版）2018年第2期。

[2]　徐林：《流动人口社会融入的影响因素研究——以四川域内流动人口为例》，《四川行政学院学报》2018年第5期。

[3]　徐鹏、周长城：《新时代背景下流动青年社会融入的结构测度与影响因素——基于2017年湖北流动人口动态监测调查》，《中国青年研究》2018年第9期。

社会融入的重要地方性特点。

在研究者进行调查的过程中，几乎所有的调查对象会提到当地自然环境的影响问题。

> 刚来这里的时候有反应，不想吃饭，头发懵，脑子好像一直不清楚，后来待了一两年吧，就好了。现在没事，没反应，但是不能回老家，回到老家再来，又有反应，我们就很少回去，过年也就儿子自己回去。本来想让儿媳妇来这里帮他们做生意，我回家带孩子，做我们这种生意，人家喜欢年轻人，干净么，我们老了，收拾不干净，可儿媳妇来说适应不了，就回家带孩子上学去了。我们这再做几年，把给小儿子买房贷的款（十七万呢）还完之后，就回老家去，老家农村的，但我们的房子还能住，我老两口就回家了。（HHDF－2016－08－M47）

HDF 在 H 州上卖豆腐、豆芽、馒头等，当年因为在河南老家开的饭馆老被赊账，在亲戚的资助下远远地离开老家，到 H 州开店，十几年的生活使她和丈夫、儿子已经适应了当地的气候，可年轻的儿媳妇适应不了，带孩子在老家生活，但是他们自己还是不能老下高原，所以选择不回老家，挣够钱了直接回老家生活。

X 省高海拔地区较高的海拔，尤其 11 月至来年 3 月之间，很多初上高原的人都会有或轻或重的高原反应，这是影响流动人口融入当地的重要自然地理因素，流动人口基本上不会选择"落地生根"在当地安家落户。

二　一定程度的文化隔离

文化隔离有两层含义，一方面指对本族群文化的保护，目的是保障本族群文化在相对独立的时空范围内得以传承和发展；另一方面是对外来文化的排斥，在文化交流的过程中，改造外来文化以适应自己文化，或拒绝不被改造的文化。导致文化隔离的因素有自然地理因素、语言文字因素、生产方式、社会政治结构因素、文化价值观念等①。在文化的交流、碰撞过程中，文化隔离机制可能会是抗体，抵御其他文化中与本族群文化严重不适应因子的入侵；同时也可能会成为屏障，拒绝其他文化中先进的因素对本族群文化的影响。对其他族群的优秀文化成果的学习和借鉴，是一个族群自尊、自信、自强、独立的表现，而拒绝其他族群先进文化中优秀的部分，则会使一个族群甚或一个国家走向封闭，甚至没落。附着于人口交流基础之上的文化交流，则体现为族群成员之间温和友好的交往交流。

    笔者：你们家人都在这里吗？

    ZJW：我们四口人。我儿子是我在省会 A 市的时候带着上幼儿园的，后来我去日喀则，就送回老家了，学习也不行，初中毕业要上技校，我一看技校上了也没啥用，2012 年就出来做生意，第一次去的是 G 州，四月去，八月我就撤了。

    笔者：为啥那么快就撤了？

    ZJW：那边利润也可以，量也可以，但太受气，当地少数民族听不懂汉化，你给他说好话，他以为你骂他，他就打你。我们又不差钱，不太差钱（笑），受不了这个气。我们姊妹都在 X 省做生意，我就打听那地方量大一些，都说 E 州还可以，就到 E 州了。这边做生意挺好的，现在市场这么透明，我卖东西也诚信，不乱卖价，到我这里买东西的当地少数民族挺多，交往多了，就知道大多数当地少数民族是很好交往的。（EZJW　2016－10－M45）

    虽然在 G 州和当地的少数民族发生了不愉快，但并没有影响 ZJW 在 X 省高海拔地区做生意的信心，这信心来自做人、做生意的"诚信"二字，但是也会出现因和当地人发生冲突而使流动人口快速离开的事情。

---

    ① 李远琦：《文化隔离机制初探》，《天府新论》1992 年第 5 期。

我们那几年在州上（G 州）开童装店，生意还挺好的。就是有个老乡（甘肃人），给人家单位当保安，有一次几个当地少数民族的人要进去，不知道发生啥事了，那几个当地人就又叫来好几个，把他给揍了一顿。啥原因他也说不上，就是你说的我不懂，我说的你不懂，起了误会，当地少数民族的人又比较彪悍，找人把他给打了，打的还挺重，后来我们也就不敢干了，文化不通，挺麻烦的，我准备到省会 A 市或到大城市就不会出现那样的问题。（GSCH－2017－03－W39）

文化的交流依赖于语言、文字等符号介质，因为没有融入当地长期生活的愿望，除了少数有语言天赋的人或语言爱好者，大多流动人口不愿花费大量的时间去学习当地的语言，他们只参与当地的经济生活，不关心当地族群文化，很少有人会主动学习当地文化，使得族群交往基本处于"浅尝辄止"的表面之交，很难促进文化之间的融合，甚至仅仅因为语言不通造成了流动人口和本地人的冲突，产生文化疏离，这在一定程度上不利于当地文化吸收外来文化的精华，促进本族群文化的发展。

三 传统文化传承不足

在调查过程中问流动人口"来 X 省高海拔地区的目的是什么？"用流动人口自己的话说"都是为了挣钱"，所以流动人口的生活方式是以经济生活为中心，很多时候会主动忽略文化生活，加之人口的国内迁移，无须用文化来寄托思乡之情，虽然也是离开故土，但却不会像跨国移民一样会主动把母国的文化带到移入的地方，导致 X 省高海拔地区流动人口除了经济生活，其他生活（政治生活、文化生活）重视不够，流动人口族群文化出现传承不足的社会风险。

在这里没任何讲究，回到老家要遵守老家的习惯，我们老家过年阵势大得很，要敬家里的老人，敬先人，讲究多得很，有一些

咱都不知道，回去跟着家（族）里人就行。（EJSH – 2017 – 02 –
M25）

传统意味着一整套通常由已被公开或私下接受的规则所控制的实
践活动，具有一种仪式或象征特征，试图通过重复来灌输一定的价值
和行为规范，而且必然暗含与过去的连续性，而这种连续性则体现在
时间连续和空间连续上，长久不演练，传统会被遗忘，在不同的地
域，传统则会被异化。传统通常有它的护卫者，比如先哲、牧师、圣
人、老人，随着人口不断地流动，一些地方性的小传统逐渐没有了传
承人，人们不愿花费时间和精力用在不直接产生经济价值的事物方
面，小传统被不断地抛弃，而由国家建构的大传统成为大多数族群或
整个国家的集体记忆。X省高海拔地区流动人口，在追求经济利益的
同时，很少有人有余力继承和发扬文化传统，使得流动人口中传统文
化传承不足。

四　市场发育缓慢

在对流动人口尤其是跨国移民的研究中，发现中国移民经常会促
进当地经济的快速发展，比如马来西亚、新加坡等国家在发展的过程
中，华人移民起到了非常大的作用。而对X省高海拔地区来说，当地
少数民族信仰藏传佛教，佛教是一种出世的、追求来世的宗教方式，
强调用现世的苦修达至来世的好因果①。当地少数民族民众普遍不善
追逐经济利益使得经济活动不甚活跃，追求经济利益的流动人口给X
省高海拔地区经济发展注入了发展的活力，但是流动人口主动融入当
地社会的意愿较弱，追求能挣钱，麻烦少，无法促进当地市场快速稳
定的发展。

笔者：咱这地段主要是做啥生意的？

---

① ［德］马克斯·韦伯：《新教伦理与资本主义精神》，阎克文译，上海人民出版社
2018年版，第6页。

ZYM：做啥的都有，这块是补胎修车的，旁边是杂货铺，那边是饭馆，那边是卖菜的，那边是卖建材的……

笔者：咱这边没有专业市场。

ZYM：有是有，只有卖菜的，别的就没了，不像 X 省省会 A 市还有那些大的城市，像我们这种做建材装修材料的，基本上得有专业市场的，不过那边据说要开建材城，那样就好多了。

笔者：这样的市场对你们生意有影响吗？

ZYM：说没有吧，有，说有吧，又不好说。你比如说，在一个市场，人家货比三家，最后觉得你们家的合适，那就又回来卖了，但这没专业市场，人家逛累了，就不会回来到你家买。（EZYM－2018－01－M38）

个体和社会的关系是推动社会学诞生的重要因素，个体先于社会还是社会先于个体，社会对个体有无所不在的约束力，个体对社会有多大程度上的反塑作用是经典时期社会唯实派和社会唯名派长期争论不休却似乎永远无解的问题。吉登斯在《社会的构成》一书超越个体和结构的二元论，即社会结构是超越个体存在，不受个体影响的社会事实的"社会唯实派"和个体活动形塑社会结构的"社会唯名派"。吉登斯主张个体行动和社会结构两者的"互构"，即个体和社会结构是"形塑"和"反塑"的相互作用。李友梅在研究中国社会生活变迁时发现"制度对个体的巨大影响"但同时"个体对制度有一定的反塑作用"。对 X 省高海拔地区来说，流动人口是在当地的政治、经济、文化、社会、生态环境的约束下进行的流动，而这种流动受结构性因素的制约，但同时，流动人口对当代社会结构也有一定的"反塑"作用。

在当代的研究中，个体对社会的反塑作用是经常发生的，比如管理学就有太多依据个体的反塑进行企业和社会管理的案例。对 X 省高海拔地区来说，如果流动人口能够较长期地在当地生活，对 X 省高海拔地区形成更完善的市场、促进社会发育等一定有重要的促进作用，而流动人口不愿主动融入当地社会生活的心理特征，使得他们并不愿意花精力参与当地的社会建设，而流动人口较快的流动速度，也不利于当地市场的发育。

小结 生活在别处

X省高海拔地区的流动人口是该区域内最为主动自觉的人口流动，人们主动自觉离开故乡，上高原以谋求更好的生活。X省高海拔地区流动人口以省内及地缘上比较接近的甘肃、四川等地的人口为主，民族构成上以汉族和回族为主。在X省高海拔地区短期的流动人口中，建筑工地打工的占较大多数，这部分人基本上生活在工地，工程开工入住，工程结束离开，对当地各方面的影响较小。在当地经商的流动人口因为X省高海拔地区特殊的地理空间区位，使得年轻的时候容易适应，当年龄大一些的时候，会显现出环境的不利影响，所以X省高海拔地区流动人口年龄结构较为年轻。X省高海拔地区流动人口的受教育程度普遍不高，以高中学历以下为主，从事职业以商业、服务业为主。

"流动"是X省高海拔地区流动人口的生活状态。流动人口在当地的年限普遍不长，居住时间在1年内的人口比例较高，很少有人在当地买房落户，人们在X省高海拔地区做生意，在老家或其他合适的地方或盖房或买房，打算等到合适的时候回去居住生活。和发达地区流动人口在高房价、落户难等结构性因素影响之下无法在当地买房生活而不得不回到老家去买房居住生活的状态不同，X省高海拔地区流动人口是在当地房价并不高，落户也很方便的情况下，放弃可以获得的"稳定"生活，原因在于X省高海拔地区特殊的自然条件，较落后的经济、社会发育状态。

因X省高海拔地区流动人口进入该地区的流动的主要原因是个体选择，在该地能够获得想要的生活就继续居住下去，不能获得就会很快离开，虽然流动人口在当地也有犯罪记录，但和普通人群的犯罪比率并无多大差别。X省高海拔地区流动人口总体孕育的社会风险较小，转化为危机的可能性较低，不需要特殊的风险干预，只要做好流动人口的日常管理和服务，就会引导流动人口对当代经济、社会、文化、生态建设做出贡献。

　　作为地理区域和文化生活的双重"跨界者"，X 省高海拔地区流动人口似乎同时生活在 X 省高海拔地区这个移入地和老家"两个世界"，X 省高海拔地区是其每天生活，但却始终陌生的"他者的"世界，而故乡虽有空间距离隔阂，但却充满亲情温馨、心理距离近在咫尺的"我的"世界，使得 X 省高海拔地区流动人口融入当地生活的主观意愿不是非常强烈，呈现出一种"生意在此地，生活在别处"的生存状态。

第三章
就业在高原：公职人员的流动

在人类发展的漫长历史中，"国家"并不是一个具有悠久历史的概念，且其内涵和形式一直在变化，纵观历史，齐、楚、燕、韩、赵、魏、秦时期的国家概念和汉、唐、元、明、清时期的国家概念更跟当今社会的国家概念不尽相同，但国家一般有几个重要的维度即一定的地域和一定的族群按照某种方式共同生活是有共识的。在一个国家，农民生产粮食，工人生产产品，商人流通物资，执法者维持社会公正，教师坚守社会良知，社会管理者维持社会公序，不同的人履行不同的社会职能，国家才能和谐有序发展下去。

国家公职人员的历史可能和国家的历史一样长远，伴随着国家的诞生，有一些重要的社会公共事务比如教育、医疗、社会秩序的维护等都要独立于其他社会事务之外的人去专职担任，这些人就成为最早的国家公职人员。而随着国家的复杂化，更多的国家公职人员比如制定法律的立法机关、执行法律的司法机关、专司社会管理的行政机关以及提供社会服务的其他部门等成为由"国家"用所有国民缴纳的"税收"来支付其报酬的"国家公职人员"。在当前，公职人员是指依法履行公共职务的国家立法机关、司法机关、行政机关、各人民团体、国有企业、事业单位的工作人员。

对 X 省高海拔地区来说，因为地域特征使得公职人员的流动具有与其他地区不同的意义。X 省高海拔地区以农业和畜牧业为主，工业、商业发展极为有限的产业结构，使得农牧业之外的人口比例非常低，因社会治理需要而设立的各种机关、事业单位、服务部门等的工作人员即国家公职人员成为 X 省高海拔地区非农人口的主要组成部分。这部分人口的流动状况无疑对 X 省高海拔地区的社会治理及其总体的社会发展有重要的影响。

对 X 省高海拔地区国家公职人员来说，在近些年整个西部面临"孔雀东南飞"人才流失的大背景下，选择到 X 省高海拔地区就业的人经历了怎样的就业决策？什么因素影响到他们选择在 X 省高海拔地区就业？他们的流动意愿是什么？已经退休的 X 省高海拔地区国家公职人员流动到了什么地方，原因又是什么？本章将关注个体性因素比较重要的公职人员的流动，分析引起这部分人口流动的个体性和结构性因素，以及他们的生活状况和家庭结构，X 省高海拔地区的国家公职人员流动可能引发的社会风险及风险化解策略等。

第一节　公职人员基本状况

本章的研究对象分为离、退休公职人员和在职公职人员。对离、退休公职人员本书使用各地老干部管理部门离、退休人员登记花名册，随机抽取调查对象。对方便见面的离、退休公职人员进行了面对面的调查，而对不方便见面的则用电话、网络等形式进行了问卷调查。有针对性地进行了结构式访问、非结构式访问和深度访谈。对在职公职人员，利用在省委党校的培训班，进行了整群抽样，抽取不同的班级，进行问卷调查，有针对性地进行了结构式访问，非结构式访问，深度访谈。根据同类个案合并的原则，选取其中 43 位作为主要个案。

一　样本人口学特征
（一）在职公职人员人口学特征

本书调查了 X 省高海拔地区六州 151 位在职国家公职人员，其中 H 州 27 人，占 17.9%；E 州 24 人，占 15.9%；D 州 23 人，占 15.2%；C 州 21 人，占 13.9%；F 州 28 人，占 18.5%；G 州 28 人，占 18.5%。

男性 82 位，占 54.3%；女性 69 位，占 45.7%。

调查对象的年龄分布为，21—30 岁的占 25%，31—40 岁的占 32%，41—50 岁的占 27%，51—55 岁的占 16%，本次调查的在职国家公职人员年龄最大 55 岁。

从受教育程度来看，主要集中在本科教育（包括在职、函授等各种类型的本科教育），共有 131 人，占 87%，其次是大专，共有 10 人，占 6%，学历较高的硕士研究生只有 7 人，占 5%，学历较低的高中及中专的只有 3 人，占 2%。

从调查对象的工作性质来看，行政机关工作人员 69 人，占 45.7%，党群组织工作人员 43 人，占 28.5%，事业单位工作人员 29 人，占 19.2%，军人和警察 10 人，占 6.6%。

（二）离、退休公职人员人口学特征

调查了 X 省高海拔地区 197 位离、退休国家公职人员，其中离休 18 人，占 9.1%；退休 179 人，占 90.9%。男性 137 位，占 69.5%；女性 60 位，占 30.5%。

离退休公职人员学历构成显示，高中和中专比例较高，共 73 人，占 37%，大专学历 43 人，占 22%，两者合计占 59%，可见 X 省高海拔地区离退休公职人员学历以高中、中专、大专为主。高中以下占 27%，其中初中 31 人，占 16%，小学 22 人，占 11%。大专以上占 14%，其中本科 27 人，占 14%，研究生 1 人，占比不到 1%，离退休公职人员总体受教育年限较短。其中 18 位离休人员中受教育程度为初小 12 人、高小 6 人，因特殊的历史原因，离休人员总体受教育较低。

二　样本人口流动方式

本书调查了 X 省高海拔地区在职国家公职人员和离退休国家公职人员的流动模式。

（一）在职公职人员流动方式

对到 X 省高海拔地区就业的人来说，从什么地方流动到该地就业是非常重要的，本书调查结果显示，X 省高海拔地区在职国家公职人员中有 52 人是从 X 省高海拔地区到 X 省高海拔地区就业占 34%，有 46 人是在原籍地就业，占 31%，两者合计占 65%。也就是说，X 省高海拔地区在职国家公职人员中在 X 省高海拔地区内流动的比例较高。有 45 人是从 X 省省会 A 市和 B 市流动到 X 省高海拔地区就业，占 30%。X 省高海拔地区的在职公职人员，合计 95% 的是在 X 省内流动，而从外省到 X 省高海拔地区就业的人数在调查对象中并不多，只有 8 位，占总调查对象的 5%，可见 X 省高海拔地区在职国家公职人员中外省的比例较低。

而在调查在职国家公职人员是如何获得目前的工作的时候，结果显示，X 省高海拔地区在职公职人员工作获得方式中，大学毕业分配 38 人，占 25.2%，这部分人主要是 40 岁以上的在大学毕业包分配的时间阶段就业的人员，60 人是参加公务员考试获得工作，占 39.7%，25 人是参加事业单位考试获得工作，占 16.6%，两者合计 56.3%，由此可见 X 省高海拔地区国家公职人员主要通过招录考试，18 人是优大生或选调生，占 11.9%，仅有 2 人通过人才市场就业，占 1.3%，有 4 人是亲戚朋友介绍的，占 2.6%。

（二）退休公职人员流动方式

调查公职人员退休后的流动去向，结果显示：有 46 人在退休后留在工作地居住生活，占 23%，因为工作地就是他的出生地和工作地；有 4 人回到了 X 省高海拔地区的非工作地的原籍居住生活，占 2%；有 77 人原籍地在 X 省高海拔地区，退休后到省会 A 市居住生活，占 40%；5 人原籍是省会 A 市，退休后回到省会 A 市居住生活，占 3%；52 人原籍是外省，退休后到省会 A 市居住生活，占 26%；8 人退休后回到外省原籍居住生活，占 4%；4 人原籍是外省，退休后到非原籍地的其他省区居住生活，占 2%。

可以看出，X 省高海拔地区离退休公职人员只有工作地和原籍地都是在当地的公职人员才会选择离退休后在工作地留下来居住生活，占调查对象的 23%，而 69% 的调查对象则是到了 X 省省会 A 市居住生活，还有 8% 的调查对象则在外省生活。

第二节　公职人员流动影响因素：
就业压力与生活选择

一　就业压力：在职公职人员流动影响因素

（一）就业压力

教育部统计数据显示，2021 年全国普通高校毕业生人数 909 万人，2020 年全国普通高校毕业生人数 874 万，2019 年全国普通高校毕业生人数 834 万人，2018 年全国普通高校毕业生人数 820 万人，加上历年来未就业的大学生存量，2021 年当年需要就业大学生人数近 2000 万，大学生就业压力巨大。

大学扩招使得 X 省高海拔地区这样经济欠发达的地区，大学生比例也大幅度提升，同时也推高了就业预期。大学生就业意愿排前三位的分别是"公务员""国企""私企"，对 X 省高海拔地区这样的欠发达的地区来说，较好的职业选择还是考取公务员和去国企就业。

> 我 2013 年某大学（X 省省内高校）化学系毕业，去北京待了两个月。找工作很难，总共去了公司两个月，挣的钱还不够房租的，家里人就不想让待着了，我就回来了，2014 年参加了公务员考试，没考好，没进面试，2015 年又参加考试，才考上。现在过得还好，今年（调查时间 2017 年）准备结婚，媳妇也跟我一样考了公务员。（DNCR - 2017 - 04 - M25）

X 省高海拔地区出生，在 X 省省内上大学的 NCR 本想去北京闯一闯，可较大的工作压力和家庭压力使他很快放弃了，回到了 X 省高海拔地区考了公务员，而当地出生的他有很多社会资本，晋升非常快。

> 我学会计的，2012 年大学毕业，我就考了初级会计证，在我上大学的地方武汉的房地产公司当会计，工资收入各方面还行，

就是工作压力大。我租房子的地方到公司得一个多小时，有时候工作忙了就干脆不回去了，一个人怎么都好，就是没朋友，公司里人员流动得快，根本交不到真心朋友，过节的时候我也不愿出门，就是补觉。家里人觉得，都二十三四岁了，女孩子，连个男朋友都没谈过，那时候老家说了一个对象，我不同意，面都没见。2014 年回老家过年，高中同学聚会，同学带了 3 班的（我 2 班）一个男同学，天下事就这么巧，我俩不知咋的就加了微信，偶尔聊天，看朋友圈，觉得啥都挺像的，就聊得多了，最后竟好了。他在州政府工作，后来就动员我回来考公务员，我当时也是在外地觉得太孤单了，2015 年就复习了一下公务员考试，一考就考上了，当时还犹豫要不要去上班呢，家里人都坚持让我回来，也就回来了，2016 年 10 月，结婚。现在还好吧，政府单位，跟公司很不一样，就适应吧！（ECSJ - 2017 - 10 - M27）

外出生活的压力和情感的孤单以及社会支持网络的困乏，使得 26 岁在武汉工作已经有所起色的 CSJ 放弃了武汉公司的工作，回到了 X 省高海拔地区工作。

我本省卫校毕业的，学的是护理，毕业的时候在省医院实习，带我的老师对我挺好，当时说看能不能留到省医院，后来带我的老师家里出了事情，请了好长时间的假，我就跟着别的老师了，不是一直跟着，人家也不帮忙，就没留下。毕业后我就回家了，也没工作，待了两年，2016 年州上卫生系统事业单位招公务员，我就报名考试了，就考上了。（FPCH - 2017 - 10 - W28）

较大的就业压力使本省高校毕业的大学生并没有太大就业优势，许多人毕业之后就一直准备考公务员，考 4—5 年的都有。

我是 B 市的，在 E 州工作，当时大学毕业想在 B 市工作，但考了两年没考上，竞争太激烈，后来老家亲戚说 E 州的公务员要

求低一点，我就报了 E 州的公务员，一考就考上了。（EQDL -
2017 - 10 - W29）

X 省高海拔地区因自然地理条件限制，使得全国其他省份毕业的
大学生到该地就业的意愿不高，人数很少，使得该地公务员考试的竞
争不是特别激烈，X 省其他地区生源的大学生因地缘关系和省内流动
的事实，在心理上容易接受在 X 省高海拔地区就业，就会选择在 X
省高海拔地区就业。

我家是省会 A 市的，我爸是某局的，我妈是某个小学的，本
来想在省会 A 市就业，但考了两年没考上，家里人说就到高海拔
地区去吧，到时候再想办法往回调动吧，先就业后择业吗！
（GXDZ - 2017 - 10 - M34）

我家省会 A 市的，我爸我妈都是下岗工人，在省会 A 市做生
意，我大学毕业后在他们的店里（卖床上用品）帮忙了一年，现
在网购的厉害，我妈生意不好。后来又自己想干，我就在力盟
（省会 A 市步行街）开了家小饰品店，生意也不好，干了一年就
转出去了，再不知道干什么，也不想考公务员，我还是想着自己
干，可现在生意真不好做，正好我哥（堂哥）复习公务员考试，
他动员我一起考，没事干，我就和他一起复习考，我俩还都考上
了。现在还行吧，可能年轻，气候就冬天觉得不行，夏天草原上
还是挺美的。（HWSL - 2017 - 10 - W30）

年龄快 30 岁的 WSL，选择了很多就业岗位，本来意气风发想自
己创业，可创业赔了数十万元之后，就不敢再轻举妄动了，创业就成
为梦想，考了公务员先就业。

我四川的，在民大（X 省省内高校）上的学，本来想回四川
就业，毕业的那一年同学们都复习考公务员，我也报了，不知咋的

就考上了，现在还行，我尤其喜欢这里的（D 州）夏天，号称
"东方小瑞士"，夏天景色真是美得很。（DCHY – 2017 – 09 – W27）

外省到 X 省上了大学的人，对 X 省的接纳度较高，毕业之后在 X
省就业的人数逐渐增多，夏天美丽的景色也成为留住他们的条件。

　　我湖南人，甘肃上的大学，我挺喜欢大西北的，景色和我们
那里不一样，我喜欢干燥，干燥了干净，东西不发霉，没有蟑
螂，挺好的。我上大学的时候来 X 省旅游过，那时候就爱上了这
里的美景，后来阴差阳错，竟然找了个 X 省的男朋友，就跟他一
起复习考公务员，都考上了，不过他现在在乡上，他们工作特别
忙，我还好一些，我就去乡上看他，今年准备结婚了，他们家在
省会 A 市有房。（EWYH – 2017 – 10 – W28）

省外生源，在外省上大学，毕业之后到 X 省高海拔地区工作的并
不多见，基本上属于个案，本书采访到了包括 WYH 在内的两位，
WYH 是因为男朋友是 X 省高海拔地区的，为了避免毕业就分手和分
居两地的生活，她也选择在 X 省高海拔地区就业；另外一位是河北
人，因为自己的小姑和小姑父在 X 省高海拔地区工作，他最后选择考
取 X 省高海拔地区的公务员。

总体来看，近些年 X 省高海拔地区考试录取的公务员 X 省本省的
比例较高，这是因为他们的经济、社会、文化资本都在 X 省，容易获
得各种支持。而在 X 省高海拔地区就业的选调生则几乎没有社会
关系。

　　我是陕西人，在西安上的大学，我是 2012 年的"选调生"，
当时就分配到了 H 州，那时候年轻，加上咱老家就是山沟沟里
的，都是农民，那时候觉得到那里都是吃了公家饭，所以就没觉
得什么，到 H 州后也没啥高原反应，我就在基层工作了七八年。
（HGQX – 2017 – 10 – M32）

32 岁的 GQX 属于在 X 省没有任何社会关系，这类则比例较小。

简言之，较大的就业压力是近些年选择在 X 省高海拔地区就业的国家公职人员的重要原因。

（二）自然环境

问卷调查"您的身体总体上能适应您工作地的气候吗？"调查结果显示，28.5% 的人完全能适应 X 省高海拔地区的气候，29.1% 的人比较能适应，合计 57.6% 的人能适应工作地气候。不太能适应和不能适应占 23.2%。由此可见大多数人对 X 省高海拔地区的气候还是比较适应的，但是我们也要看到在调查"您认为您工作地的气候和海拔"的时候，32.4% 的人认为海拔高，28.1% 的人认为气候寒冷，32.4% 的人认为气候干燥，只有 7.1% 的人认为海拔气候还都好，说明 X 省高海拔地区在职国家公职人员对当地的自然环境的客观认识是准确的，但身体并没有出现明显不适反应，这意味着他们对自然环境相对比较适应。

正如其中一位公职人员所说："我们这里海拔高，气候条件不好，谁都知道啊，你别说去外省，去省会 A 市待着都比这里舒服，自然环境好，生活质量高，但这不是工作不好找吗，外地人来了待着待着也就适应了，我们当地人还有啥不适应的"。（DH - 2017 - 10 - M34）

在问到"如果有工作变动的机会您更想到哪里工作？"时的结果显示：17.9% 的人选择外省，53.6% 的人选择省会 A 市，两者合计 71.5%，而 25.2% 的人想到 X 省地州，只有 3.3% 的人选择 X 省县乡，可见，大多数人愿意到海拔低、自然条件好的地方就业。

在问及在职公职人员退休了选择何处养老，结果显示：有 36 人选择外省，占 23.8%；70 人选择省会 A 市，占 46.4%；2 人选择 X 省地州，占 46.4%；7 人选择 X 省县乡占 4.6%，36 人还没想过，占 23.8%。

X 省高海拔地区在职国家公职人员因为就业压力，选择在 X 省高海拔地区就业，身体目前比较适应，但如果有机会，想到海拔低、自然条件更好的地区就业生活的比例较多。

随着大学生就业压力的增大，许多大学毕业生选择考取 X 省高海拔地区的公务员，但因当代自然环境和气候环境，使得年轻的公职人员向外流动的欲望比较强烈。

（三）经济社会发展程度

X省高海拔地区经济发展程度，社会发育程度也成为影响公职人员向外流动的主要原因。

> 我是省会 A 市的，毕业之后考了省会 A 市和 B 市的公务员，没考上，就考了这边的（E 州）。在这边工作其实还好，现在你说工作内容和办公条件，我和省会 A 市啊还有外地的同学也聊，其实也差不多，就是生活差太多。我喜欢吃，E 州这地方小，好吃的没有多少，我来不到半年，几乎所有好吃的吃了几遍了。所以一有时间我就往家跑，以前工作比较闲的时候，我下班就开车回家（省会 A 市），现在忙了，每天都没法回，周末我是一定要回的，到了我先不回家，先找朋友撮一顿再回家。一从省会 A 市上来，我车上也全是吃的，在这里工作，别人不觉得，对我真是，尤其是吃的，就比较受罪。（ELLH - 2018 - 12 - W28）

X省高海拔地区较低的经济发展水平，较少的人口，不太便利的交通物流状况使得当地服务业与其他地区相比水平较差，质量较低，而对追求生活品质的年轻人来说，成为影响他们能否在当地长期工作的又一重要因素。

（四）婚姻状况

国内外众多的"婚姻圈"的研究显示，无论中国哪个地域都有传统的婚姻模式，即通过个体因素和家庭因素等所有因素的综合，女性倾向于找比自己条件好的男性，男性倾向于找比自己条件差一点的女性。X省高海拔地区公职人员尤其是年轻公职人员的婚姻状况也成为影响其流动的重要因素。

> 我们那里现在比较麻烦，好多年轻女孩（我说的是有工作的，不是当地的）找不到对象，我身边就有好几个。因为当地比较小，

优质的男性本身就少，可他们也还想找个省会 A 市的，女孩们，尤其是不是本地的，也不愿长期待下去，就想找个省会 A 市的，就能有更多的机会调到省会 A 市了。（DJCL－2018－12－W27）

X 省高海拔地区在职年轻公职人员中，女性倾向于找地理区位较好地区的男性，而使得当地公职人员中年轻的男性能找到理想的婚配对象的机会降低，从而使得年轻公职人员遇到"找对象"的困难时更倾向于调动到地理区位更好的地区，如省会 A 市或 B 市。

我是 B 市人，2006 年到 H 州的。刚来的时候，气候环境很不适应，人也不适应，就只想着调走，可调个工作太难了，几年都没有机会。2008 年，我们新调来了个领导，就热心帮我介绍对象，我其实并不想找对象，可人家领导介绍，就见了面，后来还真成了。2009 年就结婚了，现在我俩都在 H 州上班，也不想着调动了，因为两个人调动更麻烦，就稳定下来了。 （ELH－2019－02－W36）

在 X 省高海拔地区成家，且夫妻俩工作距离不太远，成为诸多人选择在 X 省高海拔地区工作下去的重要因素。

较大的就业压力成为年轻人愿意选择考取竞争相对较小的 X 省高海拔地区公务员的重要原因，这使得近些年省内地理区位较好地区甚至省外到 X 省高海拔地区就业的人数在逐渐提升。但 X 省高海拔地区的自然环境、经济社会发展程度较低则成为影响年轻公职人员向外流动的主要原因，年轻人的向外流动，使得当地经济社会发展活力又不足，人才和经济社会发展成为互相"钳制"的矛盾：经济发展落后留不住人才，人才外流严重，经济发展乏力。X 省高海拔地区年轻公职人员的婚姻状况也成为影响其流动的重要因素，那些能够在当地找到婚配对象的人，更可能在 X 省高海拔地区稳定工作生活下去。

二　生活选择：退休公职人员流动影响因素

前文已经提到，本书调查的191位离退休公职人员中，有23%的公职人员，原工作地就是原籍且退休后就在原籍居住，退休后到省会A市居住的占69%，8%的调查对象退休后在外省生活。留在原籍生活的人原因是什么？使大多数人离开自己工作了若干年的地方，到A市或其他地方居住生活的原因又是什么？

> 咱本地生本地长的人，今年退休，我退休的时候人家问我是不是要去A市还是哪里，我哪里也不去，就住在我们州上（H州）。我喜欢摄影，我们州上的景色多美啊，各地美景我一年跑一趟，去A市有啥意思，没啥景色。我家里就我一个出来工作，兄弟姐妹都在牧区，我去A市干啥？我一年回去，家里的羊肉酥油吃上多舒服。现在别说别的地方，就A市的房价都1万多了，买个100多平方米的，加上装修快200万了，我有200万，我去趟A市就住五星级宾馆，我得住多少年啊！（HGZZX - 2017 - 10 - M53）

GZZX在H州教育系统工作，退休后选择了在H州州府所在地居住生活，他的理由是家里人都在H州，更重要的原因是他喜欢家乡草原的美景，还在于在外地买房居住对他根本不划算。但是更多的公职人员在退休后则会选择离开工作的地区，到其他地方居住生活。

（一）自然环境

> 我是G州某县的，退休之前我们就在四川买了房子，现在没事干，想在哪里住就在哪里住，基本上去四川一住就几个月，四川温江吗，X省的人在那里买房的多，我们州上也好多人买了，去了住也有熟人。我身体挺好，现在还干一些事情，每年5月是登喜马拉雅山最好的时候，我就做向导，你们到个4000—5000米就不行，我们到6000多米根本没事，我做向导不是为了挣钱，

你晓得登山的都是有钱人，世界各地的有钱人，他们那设备才是我想要的，我给他们带得好，设备背不回去就送给我了，我现在已经好几套了，那设备，不一样！（GNX – 2017 – 10 – M52）

X省的离退休人员，如果要到外省买房居住，会选择X省人较集中买房的地方购买房子，以避免没有人际交往的孤单。而52岁的NX，现在基本上是各地旅游，其他时间居住在四川，喜马拉雅山登山季节就回去做向导。这是一部分人的生活方式：X省高海拔地区比较寒冷的季节就去外省居住，夏天则会选择回X省高海拔地区生活。

我们这块儿是某州干休所，那几年搞房地产，州上的人被动员买房，那时候大家想，到A市其他地方也没熟悉的人，自己本单位和州上的人熟悉一些，去了也有人玩，打个麻将聊聊天都有人，就买了这里的房子，这里现在都有熟人，生活还是好的。（HJL – 2017 – 09 – M63）

选择在省会A市居住的人最早期是围绕各地在省会的干休所，后来有些干休所或自己开发或市场开发房地产，该地的人就围绕干休所买房居住，以有"老关系"交流。

我是山东人，算是X省的二代吧，父母那一代人来X省支边，我就生在了X省，山东那边也就一些亲戚，回去过几回，交往不多，虽然老家那边气候好，但最后决定还是在省会A市买房住吧，毕竟工作在X省，啥都方便。（EZQH – 2017 – 10 – M57）

为了支援X省建设，大批山东、河南等地人到了X省，在X省工作生活了大半辈子，子女也在X省出生长大，老家逐渐疏远，成为记忆中的地方，而现实的生活是不想在工作的地区生活，又回不了老家，选择在X省省会生活的比例较高。

（二）文化因素

> 州上对汉族是有歧视的，汉族人尤其是外地的汉族人基本上没心干，就想着退休了回到自己合适的地方生活居住。我是四川人，老公在 A 市工作，还没退休，等他退休了，我俩就回成都居住。我们好多同事，差不多十几个呢，都在成都（温江）买的房，10月去住，4—5 月回到 A 市，两地生活。（HLL‑2017‑10‑W53）

从外地到 X 省高海拔地区生活的汉族，因语言文化阻隔，很难融入当地生活，大多数人在退休后会选择回原籍或省会 A 市生活，53岁的 LL 就是，她 45 岁从 H 州医院护士岗位退休，退休已经 8 年，在省会 A 市买房居住。

（三）医疗条件

> 我们是 D 州的，我老婆没工作，我从州地税局退休。当时退休了在 D 州州府那里住了几年，毕竟生活工作了几十年的地方，可有一次老婆子突然摔了一跤，很严重，州医院建议转院，就转到了省医院，病好之后孩子们就不让我们在州上住了，坚持让我们到省会 A 市，娃都在 A 市，好照应，娃们就凑钱在 A 市给我们买了房子，房子不好，60 多平方米，老房子，没电梯，地段也不太好，但我们老两口也没啥事，要出来办个事时间多得很，就这样到了 A 市，说实话 A 市生活方便了很多。（DWDY‑2017‑10‑M72）

72 岁的 WDY 退休后和老伴在州上生活了几年，但因为一次意外使他们和孩子们都意识到医疗条件的重要性，一家人凑钱在省会 A 市买了房子居住，就是为了孩子好照应他们。

> 咱是 E 州上的人，在州上生活，挺好的。就是这心脏病，说是海拔高引起来的，一到四川啊，A 市啊，人就感觉好多了，孩子在四川，叫我们老两口过去住，住着是挺好，可经常要跑医院，医

保报销不方便得很，我俩就到 A 市了，A 市还有小女儿，这住着比草原上好一些，凑合住着吧。（ELJCR－2017－10－W65）

虽然 X 省省会 A 市较 X 省高海拔地区海拔低一些，但 2200 多米的海拔，对一些有高原疾病的老年人也是不好的，所以有条件的选择到海拔更低的地区去生活，可老年人最需要的医保结算不方便，使许多 X 省高海拔地区退休的老年人选择了在省会 A 市居住。

X 省属于国家艰苦地区，其中省会 A 市四城区和 B 市两个县属于二类地区；A 市下辖 3 个县，B 市 3 个县，D 州 1 个县，F 州 1 个县，属于三类地区；B 市 1 个县，E 州 3 个县，D 州 3 个县，F 州 1 个县，C 州 2 个地级市和 2 个县，属于四类地区；E 州 1 个县，D 州 1 个县，F 州 2 个县，H 州 3 个县，G 州 2 个县，C 州 1 个县，属于五类地区；H 州 3 个县，G 州 4 个县，属于六类地区。X 省高海拔地区都属于三类以上地区，工资收入基数较高。而大量退休人口向省会 A 市的集中，被当地人认为是推高房价、物价的主要原因。

（四）住房状况

你说现在涨工资，给我们涨得高一点，别的地方的人还不平衡，我们在海拔那么高的地方，啥都享受不了，别的地方工资低，可啥都享受了啊！气候、环境、生活条件、娃娃教育条件都比州上好，再说前几年盖房，我们州上的就没有，省城的单位，我的同学他们厅里就盖了三处房子，他们都有，那是多少钱啊？一套至少赚 30 万—40 万元，说是我们州上的工资高，可我们的房子，都是商品房，攒了一辈子钱，一套房子就没了。在我们州上工作的外地人，都想着调到省城呢！我就不主张我们家孩子在州上工作。（HLL－2017－10－W53）

X 省高海拔地区和省会 A 市较明显的海拔和自然条件差异，工资待遇也有较大差距，但是因为许多退休公职人员并不打算在州县养老，X 省的房地产表现为省会 A 市一枝独秀的状况，见图 3－1。

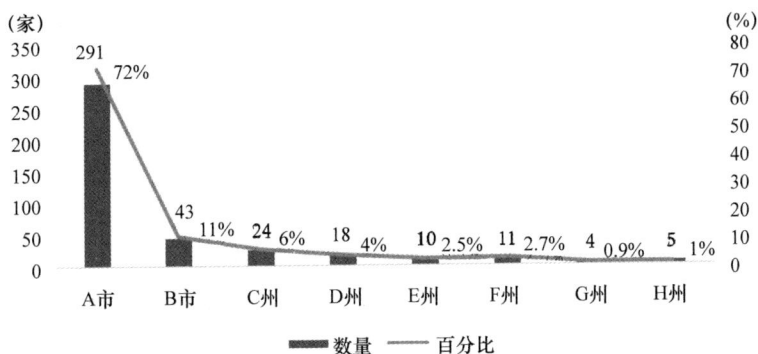

图 3 - 1 X 省建筑企业分布

资料来源：X 省统计年鉴（2018）。

从图 3 - 1 可以看出，X 省省会 A 市集中了全省 406 家房地产企业中的 291 家，占 72%；B 市 43 家，占 11%；C 州 24 家，占 6%；D 州 18 家，占 4%；F 州 11 家，占 2.7%；E 州 10 家，占 2.5%；H 州 5 家，占 1%；G 州 4 家，占 0.9%。而从建筑企业施工面积更能看出 X 省房地产发展的地域特征，如图 3 - 2 所示。

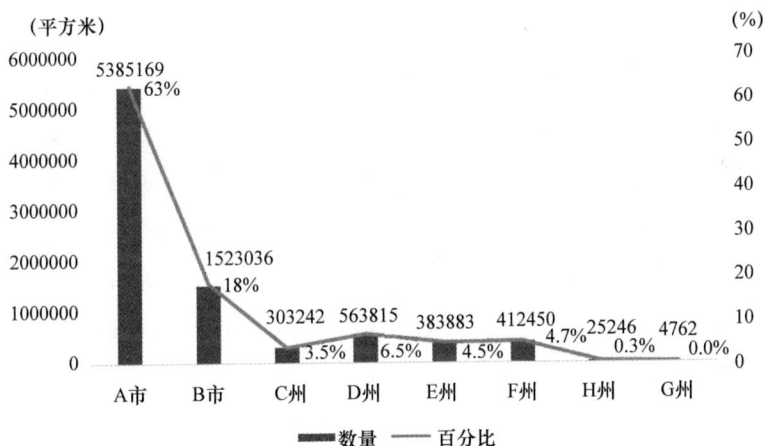

图 3 - 2 X 省建筑企业施工面积

资料来源：X 省统计年鉴（2018）。

图 3-2X 省建筑企业施工面积显示省会 A 市占总施工面积的
63%、B 市占 18% 外，其他地区施工面积比例很小。X 省房地产建设
状况成为公职人员向省会 A 市集中的重要原因之一。

X 省高海拔地区公职人员许多人愿意花钱到省会或外省买房居
住，但因为住房政策，许多人并无法享受省会较早期的单位或分房或
集资建房的优势，使得 X 省高海拔地区退休公职人员为了获得更好的
生活，就要用多年积蓄购买住房，州县公职人员认为即使州县的工资
较高，但自己仍旧是利益受损者。

关于影响公职人员向省会 A 市流动的因素，本书调查了一位长期
在 X 省高海拔地区人事部门工作的干部 ZCR，他总结了影响 X 省高
海拔地区公职人员流动的各项因素，具体情况如下。

影响 X 省高海拔地区国家公职人员大量流动到省会 A 市的第
一因素是自然环境，自然环境中首先是海拔。海拔不仅影响着一
个地区的土壤植被、氧气含量、气候温度等，对人类的生产生活
有着重要影响，更影响人的身体健康。特别是对于常年在 H 州、
G 州等高海拔地区生活、长期处于亚健康状态的人们来说，良好
的气候条件是至关重要的。省会 A 市的海拔与其他六州比较低，
气候条件较六州更好，也导致越来越多的人在退休后选择在省会
A 市买房养老。其次是水资源。水是人类生存的基本条件，水在
很大程度上决定了人类生产生活的空间格局，较柴达木盆地等干
旱地区比，省会 A 市及周边的水资源较为充沛，从而导致农业人
口向该地区的流动自古代以来就从未停止。再次是土壤因素。海
拔温度影响土壤质量，河湟谷地土壤肥沃、温度适中，较为适宜
从事农业生产，这也是省会 A 市及周边成为全省农业发达地区的
主要原因。

第二，经济因素也是影响人口向省会 A 市流动的非常重要的
原因。经济因素是人口迁移的一个主要因素。大多数情况下人口
迁移是为了追求更好的经济收入，从而能够提升生活水平。经济
布局会对人口的迁移产生重要影响，省会 A 市作为全省经济文化

中心，就业机会更多，经济更发达，导致人们更加愿意到省会 A 市创业就业。经济越发达的地区，社会建设会越好，省会 A 市的社会建设在全省来说都是领先的，人们更喜欢到省会 A 市，享受社会建设的成果。

第三，交通和通信因素也是影响人口流动到省会 A 市的原因。交通和通信的便利性和通达性，直接影响着一个地区经济社会的发展，交通便利的地区，总是能比交通闭塞的地区吸引更多的人口。自新中国成立以来，伴随着铁路的建设，郑州、石家庄等新兴城市的崛起，无一不是交通因素在其中发挥着巨大的作用。省会 A 市作为 X 省交通中心，铁路、航空、高铁、高速公路一应俱全，连通全国，也使省会 A 市吸纳外来人口的能力更强。X 省高海拔地区交通通信相比就比较落后，就是网购，很多地区不发货，发货也要付更多的邮费，所以很多人都喜欢到省会 A 市生活，虽然 X 省都不在包邮区，但省会 A 市比其他地区相比就好多了。

第四，文化和教育因素。文化和教育事业的发展，改变了人们的生活态度和生活期望，改变了人们认识外部世界的态度，从而促进了人口迁移。现在的人们越来越重视对下一代的教育，为了让子女享受更好的教育，学区房等特殊事物应运而生。省会 A 市作为全省生活和教育资源集中地，很多在州县上班的人们，都想方设法让子女到省会 A 市读书，接受教育。

第五，婚姻和家庭因素。婚姻是影响着青年人口迁移的因素，由于异地恋的不确定性，导致青年人越来越多的往条件更好、待遇更好的大城市集中。就身边事例来说，我身边很多在州县上班的同学，都希望能够在省会 A 市找个对象，并寻找合适的机会调往省会 A 市。家庭因素也同样影响着人们的迁移，为了实现合家团聚的目标，很多干部希望通过遴选、调动和迁移来实现以及长辈、子女和配偶团聚的愿望。（DZCR－2017－10－M52）

ZCR 是长期在 X 省高海拔地区人事部门工作的干部，对 X 省高海拔地区公职人员的流动是非常熟悉的，他认为影响 X 省高海拔地区公职人员流动到省会 A 市和外省的原因有 X 省高海拔地区自然条件因素，及经济社会发展、个体婚嫁等因素，比较全面地解释了 X 省高海拔地区公职人员的流动。而较为年轻的 MDZ 则总结了 X 省平均海拔最高的 H 州国家公职人员向外流动的原因。

自然环境因素。H 州地处青藏高原的腹地，地势高耸，地形复杂，海拔高，气候干燥，环境条件比较差，无论是本地人还是外来人员更愿意向海拔低的地区流动。

经济发展因素。受经济利益的驱动，生活生产方式的转变，经济利益的需求逐步提高。如 H 州的物价高是众所周知的，很多的外地人前往 H 州工作、经商、贸易等，但因为环境因素，部分人员在积累了一定的资本后会选择离开。

教育条件。从全国来说 X 省的教育比较落后，从 X 省来说 H 州和省会 A 市教育水平也有很大差距，随着近年来大家对教育越来越重视，更多的 H 州人选择将自己的孩子送出 H 州甚至是送出 X 省接受教育。

就业压力。近年来高校毕业生越来越多，大家的就业压力也越来越重，无论是本地人还是外地人，都会选择一个所谓的比较好就业的地区进行毕业后的第一次就业。而 H 州因为它环境较差、收入较高、要求较低、竞争较小等各方面因素，成为一个选择。

医疗条件。H 州的医疗条件较差，很多退休人员因为各方面的因素，选择离开 H 州前往省会 A 市、成都等地居住。（DMDZ - 2017 - 04 - M32）

MDZ 总结了年轻人考公务员到 H 州等 X 省高海拔地区工作的原因是考公务员要求较低，竞争较小，成为就业压力大的社会条件下年轻人的一种就业选择，而自然环境、经济发展、教育条件、医疗条件等相对劣势，又是人们不断离开 H 州的直接原因。

第三节　多元而"流动"的家：
生活状况与家庭结构

本书第二章前二节已经初步讨论过"家"的概念，在中国的社会学人类学研究领域，以对每一个个体都非常重要的生活单元"家庭"为主题的研究成果多不胜数。惯常的社会学关于家庭的研究中，认为家庭由一对夫妇和未婚子女（含领养子女）组成的核心家庭，包括仅有夫妻组成（无子女）的家庭和仅有父亲或仅有母亲的单亲家庭；父母（或一方）与一对已婚子女（或加其他亲属）共同生活的主干家庭；父母（或一方）与多对已婚子女（或加其他亲属）共同居住生活的联合家庭①；其他成员组成的更复杂的家庭结构，但在家庭研究的历史上，发现此种分类在很多具体的研究中并无太大意义。

林耀华先生的《金翼》，用独特的小说体写就的社会学著作，被称为"中国乡村社会与家族体系的缩影"，讲述福建闽江中游的两个比邻而居的家族，一家度过逆境继续繁荣，另一家由盛而衰的漫长历史，被认为是中国家庭家族研究的经典著作。许烺光的研究认为，中国的每一个个体都生在祖荫下，长在祖荫下，并通过延续祖荫的努力而赋予短暂肉体生命以永恒意义，因此，个体的利益必须服从于家族的利益，个人为家而存在，家并不为个人而存在，个人利益必须服从于从家到天下的大大小小的集体利益，独立、自立、自主的个人在传统中国几乎不可能存在②。

费孝通先生在讨论"家"的过程中曾用"大家庭""小家庭"的概念来区分中国和西方性质相同但形式却不同的"家庭"。然而在经过研究之后认为中国传统家庭最确切的表述应该是"小家族"，因为从家庭结构上讲，中国传统的"家庭"与西方的家庭确实不同：西

---

① 郑杭生：《社会学概论新修》，中国人民大学出版社 2013 年版，第 190 页。
② ［美］许烺光：《祖荫下：中国的亲属关系、文化人格和社会流动》，王芃、徐隆德译，南天书局 2001 年版。

方的家庭，夫妇关系是主轴，夫妇共同经营家庭事务，子女在这团体中是配角，成年以后就离开了，而中国的家庭是一种"事业社群"，主轴是纵向的父子、婆媳，而不是夫妇，而为了家族事业，兄弟叔伯可以集合在一个大家庭里居住生活。①

阎云翔打破用家庭结构和家庭制度来研究中国家庭的局限，摆脱家庭是"经济合作社"的这一视角，从有血有肉的私人生活的视角关注亲密关系、个体情感、个人自由，由此研究改革开放以来中国家庭的变化，从中发现中国家庭变迁过程中夫妻亲密关系、个人情感、个体权利等因素越来越重要，体现在父母一代的权力、权威、地位日益下降，父权衰落的同时年轻一代在家庭中个人意识日益强烈，而且越来越以自我为中心，年轻人通过结婚时的彩礼、婚房等方式从父母那里得到家庭财富，而在住房安排和赡养老人等方面却追求自己利益、不顾及甚至损害长辈利益，体现为一种家庭生活的私人化和无公德的个体同时崛起的家庭形式②。

沈奕斐在研究中国城市家庭的变迁时大胆宣布了"个体家庭时代"的来临，认为：个体成为家庭的中心，个体形塑了家庭的面貌，而不是家庭决定个体的生活；代际关系依然紧密，但是涉及的代际数目范围变小，个体对原生家庭的依赖度增强；女系和男系处于同等地位；个体家庭是一种随时可以变动的形态，具有不确定性。沈奕斐认为现代城市家庭不再是经济生活的"合作社"而是经济与情感并重；家庭内部亲子主轴和夫妻主轴都很重要；独生子女与父母之间的亲密关系力量非常强大；家庭中年轻女性（家庭主妇）的权力逐渐增大，而这是从传统的家长处获得的。如果我们比较林耀华、许烺光先生笔下的中国家庭和阎云翔、沈奕斐笔下的中国家庭就会发现，虽然都是中国家庭，但内涵和形式已完全不同，可以说中国家庭发生了从重群体轻个体到重个体轻群体的重大变化，而家庭的功能也从经济生活的联合体演变为情感生活的主

---

① 费孝通：《乡土中国　生育制度》，北京大学出版社 1998 年版，第 41 页。
② ［美］阎云翔：《私人生活的变革：一个中国村庄里的爱情、家庭与亲密关系 1949—1999》，龚小夏译，上海书店出版社 2006 年版，第 29 页。

阵地。家庭，随着中国现代化进程也有所转变①。

在调查 X 省高海拔地区公职人员家庭生活状况的时候，发现他们的家庭结构并不是稳定的，而是家庭结构随着家庭功能的变化在不断流变中，因此采用"流动"来描述 X 省高海拔地区国家公职人员的家庭状况，这里的流动有两层含义：一种是地理区位上的流动，X 省高海拔地区在职公职人员和退休公职人员会在 X 省省会 A 市和全国其他地方买房居住，形成空间上的"流动"；另一种是家庭结构的流动，X 省高海拔地区在职公职人员和退休公职人员的家庭成员数量和身份随着家庭功能的变化不断变化。

一　在职公职人员生活状况与家庭结构

根据 2018X 省统计年鉴的数据显示，X 省户籍人口分布见表 3 – 1。

表 3 – 1　　　　　　　　　X 省各州户籍人口百分比

地区	人数（个）	百分比（％）
省会 A 市	2055817	35.2
B 市	1719789	29.4
D 州	472849	8.1
G 州	409613	7
C 州	405658	6.9
E 州	296762	5.1
F 州	279135	4.8
H 州	207255	3.5
全省	5846878	100

资料来源：X 省统计年鉴（2018）。

---

① 沈奕斐：《个体家庭 ifamily：中国城市化进程中的个体、家庭与国家》，生活·读书·新知三联书店 2013 年版，第 8 页。

X省户籍人口5846878人，省会A市2055817人，占35.2%，B市1719789人，占29.4%，两者合计3775606人，占X省户籍人口总数的64.6%，其他6个州共2071272人，占X省总人口35.4%。而日常生活在X省会A市的人口300余万人，除了占比较少的流动人口，X省各州县日常在省会A市生活的人口数量不少。

人们选择省会A市居住，物价是其中非常重要的原因。

全国人民都知道X省会A市的物价高，几年CPI指数全国城市领先，那是不知道我们州县的物价，别人听了会吓死人，吃碗面，基本上是省会A市的三倍价格，买东西，别说许多东西没有，就是有了，那价格也是省会A市的几倍，更不用说跟别的地方比了。所以我们买东西，除了日常必需品，大件，不必需的，就先不买，等回省会A市或外地去买。省会A市人经常说A市的物价是我们州县工作的人拉高的，我们工资高，州上物价又贵，到省会A市就真是"买买买"了，那不买咋办，你总得生活啊！（HCL-2017-10-W36）

X省高海拔地区高昂的物价，使得在职公职人员会选择到省会A市或到外地的时候购物，而这也使省会A市的CPI居高不下，近些年网络购物的发展，X省高海拔地区的人也会选择网络购物，但是因为路途遥远，许多网店并不发货。省会A市相对较低的物价和较高水平的城市基础设施，吸引X省高海拔地区的公职人员在省会城市买房居住。

我的同事，基本上在外地买房，不在当地购房，不保值更不增值，不是在省会A市就是在外地（省），州上不买房，反正退休后又不打算居住，手里的那点钱就买个能住的房子。（HCL-2017-10-W36）

X省高海拔地区的自然环境、经济发展水平、社会发育程度、社会福利、公共服务、教育卫生等近些年都有长足的发展，但终究因为基础薄弱、经济总量不足以支撑、发展速度缓慢、与人们生活的期望有较大差距，使得各州县的国家公职人员选择在 X 省省会 A 市购房居住。而因为在职公职人员还要工作，所以出现"周末团聚家庭"等特殊现象。

> 我家在省会 A 市海湖新区，我媳妇退休得早，在省会 A 市住着，我平时周一到州上（D 州）上班，周五晚上回家，节假日基本上都在省会 A 市的家里过。（DCRLJ – 2017 – 08 – M52）

52 岁的 CRLJ 在 X 省 D 州州政府所在地上班，平时周一上班周末回家，如果家里有事情，则晚上回家，早上再去上班。D 州州政府所在地距省会 A 市 142 千米，驾车 2 小时左右回家，所以该州人口会在周末到省会 A 市生活，使得省会 A 市出现人口的短期大挪移，周末和节假日人口骤增，周一至周五人口减少。

表 3 – 2　　　X 省高海拔地区各州州府所在地到省会距离及交通

地区	与省会距离（km）	驾车时间（小时）	是否开通航线
C 州	491	6	是
D 州	142	2	否
E 州	94	1.5	否
F 州	159	2.5	否
G 州	793	12	是
H 州	545	8	是

资料来源：根据各州统计年鉴结果汇总。

从表 3 – 2 可以看出，G 州、H 州、C 州三州距离省会 A 市比较远，而随着交通条件的改善，F 州、D 州、E 州距离省会 A 市在三个小时的车程内，使得在这三州工作的公职人员可以晚上回到省会 A 市的家中，早上驱车到州上上班。

> 我家（父母）在省会 A 市，我这刚工作一年，一个人不加班的话，周末在州上没事情干就想回家，虽说现在的交通挺方便，省会 A 市发州上的车也很多，但总归没自己有车方便，想走就走，想啥时候走就啥时候走。我就抽空考了驾照，父母帮忙给买了车，回家方便多了，州上工作的和我差不多的没车的，要是周末一起回，就坐我的车，分摊油钱就行，我有时候不好意思要。（ELCL－2017－08－W26）

而对距离较远的 G 州、H 州、C 州三州，都有直飞省会 A 市的航班，使得人们可以比较方便地回到省会 A 市的家中。

> 以前 H 州没开通航线的时候，回趟省会 A 市那是个辛苦啊，开车得十几个小时，后来有高速了也得七八个小时，那时候州上的人周末回省会 A 市的少，现在有飞机了，机票又有补贴，只要一两百元，我们也可以像别的州上班的人一样，周末的时候回到省会 A 市生活。（HCHX－2017－10－M46）

驾车（航行）距离使得 X 省高海拔地区到省会 A 市的时间成本大大减少，人们至少可以周末团聚。

> 我在 D 州工作，我老公在 E 州工作，结婚后就分居两地，两年多了，那时候一直想调动到一起，可你知道，现在调个工作太不容易了，现在再看吧，有机会调就调，没机会调就先这样。我们在省会 A 市买了房子，周末一起回到省会 A 市，比他到我们州和我到他们州都方便。（EYCM－2017－09－W32）

> 我两口子都在州上工作，孩子在州上上了小学和初中，学习

成绩还好，但州上的教育没法跟省会 A 市的比，更没法和外地的比，后来我们就想让孩子去省会 A 市上高中，上高中虽然是住校，但孩子周末总不能回州上吧，就我俩周末往省会 A 市跑，我把娃接回家，他妈回去给娃做点好吃的，周日送到学校，这高二了，再一年就解放了，不用每周必须去省会 A 市了。（EZDL - 2017 - 04 - W46）

上述这种家庭是空间上的流动家庭，而更多的家庭是家庭结构上的流动家庭，而这其中孩子的教育是重要的推动因素。

现在有办法的都把孩子留省会 A 市上学了，我家老大一直在省会 A 市上学，现在在十三中（省会 A 市的中学），老二这也快上小学了，也准备去省会 A 市。家里没办法，我和媳妇都在州上，我忙得很（某州教育局副局长），我媳妇还可以，但也是不能直接下去照顾两个孩子，孩子就在他舅舅家，老大已经住了 8 年了，和他舅比和我都亲。今年媳妇准备退休，就下省会 A 市专门带着两个娃上学，我等退休了再下。（HXGZJ - 2017 - 10 - M48）

XGZJ 夫妻俩都在 X 省高海拔地区工作，他们家的家庭一直在变化，老大比老二大 6 岁，老二刚出生，老大就被送到省会 A 市上小学，一家人只有在老大放假的时候在州上团聚，平时家里就老二和父母一起生活，而老大事实上是舅舅家的家庭成员。XGZJ 的爱人准备退休回到省会 A 市生活，家庭变成母亲带着两个孩子一起生活，而父亲则单独在州上生活，只有父亲退休之后一家人才能团聚，但XGZJ 退休的时候，老大已经参加完了高考，不管结果如何，父母和两个孩子都一起生活的时间并不长。

ZPF：我 2016 年调到 F 州的，本来在省会 A 市工作。

笔者：那怎么会调到 F 州来？

ZPF：组织上调的，咱服从组织安排。

笔者：那省会 A 市的家里现在有谁？

ZPF：孩子上小学，媳妇工作也忙，顾不过来，现在平时就在我爸妈家，周末他俩（媳妇和孩子）回家去。（DZPF - 2017 - 10 - M41）

ZPF 2016 年到 F 州工作，职位晋升为处级干部，家里由原来的核心家庭变为媳妇和孩子与他的父母一起生活的主干家庭，而这种由于工作变动引起家庭变化的事例在 X 省高海拔地区并不少见。

我在 F 州工作了十几年，去年调到 H 州来的，媳妇和孩子都在 F 州，调到 H 州来也不好，这几年州上工作越来越忙，好长时间都回不去。（HCZR - 2018 - 07 - M39）

我 2015 年从省会 A 市调到 F 州来的，家里儿子也快高考了，这一考走，就媳妇一个人了。（DXFH - 2017 - 10 - M49）

CZR2016 年为了职位晋升，从 F 州调到 H 州，任教育局的副处级干部，家里也由一家三口变为爱人和孩子在 F 州、自己一人在 H 州生活的状况，由于工作繁忙，家人一年团聚机会不多。XFH 2015 年从 X 省省会 A 市某企业的处级干部岗位到 F 州副厅级干部领导岗位，一家三口家庭变为媳妇和孩子一起在省会 A 市生活，而自己一人在州里生活，孩子高考完之后，就会是一家三口分居三地。

这种类型的公职人员家庭人口和结构虽然在不断变化，但其核心结构并没变，而更多的在职公职人员则因为各种原因而需要父母一代帮忙照顾孩子，家庭核心结构在不断变化。本书发现，除却特殊因素（比如双方父母的身体状况，是不是在同一地区居住等）选择男方还是女方的父母来帮助年轻夫妇带孩子，即选择和谁一起居住生活，取决于夫妇双方所拥有的"资源"，包括双方自己的社会经济地位和双方父母的社会经济地位。一般说来，男女双方和原生家庭综合社会经济地位较高的一方在家庭中拥有较多的决策权，比如女方社会经济地位较高，则会选择女方父母一起居住生活带孩子，男方社会经济地位较高，则会选择男方父母一起居住生活带孩子，说明 X 省高海拔地区公职人员传统的家庭（族）观念也在不断转变。

X 省高海拔地区在职公职人员家庭结构呈现出各种复杂的形式。有典型的核心家庭形式即已婚夫妻和未婚子女一起生活；有扩大家庭形式，一对已婚夫妻和一对已婚子女及其子女生活居住，这种家庭结构里有数量不少的是和姥姥、姥爷一起生活居住的；其他家庭形式，爷爷、奶奶或姥姥、姥爷中的双方或一方单独带孩子长期居住的，孩子的父母在周末或节假日回来，爷爷、奶奶或姥姥、姥爷还有其他成员带孩子一起居住的，比如未婚的姑妈、姨妈、舅舅、叔叔等，孩子事实上是寄宿在亲戚家。

事实上，任何家庭其结构和功能一直在变化。从夫妻双方建立家庭开始，到第一个孩子出生是家庭的形成期，这一阶段家庭结构只是夫妻双方，功能只是单一的情感陪伴；第一个孩子到最后一个孩子出生是家庭的扩展期，这个阶段家庭结构逐渐复杂化，有夫妻、父子、父女、母子、母女及兄弟姐妹等家庭结构形式，家庭承担着哺育、教育等复杂的功能；最后一个孩子出生到第一个孩子离开家庭是家庭的稳定期，这个阶段的功能与扩展期类似，但家庭结构越来越简单；第一个孩子离开家庭到最后一个孩子离开家庭是家庭的收缩期，这个阶段的功能与扩展期、稳定期类似，但家庭结构越来越接近形成期；最后一个孩子离开家庭到配偶一方死亡是家庭的空巢期，这个阶段的结构与功能与形成期类似；配偶一方死亡到配偶另一方死亡标志家庭的解体，这个阶段的功能与空巢期类似。由此可以看出，每一个阶段家庭的主要功能和结构都在发生变化，但 X 省高海拔地区公职人员的家庭状况不仅有家庭功能结构的一般变化形式，还因为地域、教育等条件使得家庭呈现出复杂的多元状况且在不断的"流变"中。

二 退休公职人员生活状况与家庭结构

根据公租房、租房、借住房改房、安居房、集资房、经济适用房、自购商品房、自建房的分类标准调查了 X 省高海拔地区离退休公职人员的住房性质，结果显示：有 102 人的离退休人员居住的是商品房，占 52%；38 人，占 19% 的离退休人员居住的是房改房；27 人，占 13% 的离退休人员居住的是集资建房；10 人，占 5% 的离退休人员借住在别人的房子里；8 人，占 4% 的离退休人员居住的是公租房；5 人，占 3% 的离退休人员租房居住；4 人，占 2% 的离退休人员居住的是安居房；3 人，占 2% 的离退休人员自建房居住。其中居住在省会 A 市和外省的离退休人员的中，自购商品房的比例达到 87%，在原籍原工作地居住的离退休人员房改房和集资房的比例较高，合计 91%，有 3 人居住在自建房里。本调查中有 10 位借住在别人的房子里，其中包括 2 位在外省借住亲戚房子，其他 8 位都居住在省会 A 市。

> 我老两口退休就是为了给娃们带孩子。娃娃们都在州上工作，我现在带着两个儿子家的三个娃在省会 A 市上学，大儿子家的尕娃上初中，小的丫头才上二年级，小儿子家的丫头上四年级，我老两口就接送孩子，做饭，看孩子。这小女儿也快生了，还想让我们带，公婆在农村，又远，舍不得把娃给他们带，我这犯难呢，不给带，咱自己姑娘，给带，我俩这身体也不咋好，哎……我这房子是大儿子家的，他们不住就我们住，我们自己州上有房子，省会 A 市海湖新区有房子，孙子们上学不方便，就没住。（EZBH - 2017 - 01 - W62）

ZBH 是 E 州某县公职退休，在大儿子家带孙子们上学，因为目前住的房子不全是自己掏钱买的，她认为是借住，而自己掏钱买的才叫自己的房子。调查过程中至少有 4 位离退休人员住在儿子家，却认为是借住，老年人对房子的认知是"房产证上是谁的就是谁的，我们只是住一住"。

省会 A 市较好的教育资源，使得在州上工作的人会想尽办法把孩子送到 A 市上学，退休的老人就成为看孩子的主力。

> 我们和小儿子家一起住，小儿子在省会 A 市工作，儿媳妇没固定工作，打工呢，住的房子基本上是我老两口的积蓄买的，大儿子家的尕娃一直在省会 A 市上学，就我俩接送，开家长会就我小儿子去给开，这没办法，省会 A 市教育条件就是比州上的好，我家大孙子学习还好呢，一直在班里排名靠前，我们受累，孩子有个好前程。（DGCL – 2017 – 10 – W64）

而一些即将退休的公职人员，退休的决定和要不要带孙子有明显的关系。

> 我们（某事业单位高级职称）55 岁就可以申请退休，去年年底儿媳妇怀孕了，我就打了退休报告，今年 8 月生了大孙子，我现在就在家带孩子，那边下岗这边上岗。我的同事，儿子结婚好几年，要不上娃，退休了没啥事干，比我大，还没退，退休了没事干，着急。（DJYM – 2017 – 10 – W57）

57 岁的 JYM 到了可退休的时间赶紧退休，就是因为要"那边下岗这边上岗"的带孙子，而年龄比她大的同事却因为没有孙子可带而仍旧坚持上班不退休。

目前快要到退休年龄的人，一般是 22—23 岁大学毕业，24—25 岁结婚，26—27 岁生子，等他们的孩子成年的时候又推后到 28—29 岁结婚，30 岁左右生子，而新生家庭在生完孩子之后，产假（新生儿照顾）158—178 天，没有其他的新生儿照抚的社会制度，使得年轻家庭很少有能力自己照顾孩子，而必须有可以信赖的人帮助带孩子，这使得父母成为隔代抚育的重要力量，所以在可以选择退休的年龄，如果子女需要帮助，父母就会选择退休，如果不需要，则会延迟到法定最大退休年龄再退休。X 省高海拔地区退休公职人员和全国其他地区一样，父代退休的家庭生命周期和子代的儿童照顾的家庭生命周期相重合，中国人浓重的"家庭繁衍"观念，使得退休老年人认为照料孙辈是理所应当的义务，除非没有孙辈或身体状况不容许，一般情况下都会照顾孙辈，而孙辈，已经不是传统意义上的儿子的孩子，也包括女儿的孩子。

> 我两儿子一闺女，大儿子家在浙江（儿媳妇家是浙江的），两孙子都是人家姥姥、姥爷带的。前几年过年的时候带回来过，这几年都不在家里过年，都去外地玩，我们也一起去，前年去了三亚，去年去了成都，今年还不知道去哪里，反正这里离得远，他们回家过个年挺麻烦，就一起出去过。
>
> 女儿家的娃是我们给带的，本来姥姥、姥爷带，可姥姥是个信佛（汉传佛教）的，肉啊啥啊的都不吃，做的饭没营养，孩子营养不够，瘦的啊，我们就带着，这都带三四年了，现在上幼儿园我们接送，将来上小学也得我们接送。现在你去学校门口看，接娃的都是（大多数）老年人，爷爷奶奶姥姥姥爷都有，都一样。（CGGZJ－2017－10－M63）

GGZJ 因为空间距离，没有带孙子而一直带着外孙子一起生活，用他的话说，带娃的"爷爷奶奶姥姥姥爷都有，都一样"。而 X 省高海拔地区退休公职人员这种女儿、儿子家都一样的观念和全国其他地方相类似，参见沈奕斐对上海市家庭的研究①。

> 我一儿一女，姑娘大，儿子小，儿子还在上大学。女儿、女婿在外地工作，前年生了小外孙女，坐月子的时候，我和亲家一起去伺候的。姑娘没和公公、婆婆一起生活过，怕做得吃的不可口，我就专门负责做饭，亲家负责带孩子，出月了我就回来了，

---

① 参见沈奕斐《个体家庭 ifamily：中国城市化进程中的个体、家庭与国家》，生活·读书·新知三联书店 2013 年版。

她公公婆婆给带着。现在小外孙女 2 岁了，夏天他们那里（成都）热，就把娃送来我们带着，过段时间了，我们把娃带成都去，那边冬天气候好。姑娘的公公婆婆有事情了我们给带，我们有事情了公公婆婆给带，现在这世道么，儿子女儿都是心头肉，你能给帮忙就给帮忙。等儿子结婚了，也得找个能给帮忙的亲家呢！（EWLY－2017－07－W57）

WLY 的女儿在外省工作，她就时不时地去女儿家或把孩子带到身边帮忙带，事实上一年在自己家里居住的时间并不多，整个家庭从人口数量和家庭结构以及家庭地理位置都处于"流动"的状态。

第四节　公职人员流动社会风险

一　人才外流不利于当地社会管理水平的提高

X 省的特殊地理、社会、文化区位，使得其长期面临"孔雀东南飞"的人才流动困境，而 X 省高海拔地区，则因较高的海拔、较慢的经济发展速度、较低的社会发育程度等使得人才流失的速度更快，正如有人说"调动是在 X 省高海拔地区工作的人永恒的主题"。对任何社会来说，高水平的社会管理者对社会发育有重要意义，太快的人才外流必将对整个地区发展产生不利影响。

在问卷调查中调查了在职公职人员工作变动的次数，结果显示：工作没有变动的 49 人，占 32%；变动两次的 34 人，占 23%；变动三次的 25 人，占 17%；变动四次的 17 人，占 11%；变动一次的 14 人，占 9%；变动五次及以上的 12 人，占 8%，总共工作发生变动的 102 人，占总人数的 67.5%.

对工作发生变化的人进行了调查"您最重要的一次工作变动的原因是"（多选题），见表 3－3。

表3-3   **在职公职人员工作变动原因**

工作变动原因	人数（个）	人员百分比（%）	个案百分比（%）
新工作单位个人发展前景更好	34	27.9	40
新工作地点气候条件好	26	21.3	30.6
新工作单位性质更稳定	16	13.1	18.8
新工作单位工资收入待遇更高	14	11.5	16.5
新工作单位的其他好处	14	11.5	16.5
新工作单位氛围更好	12	9.8	14.1
新工作单位压力更小	6	4.9	7.1
合计	122	100	143.5

在工作发生调动过的公职人员中，有34人占27.9%，选中"新工作单位个人发展前景更好"，紧随其后的是"新工作地点气候条件好"，有26人占21.3%。气候条件，对其他地区公职人员来说，可能并不是影响工作选择的重要因素，但对自然条件不理想的X省高海拔地区来说，成为公职人员工作流动的重要原因。

进一步问"工作没有变动的原因是什么"（多选题），见表3-4。

表3-4   **在职公职人员工作没有变动的原因**

工作没有变动的原因	人数（个）	人员百分比（%）	个案百分比（%）
没有机会	66	45.8	68.0
目前单位性质更稳定	24	16.7	24.7
目前单位氛围好	23	16.0	23.7
目前单位收入待遇好	13	9.0	13.4
目前单位压力小	8	5.6	8.2
目前单位地方气候条件好	8	5.6	8.2
目前工作单位个人发展前景更好	2	1.4	2.1
合计	144	100.00	148.50

表 3 - 4 显示，工作没有变动的原因的人中有 66 人占 45.8% 选择"没有机会"，也可以看出单位性质、氛围、收入待遇成为留住公职人员的前三项因素，但其每项占比都不高，合计占 41.7%。

工作发生变动的原因和工作没有发生变动的原因两者相比，可以看到在职公职人员流动的推力和拉力，推力前三位是单位性质、工作氛围，收入待遇，拉力前三位是个人发展前景、气候条件、单位性质，如果剔除相同因素单位性质，则推力中剩余工作氛围和收入待遇，拉力中剩余个人发展前景和气候条件，而这四项因素中，气候条件是完全外在的，因此在 X 省高海拔地区独特的气候环境下，为了留住人才，可以从个人发展前景、工作氛围和收入待遇角度着手。

问卷中调查"您觉得您单位人才是否足够"，结果显示，62 人即占 41% 认为本单位人才不够；18 人占 12% 认为不太够，两者合计 53%。而认为一般的 29 人，占 19%。比较够的 34 人，占 23%；足够的只有 6 人，占 4%；说不清的 2 人，占 1%。这种结果可能和被调查者的工作单位以及身份有关，但也说明 X 省高海拔地区国家公职人员大多数认为自己单位的人才不足，而同时在调查"您认为您单位人才流失状况"时，认为自己单位人才流失非常严重的 34 人，占 22.5%，认为比较严重的 41 人，占 27.2%，两者合计占 49.7%；认为人才流失一般的 32 人，占 21.2%，认为不太严重的 18 人，占 11.9%，认为不严重的 15 人，占 9.9%，两者合计 21.8%；说不清的 11 人，占 7.3%，可见大多数人认为自己单位人才流失较为严重。同时调查了"您认为您单位人才引进状况"时，认为自己单位人才引进非常多的人只有 5 人，占 3.3%，比较多的 4 人，占 2.6%，两者合计才 6%，认为一般的 39 人，占 25.8%；而认为本单位人才引进较少的 27 人，占 17.9%，很少的 59 人，占 39.1%，两者合计 57%，说不清的 17 人，占 11.3%，可见大多数人认为本单位人才引进不足。

X 省高海拔地区在职公务员认识到自己本单位人才流失比较严重而人才引进却不足，前文已经介绍过调查对象的基本情况，本书发现，人才流失与前文所调查的职业分布并无明显相关关系，这说明 X 省高海拔地区在职公职人员认为本地区的人才流失是比较严重的。本书并没有界定何为人才，而是让调查对象自己判断何为人才，笔者相信，调查对象对人才概念的心理界定会更接近与本单位实际需要的人才而不是抽象人才，所以 X 省高海拔地区人才流失会导致社会管理人才不足，社会的管理会在低水平循环。前发展地区与后发展地区不仅仅在经济有差距，还有硬件设施的差距，更在人才差距，X 省高海拔地区国家公职人员较强的外流心态，使得他们经常在想如何调动到自然条件更好、生活条件更好、个人发展前景更好的地区去生活，使得 X 省高海拔地区人才流出状况比较严重，对整个社会的发展是不太有利的。

二　人口向省会城市集中使得省会公共服务压力增大

X 省特殊的自然地理状况，只有省会 A 市和 B 市的海拔较低，X 省高海拔地区的平均海拔都在 3000 米以上，人们更愿意到海拔较低的地方生活，而整个社会经济发育状况也是省会 A 市、B 市发展较快，尤其是省会 A 市，集中了全省最多和最重要的经济、政治、社会、文化、教育、医疗、就业、养老等资源，使全省形成了省会 A 市一个中心的发展格局，公职人员因为稳定的收入和社会福利保障，更愿意到省会城市生活，加剧了省会城市公共服务的压力。

随着人口流动的加速，尤其周末回省会生活的人越来越多，城市的交通压力骤增。车辆拥有量的大涨是交通拥堵的重要原因，据当地报纸报道，2018 年 9 月 11 日，全省机动车保有量超过 113 万辆，而省会 A 市的机动车保有量已超过 60 万辆[①]，占全省的一半还多；道路建设并不能很快跟上车辆发展的需要，紧急增宽、增建道路的工程项目影响了车辆通行；公共基础设施停车场的数量少，分布不合理，使许多道路为了解决停车难问题在路边划出一定区域用来停车，更加剧了道路拥挤程度。

作为最重要的社会公共服务机构医院也是压力大增，人满为患。某三甲医院的病人数量每天都在高位徘徊，其中重点科室一位大夫一天给近百人看病。

---

① http://qh.people.com.cn/n2/2018/0912/c182775-32044850.html.

现在医生上班就像上战场，我一天上班，病人就在门外等着，我连个喝水上厕所的时间都没有，其实很多是小问题，可病人就是信大医院，信专家，其实别的医院、医生都可以看的病，都要到大医院来。（ALJL‐2018‐04‐W42）

医疗资源的高度集中，使得较高级别的医院集中着较高水平的医生，人们宁可花时间、金钱到高级别的医院看病，高级别医院面临着人满为患的局面。

现在有病了我们就到省会 A 市来看，省会 A 市有房子，交通又方便，经常到省会 A 市，花费反正也差不多，州县上就不看了。（HGZJ‐2017‐10‐M48）

在职公职人员生病会到省会 A 市较高级别的医院看，而退休的公职人员因为比例较高的居住在省会 A 市，省会医院承担了大多数的诊疗工作。

越来越多的公职人员选择把孩子送到省会 A 市或其他地区接受较好的教育，使 X 省高海拔地区缺少较好的生源，故出现老师教学效果不明显、教学动力不足、教育质量下降等现象，而省会 A 市高质量的教育资源供不应求。

州上的高考录取率很低的，考上一本的基本上是去外地上学的，州民族中学去年就没有一个上一本的，工作的人都想办法把孩子送到省会 A 市啊、外地啊去上学。（DZPF‐2017‐10‐M41）

三　家庭结构多元而流动不利于孩子社会化

家庭是孩子社会化的重要场所，亲密关系的家庭成员的言传身教对孩子人格、品性的养成，行为习惯的习得，心理状态的形成等有不可替代的作用，而在孩子成长的过程中父母的言传身教和感情陪伴是不可替代的。中国的学术界非常关注父母外出务工而形成的留守儿童的研究，对因其他比如 X 省高海拔地区公职人员两地分居甚至多地分居的家庭形式对儿童社会化影响的研究相对不足。

> 现在不像以前，工作忙得很，没办法经常回家（省会 A 市），孩子就爷爷奶奶带着，我们就打电话、微信、视频，但也不能和在孩子身边比，长期不见孩子，孩子犯错误了舍不得打、舍不得骂。爸爸妈妈的话不听，老年隔代亲，就知道惯着孩子，幸好孩子学习还挺好的，就是说不下。（HHXX – 2017 – 10 – W42）

隔代教育的利弊是很多研究关注的话题，但不同代人的教育观念不同，HXX 家的孩子是太娇惯而形成的家长"说不下"的状况。

> 我爸就奉行"棍棒底下出孝子"，我们从小他就打着教育，现在好，我家娃他也打着教育，我媳妇特别不同意，每次都为这事情家里闹矛盾，我爸就闹着不给带孩子，但不给带又没人给带，现在弄的娃左右不是。（ELFJ – 2017 – 10 – M41）

LFJ 家的问题在于父母和儿女的教育观念不同，让父母带孩子，他们认为有管教孩子的权利，但儿媳妇不同意公婆的教育方式，使得家庭矛盾频繁，最后的结果是"娃左右不是"，对孩了的人格形成是极为不利的。

> 孩子在他舅舅家，他舅舍不得说，人家他舅妈也不说，孩子有时候有啥事给我们说了我们又没办法，就憋着，现在有点不爱说话。（HXGZJ – 2017 – 10 – M48）

XGZJ 家的孩子在舅舅家生活，舅舅舅妈好坏都不说他，而孩子爸妈离得远，有事情了，孩子给他们说也没用，导致孩子有不爱说话的现象，对孩子心理发育有重要影响。

小结 为了更好的生活

X省高海拔地区公职人员是比较自觉的人口流动，上高原工作是为了生活，下高原居住是为了更好的生活。前文的研究可以看出，虽然X省高海拔地区公职人员就业和退休的流动很大程度上依赖个体选择，但作为结构性因素的自然环境和就业政策以及X省的经济、社会、文化、政治发展状况等对该类型的人口流动有重要影响。

近些年的公务员、事业单位考试，使得X省高海拔地区国家公职人员中X省其他地区主要是A市和B市、非X省的人数比例逐渐提高，但在职公职人员仍旧以X省高海拔地区的人为主。因为X省高海拔地区较高的海拔和较严酷的自然环境，使得公职人员在职期间希望通过工作调动到较好自然条件的比例较高，离退休人员中，离休人员较高的比例回到原籍贯地生活，退休的公职人员较高比例到了X省会A市生活。

X省高海拔地区公职人员的生活状况和家庭结构呈现"流动"的状态。身体的流动是因为居住地的变化，而家庭结构的流动则在于家庭人口及其关系的变化以及家庭功能的变化，使得X省高海拔地区公职人员的家庭出现各种不同的结构模式。

X省高海拔地区公职人员的流动会造成几个方面的社会风险：X省高海拔地区公职人员外流对当地造成社会管理人才外流而不利于社会管理水平的提高的社会风险，使得X省高海拔地区在经济发展落后的同时社会发育也较为缓慢；人口向省会城市集中使省会城市公共服务压力增大，形成交通拥堵、医疗资源紧张、教育资源紧缺等问题，可能孕育社会风险；家庭结构多元而流动，父母教育的缺位等对孩子的社会化会产生不利影响等。总体来说，X省高海拔地区公职人员的流动是在结构性因素的背景下发生的个体选择，但这部分人流动而形成的社会风险仍旧比较小，转化为社会危机的概率不高，不需要专门的风险干预。

　　X 省特殊的自然地理条件，使得政治、经济、社会、文化全方位的形成以省会城市为中心享受比例较高的资源的模式，虽然各种努力都在提高社会服务的均等化，提高基层公共服务质量，但这是一项长期的社会系统工程，需要持之以恒的经济投入和各方坚持，即使通过外力增加各种资源供给，人们是否愿意于退休后在 X 省高海拔地区居住生活或把孩子留在 X 省高海拔地区生活工作仍旧是未知数。因此借鉴其他省份发展的多中心发展模式，发展省内自然地理条件较利于人口居住生活的其他地区的政治、经济、文化、社会事业，缓解省会城市人口集中速度，使得整个地区均衡发展显得尤为重要。

第四章
进城去生活：城镇化①人口的流动

　　城市是与乡村极为不同的地理、社会空间形式。人类历史上最早的城市产生于何地众说纷纭，但城市因何产生却有诸多共识：在人类生产能力逐渐提升，大约原始社会后期农业与畜牧业逐渐分离，剩余产品逐渐增多，出现了供居民进行集中物品交换的场所，形成了城市的雏形；金属的发现伴随着金属工具的制造和使用，使得手工业逐渐从农业中分离出去，形成了直接以交换为目的的商品生产，产生了一批不依靠土地的农业之外的手工业从业者；商品生产促进了市场的不断发育，逐渐产生了以商品交流为活动中心的商人群体，从而使得工商业劳动从农业劳动中分离出来，促进了城市和乡村的分离，形成从地理空间到社会空间与乡村完全不同的城市；工业革命带来的非农生产力的巨大发展，需要大批全职的可以自由流动的劳动力，使农业人口大批地、快速地、长期地向工业地区集中，伴随着非农人口的集中，形成了规模大小不等、产业形态各异、功能不尽相同的各种城市形式；后工业社会或信息社会逐步登上历史舞台的同时，城市和工业相伴生的发展路径也被改变，城市更成为多种多样生产活动和生活方式的聚集地，城市成为一个地区的信息、文化、金融、交通、商业、教育、行政等活动的中心。

　　人类历史就是人口不断地从乡村浩浩荡荡地走进城市的过程。日

---

　　① 城镇化和城市化的主要内涵是相同的，指社会非农人口比例占总人口的比例，所以本书城镇化和城市化两词通用。

本经济快速发展过程中，农业人口下降了 65%；美国经济快速发展过程中，农业人口下降了 72%。联合国经济和社会事务部 2018 年 5 月发布的有关世界城镇化展望的报告显示，全球总人口已经突破 74 亿人，有 55% 的人口居住在城市，而到 2020 年前后全球农村地区人口数量占总人口的比例将绝对降低，到 2050 年，预计全球城市人口总量将增加 25 亿人，城市人口将占总人口的 68%。中国 2050 年城市人口将新增 2.55 亿人。① 可以说，人类经济社会活动的空间分布结构已经进入了以城市为主的新阶段。

城市化相伴随的则是各种必须面对的城市问题或曰城市病，最主要的城市病是就业问题以及与此相关的贫困问题。在农村，人们初始的职业获得一般不需要太多的培训，可以通过实践而掌握生产技能②，而农业劳动的特殊形式使得农民即使长期的"不充分就业"和收入缺乏的情况下，面临的是"隐性失业"和"间断性就业"，而城市的失业则因为人们对职业的高度依赖成为"外显"的。城市作为高度复杂的职业社会，就业不仅受制于个体的文化程度和职业技能以及学习能力，更受产业结构的制约：当城市人口增长速度大于城市可提供的有效就业岗位，则会出现短期甚至长期的失业人口；与城市化相伴随的工业化和信息化的发展在不断提高社会生产层次的同时不断淘汰所谓"低级工人"，使得相当一部分人面临生产力发展引起的"结构性失业"。比如电子商务的发展对实体经济的冲击，使得各地出现结构性失业问题。同时城市还面临着教育、医疗卫生、住房、交通、能源、基础设施等问题。

1949 年中华人民共和国成立，50 年代中期以后建立了城乡二元分割的社会结构，直到 1978 年党的十一届三中全会召开之前，城市化长期处于相当缓慢甚至停滞的状态。从 1950 年到 1980 年，世界城市人口的比重从 28.4% 上升到 41.3%，发展中国家也由 16.2% 上升到 30.5%，中国大陆仅由 11.2% 上升到 19.4%。改革开放后，中国

---

① https：//news. china. com/internationalgd/10000166/20180519/32426897. html.
② 向德平主编：《城市社会学》，高等教育出版社 2014 年版，第 202 页。

各地人口由乡村到城市的移动使得城市居民占人口的比率逐步上升，20 世纪 90 年代后半期开始，中国的城镇化稳步快速的推进。截至 2017 年年底，中国的城镇人口达到 59%，139008 万人口中，81347 万人在城市生活，见图 4-1。

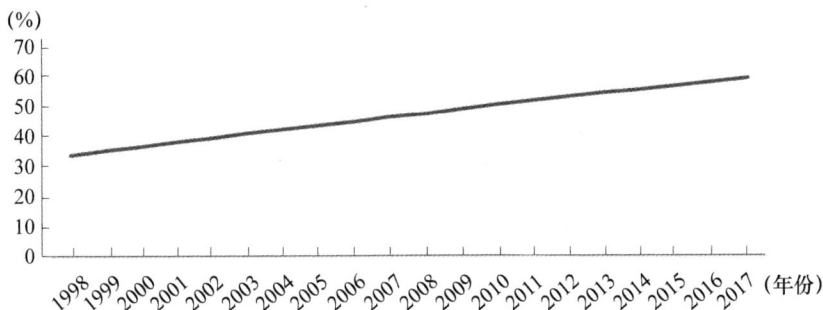

图 4-1　中国城镇化速度

资料来源：根据国家统计局数据整理。

　　作为发展梯次比较靠后，发展速度较慢的 X 省的城市化水平，以与全国增长相同的趋势，但低于全国同期平均水平的态势发展，见图 4-2。

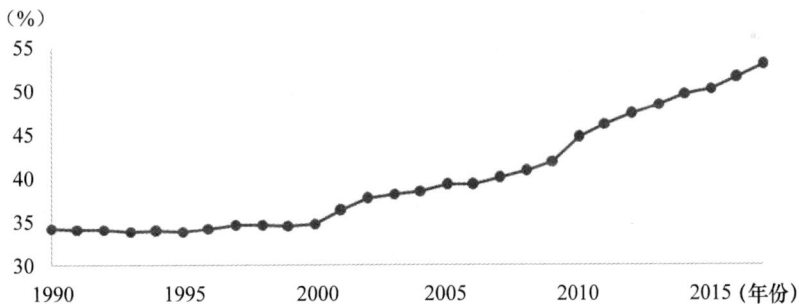

图 4-2　X 省城镇化速度

资料来源：X 省统计年鉴（2018）。

对中国人来说，城市逐渐成为人们生活的主要区域，非农职业成为社会大多数成员的职业，越来越多人的生命故事从城市开始，在城市书写并在城市剧终。而在诸多的中国城市化研究中，学者们看到了中国城镇化的特殊动力在于政府是城市化动力机制的主体，而对欠发达的 X 省高海拔地区来说，来自政府主体的城市化力量是更为重要的，因为常规的城市形成路径：大量的商品生产和交换，大量的非农产业和非农人口的聚集基础之上自发形成城市的机制在 X 省高海拔地区并没有，而各级政府在每年的工作计划和工作总结中，都要着力"城镇化"（新型城镇化）建设成为 X 省高海拔地区城市化的重要推动力。本书总结了 2011 年以来的"X 省政府工作报告"中关于城镇化的内容，从中可以看出政府在城镇化过程中的重要作用。2011 年政府工作报告中写道：在推进城镇化上实现新突破；编制全省城镇发展规划纲要，协调推进大中小城市和小城镇建设，促进城乡一体化，力争年内城镇化率提高 1.5 个百分点；逐步推进有条件的县撤县建市，优化城市布局。2012 年政府工作报告中写道：大力推进城镇化，促进城乡区域协调发展；坚持规划引领，搞好综合交通运输体系与城镇化布局体系的衔接；重点推进东部城市群建设和城乡一体化试点；推动撤县设市工作；统筹推进中小城镇和新农村建设。2013 年政府工作报告中写道：探索多元多样的城镇化实现形式，奋力走出一条具有 X 省特点的相对集中发展的城镇化道路；力争到 2020 年，全省城镇化率达到 57%，实现产业结构、就业方式、人居环境、社会保障等一系列由"乡"到"城"的重要转变。2014 年政府工作报告中写道：积极稳妥推进新型城镇化，带动新农村建设和区域协调发展；在新型城镇化发展规划引领下，积极稳妥、有力有序推进城镇化；有序推进农牧业转移人口市民化；统筹推动中心城市、中小城市和城镇合理布局、功能互补、协同发展。2015 年政府工作报告中写道：抓统筹、促均衡，扎实推进新型城镇化和城乡区域协调发展；坚持以新型城镇化为引领，完善点上开发、面上保护机制；健全以城带乡、区域合作机制，促进人口集中、产业集约集聚发展；强化规划对城镇化的引导调控作用；全面落实新型城镇化发展规划和城镇体系规划；积极引导大中小城市和小城镇协调发展，体现时代特征、地域特色、人文特点，推动以产兴城、以城促产、产城融合，城镇化率超过 50%，让全省一半以上人口在城镇安居乐业。2016 年政府工作报告中写道：以新型城镇化为牵引促进协调发展，推进以人为核心的新型城镇化；把促进有能力在城镇稳定就业和生活的农牧民有序实现市民化作为首要任务，力争常住人口城镇化率达到 52% 左右。2017 年政府工作报告中写道：加快推进以人为核心的新型城镇化；认真落实新型城镇化建设等四个实施意见，抓好新型城镇化综合试点；全面实行居住证制度，推进城镇基本公共服务常住人口全覆盖；加快发展特色小城镇。2018 年政府工作报告中写道：推进以人为核心的新型城镇化；推进城乡融合发展，拓宽居住证公共服务保障功能；壮大区域性城市，推动具备条件的县有序设市（区）；提高城镇规划建设管理水平，开展"城市双修"和海绵城市建设试点加快智慧城市、绿色城市、人文城市建设，积极发展智能交通，着力解决交通拥堵和停车难、停车乱问题。①

　　综上可以看出推进城镇化是 X 省政府 21 世纪以来工作的主要内容之一，虽然关键词从城镇化转变为新型城镇化，但政府作为城镇化的主要推动力量，对 X 省更多的人口放下锄头、放下羊鞭进城起到了非常重要的作用。虽然 X 省高海拔地区城镇化人口进城生活的方式与其他地区迥然不同，但 X 省高海拔地区城镇化人口是在结构性因素的影响下农民个体自主选择的主要人口流动形成。

第一节　城镇化人口基本状况

　　城镇化的最主要表现形式就是人口进城生活，笔者从 X 省统计年鉴上看到 X 省高海拔地区人口进城的状况，如图 4 - 3 所示。

---

　　① 以上内容来自 X 省统计局、国家统计局 X 省调查总队有关 X 省的统计年鉴，出版社和出版时间为中国统计出版社 2011—2018 年版。

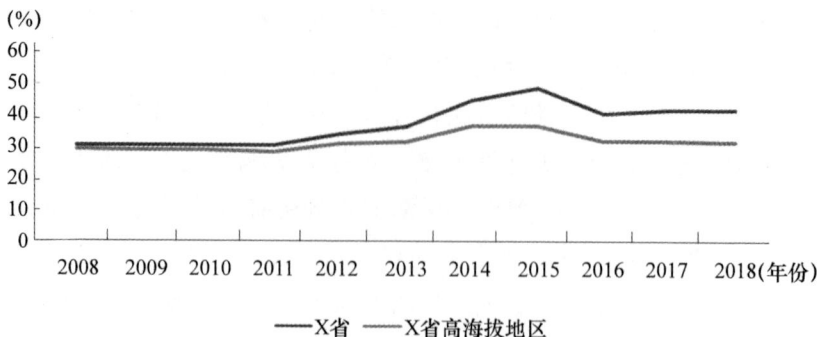

图4-3　X省及X省高海拔地区城镇化率

资料来源：X省统计年鉴（2018）。

从图4-3可以看出，近十年来，X省的城市化率在较低于全国平均水平的速度逐渐提高，而X省高海拔地区城镇化速度在以低于X省平均水平的速度提高，但提高速度非常缓慢，总体城镇化水平还是较低。

从分地区的角度来看，C州的城市化率远远高于X省高海拔地区其他地区甚至也高于省会A市。C州下辖2个县级市，3个县和3个县级行政委员会。其中东部3县和1个县级市为农牧区，西部一市和三行委为工矿区，非农人口比例达到94%，农业和农业人口比例很低，拉高了C州的城市化率也拉高了X省高海拔地区的平均城市化率，但从其他州来看，城市化率仍处于非常低的水平。

E州以30%的城市化率排名X省高海拔地区城市化程度的第二位，E州下辖4个县，其中城市化率较高的2个县为40%和41%，较低的两个县为32%和23%。

F州以26%的城市化率排名X省高海拔地区城市化程度的第三位，F州下辖4个县，其中州政府所在地的县因公职人员较多，城市化率稍高，为37%，其他3个县分别为29%，16%和15%，人口仍旧以农牧业人口为主。

D州以23%的城市化率排名X省高海拔地区城市化程度的第四位，D州下辖5个县，其中州政府所在地的县因行政人员较多使得城

市化率稍高为 31%，其他 4 个县的城市化率都较低，分别为 28%、
21%、18%、15%，人口仍旧以农牧业人口为主。

H 州以 17% 的城市化率排名 X 省高海拔地区城市化程度的第五
位，H 州下辖 6 个县，其中州政府所在地的县因行政人员较多使得城
市化率稍高为 33%，其他 5 个县的城市化率都较低，分别为 26%、
14%、11%、11%、8%，人口仍旧以农牧业人口为主。

G 州的城市化率也是 17%，G 州下辖 6 个县，其中州政府所在地
的县因行政人员较多使得城市化率稍高为 28%，其他 5 个县的城市化
率都较低，分别为 18%、17%、16%、9%、9%，人口也以农牧民
人口为主。

城镇化是人类历史近二百多年的潮流，人们走进城市，享受更多
的物质和精神生活，过上和农村、牧区完全不一样的生活。虽然从以
上户籍人口进城的统计数据看，X 省高海拔地区城镇化水平不高，但
从人口流动的具体事实来看，越来越多的人愿意放下羊鞭，进城去过
不一样的生活。

通过结构式和非结构式访问，在 X 省高海拔地区六州访问了 71
位进城生活的牧民，访谈对象地区分布见表 4 - 1。

表 4 - 1　　　　　X 省高海拔地区进城牧民访谈对象分布

地区	人数（个）	百分比（%）
H 州	13	19
G 州	12	17
F 州	12	17
D 州	12	17
E 州	11	15
C 州	11	15

第二节　城镇化人口影响因素：
城镇化建设与个体选择

近代城镇发展的历史显示，有很多重要而不可或缺的因素：工业化为城市人口向城市集中提供必需的就业岗位和收入来源；商业的高度发达为城市人口提供生活必需品和就业岗位；资本及其循环模式是促进城市发展的主要动力。在资本的循环过程中，首先进入的是生产资料和消费资料的投入，这是资本的第一级循环，之后资本会投向物质结构和基础设施，这是资本的第二级循环，最后才进入第三级即涉及科学教育和卫生福利①。房地产作为资本二级循环的主要领域，对城市空间的生产与构成、城市空间权力发展甚至重塑都有重要意义，可以说城市化的过程就是资本的城市化。

一　城镇化建设——人口进城的物质前提

在全国各地不断推进城镇化的如火如荼的建设的大背景下，X 省高海拔地区作为传统的牧业区，除了 C 州之外，其他州的城镇化程度并不高，城镇化速度也不快，但是，近些年的商品房以及其他性质的住房的建设，给人口基数并不大的 X 省高海拔地区农牧民提供一个进城生活，获得较好生活质量的新的选择，同时有能力的农牧民也可以选择 X 省省会或其他省份的城市居住生活。

本书第三章提到，X 省省会 A 市集中了全省 72% 的建筑企业和 63% 的建筑面积，这给 X 省高海拔地区有能力在较高级的城市生活下去的牧民一个较好的选择。

> 我们在香格里拉（A 市住宅小区）已经住了十多年了，十多年前，这个地方刚卖房子，我们有个亲戚买了，说房子好得很，我们家那时候虫草卖得好，手里有钱，就把钱给了亲戚帮我们买

---

① 文军主编：《西方社会学经典命题》，江西人民出版社 2008 年版，第 249 页。

了，现在我们有好几家亲戚住这里。（GJMLC‐2016‐12‐W42）

香格里拉是 X 省省会 A 市较早开发的高档住宅区，JMLC 家购买了第一期住房，现和好几家亲戚在 A 市居住生活。X 省高海拔地区牧民在 X 省会 A 市的多个区域居住，成为事实上省会人口的一部分。

第三章公职人员流动部分已经展示了 X 省高海拔地区公职人员离退休后大量的离开了原来工作的地方，而他们原来的住房则以各种方式留给了当地需要进城生活的人，这也成为 X 省高海拔地区牧民进城的重要资源。

> 我姑姑姑父在州上工作，他们有房子，后来我表姐他们也都有了工作，大表姐在 A 市，二表姐去了拉萨，小的弟弟去上学（大学）了，姑姑姑父都退休了，他们就都到 A 市买了房子住，这个房子就给了我们住，也没要我们多少钱。我爸身体不好，在牧区找医院远得很，现在住在州上，一生病就可以到医院。（DZXYT‐2017‐04‐M26）

当地的商品房以及其他性质的住房，如廉租房、经济适用房等房屋的开发和建设，也是牧民进城生活的重要物质前提。

> 我们家是最早一批住上廉租房的。家里生活条件不好，又有病人，城里盖廉租房，村里就给我家要了一套，现在病人看病方便多了。（ECYT‐2016‐12‐M36）

X 省高海拔地区的城镇化程度不高，土地面积广阔，近些年在州府附近和县城购买土地修房居住也成为牧民进城的重要方式。

> 我家在这里住了十年了，那时候家里孩子上学，初中高中要在州上上。老大的时候，让孩子在州上他姑姑家借宿，其实初中就住校了，就周末不想回老家的时候去他姑姑家，可他姑姑家的

孩子都大了，也没人和他一起玩，孩子也不愿去他姑姑家，到牧区的家里又比较远，孩子就闹情绪。那时候已经有人在县城周围的人家买了草山，修了房子，我们就想，家里还有三个小的，都得上学，你不能都借住亲戚家吧，家里人一商量，就打听了一下，从人家手里买了地，修了房。现在家里的老人孩子都在这里生活，就我们俩在牧区，两头跑。（EDJ－2016－10－W43）

虽然 X 省高海拔地区城镇化速度较慢，规模较小，但对于人口基数较小的 X 省高海拔地区来说，也给一定数量的人口提供了进城生活的物质条件。

二 进城生活——结构性推动下的个体决策

在有关人口流动的诸多理论中，二元经济结构理论认为农民迁移决策行为是对迁移前后预期收益比较的结果，且受到农民个体因素的影响[①]，诸多研究显示农民对农村生活的满意度影响农民在城市的定居：对农村生活越不满意，会选择离自己村庄越远的城市定居；对当地城镇化发展越不满意，越会选择较高级别城市定居；农民家庭年收入越高，越会选择更为高级的城市定居；家庭亲属网络也是农民选择定居城市的重要因素，农民会选择亲戚比较多的城市定居等。

对 X 省高海拔地区进城牧民的研究结果显示，家庭年收入越稳定、越高，牧民越会选择州府或省城定居生活。

家里草山好着，虫草也不错，那几年自己雇人挖，现在不挖了，草场直接承包给别人挖去，不想操那个心。我在省会 A 市海湖新区买了房，家里媳妇孩子都在一起，孩子在 A 市上学。我父母不到 A 市来，就在县城给他们买了房。

孩子上小学四年级，自己早上起来，我们给她吃早饭的钱，

---

① 聂弯、于法稳：《新型城镇化背景下农民进城定居选择行为研究——基于多项 Logistic 模型的实证研究》，《宜宾学院学报》2017 年第 9 期。

她自己去吃，中午和晚上在小饭桌吃饭，家庭作业也在小饭桌写完，孩子基本不用管。我们俩一天的生活是，早上 11 点左右起床，出去吃饭（偶尔在家自己做饭吃），然后就去打麻将，有时候她打，有时候我打，有时候两人都打，基本上打到晚上 10 点以后，一直这样。天气好的时候，约上亲戚朋友到外面逛去，天气不好就打麻将。（GGS－2018－08－M43）

GS 在牧区有较好的牧场，草场和虫草是家庭的收入来源，自己在省会城市 A 市买房居住，而他们的父母不愿到省会生活，就在县城买房居住。

这种依靠家庭草场和虫草收入能够稳定地在城市生活下去的牧民居住分散不定，笔者很难获得这部分人的总体情况，根据 GS 的说法，这种进城人口的数量并不少，尤其是虫草产量和质量比较好的地区，依靠虫草收入进城生活的人口比例较高。

我们县（G 州某县）虫草比较好，收入好的牧民们就在县城旁边买地修房子居住。有的家里有草山还有牛羊，好多家都没有牛羊了，都在城里生活，挖虫草的季节回去挖草就行。一个大的村庄，有的也就十几户有牛羊，还是老人在放，年轻人都不愿去放牛羊了。（GCSZM－2017－10－W29）

生在 F 州大草原的尕巴，以"远上老妖"为名，写下了《草民》一文，生动描写了依靠虫草进城生活的牧民状况。

我生在草原，那里是中国最美丽的草原，那些年牧民们骑着马放着牛羊，日子过得辛苦、不富裕但人心向善，宗教氛围浓郁。后来"虫草经济"发展了起来，现在仍然坚持放牧增加收入的人家已经不多了，越来越多的人变卖了牲畜，只靠挖虫草生活，牧民变成了"草民"。草民并不知道"金草"为什么能够卖上这么好的价钱，只知道从 2000 年起，虫草价格开始飙涨，一直涨到每根 30 多元，人们称之为"金草"。

> 现在每到农历四五月份，慵懒了一年的人们抖擞精神，手执小型刨掘工具漫山遍野采挖金草，采草时长约有一个多月，每年的虫草产量不一样，但近些年由于冬虫夏草，我的家乡翻天覆地的变化着，人们有了摩托车、轿车，帐房换成了房子，住进了星级宾馆、泡了桑拿、泡了小姐、进了赌场……①

尕巴作为当地理性的知识分子，深刻地意识到"虫草经济"的发展对当地是把双刃剑，在提高当地牧民生活水平，使他们能够进城生活，享受现代化的物质成果的同时，也改变了牧民勤劳的习性，甚至破坏了当地的宗教文化生活，并以极为令人担忧的方式塑造着孩子们的人生观和世界观。

但这种依靠虫草进城生活的牧民并不是整个 X 省高海拔地区的常态，尤其对城镇化率较高且草场面积不大，并且大面积的牧民进行了生态移民的 C 州来说，依靠虫草进城生活的牧民问题并不明显，依靠"虫草经济"进城生活的牧民主要集中在虫草产量较高的 H 州、G 州和 F 州的一些地区。

因教育资源的调整，使得要上初中和高中的孩子需到县城或州府所在地上学，陪读也成为牧民进城的重要原因。

> 孩子上学（学习）挺好的，来州上上学，我们就要了亲戚家的这房子带孩子上学。大的上了小的又得上，在这里得住好些（年）。（DZMCR - 2017 - 04 - W38）

ZMCR 在州上亲戚家的院子里住，带着两个上学的娃和两个还没上学的娃，因为老大学习好，全家不愿放弃，就带到州上上学。这种因为教育资源调整，撤并乡村学校的结果使得愿意上学的孩子需到县上或州上上学，一些家庭则会选择在孩子上学地方租房生活，一居住

---

① 远上老妖（尕巴）：《草民》，《文学与写作》（微信公众号），2019 年 4 月。

就是好几年，这部分人是事实上在城市生活的人，并且有较大数量的人会选择在县城或州上买房生活，也有许多牧民在县城、州府附近购买土地建房居住。

> 这一片现在修房子的人多，我们亲戚就有七八家，别的村的人也在这里修房子，主要是牧区孩子上学不方便，老人老了海拔高身体就不太好，这里修了房子，孩子上学方便，老人看病方便，年轻人就两头跑着照顾。（DNB－2016－10－M37）

> 我爸那年冬天生病（感冒），发烧了几天，好不了，我们又都住得远（他们自己有牛羊，不和我们一起住），后来才给我们打电话说要到医院，从牧场到医院还是远得很，我们开着车送到了医院，住院才好了。后来兄弟姐妹商量着，家里都有孩子在城里上学，父母年龄又大了，山上住着生病没人管，医院远，就在县上修了房子，父母住着，上学的孩子都可以住。父母的牛羊基本卖了，几头好的牛和羊都分了养着。（HRZCD－2016－08－M35）

为了孩子上学和老人就医方便，牧区离县城远的有些牧民选择在县城附近购买土地修建住房的数量并不少，使得牧区县城周围逐渐出现了越来越多的牧民自建房屋，通过这样的方式，牧民可以共享现代化成果。州府所在地的城市化程度更高，商住楼开发的较多，进城的牧民也会选择购买商业住宅楼。

> 以前亲戚们在县城修房子的时候，让我们一起修，那时候也没钱，家里人觉得也不需要，就没修，后来大家都在县城生活了，我们也想，可那时候就不让修了，后来就买了这个楼房（一套房子）。城里生活多好啊，想买啥出门就能买到，在草原上，缺啥只能等到进城的时候一起买，孩子们喜欢城里的生活。（FTM－2016－10－W40）

城市化的巨大吸引力不仅在于较好的教育、医疗及其他公共资源，更在于与农村牧区截然不同的生活方式，更在于触手可及的消费，城市生活的巨大吸引力使得牧民通过各种方式进城去生活。

> 现在像我这样念过书的，是不会回到家放羊的。城市里多热闹，放羊多没意思。一个人，一群羊，从早到晚，羊吃草，你看羊屁股。啥碧草蓝天白云的，天天看，还是一个人看，要多没意思有多没意思。所以我就要出来，咱做生意没本钱，只有先给人打工。我现在就是啥活都干，只要挣钱，等有点钱了，我想自己干，具体干啥还不知道，反正不再回家放羊去。我家的羊现在也不多，我姐姐们结婚的时候陪嫁的多，现在不多了，我爸妈放。我还是很少回去，一来回去要是有啥活，人家叫你不能随时到，二来回去一趟麻烦得很，坐车到不了家，得走几个小时，费时间。（HCRWD－2016－12－M17）

17岁的CRWD，初中毕业，据他自己说学习还挺好，后来看上班花，可人家不理他，青春期的孩子一气之下就不好好学习了，只能混到初中毕业，但他一颗一心向外的心却扎下了根，所以初中毕业之后就在县城待着，用他自己的话叫"啥活都干，只要挣钱"。CRWD说："城市里多热闹，放羊多没意思"，一语指出了城市化带来的重要后果——热闹。城市不仅体现在人口的聚集使得人们之间的交往频率大幅度提升，对在广阔牧区单调生活的人们会造成巨人的不适应或巨大的吸引力，对年轻人来说，吸引力大于不适应，还体现在丰富的、触手可及的物质文化生活。

采访WQ的时候她正在热火朝天地跳广场舞，笔者等了差不多半个小时，她才停了下来。WQ是H州牧民的孩子，初中没毕业，就辍学出来打工，最初在州上帮人卖衣服，后来认识的人多，得到的信息也多了，她逐渐想离开州上到省会城市打工，和一同学一合计，两人就离开了州上到了省会城市，因为两人年轻、机灵，汉语说得好，顺利地在省会城市找到了工作，这一干就是四年。WQ的一天：早上7

点 30 分起床，洗漱化妆，8 点出门，顺路买了早饭，去打工的地方上班，一直到下午 5 点下班。有时候会换上跳舞的衣服鞋子，大多时候不换，打电话叫一起跳舞的伙伴，到广场去跳锅庄舞，一般跳 2 个多小时，有时候高兴就跳 3 个多小时，回到出租的房子里，刷微博玩微信，12 点以后睡觉。

笔者：你快 20 岁了，有对象吗？

WQ：刚和男朋友分手。

笔者：为啥分了？

WQ：男朋友是家里介绍的，那几年在州上要结婚，我到了 A 市，就没结成，后来越来越没共同语言，他不愿意来 A 市，我不想回州上，就分了。

笔者：那你接下来要找个啥样的？

WQ：就找个 A 市的要么外地的，不找当地的了。（EWQ - 2016 - 12 - W20）

上过初中的 WQ，不愿再过父母放羊的生活，最初在州上打工，后来到了省会，伴随着地点的转变的是生活内容全方位的转变。丰富的物质生活，多样化的休闲娱乐方式，吸引着越来越多的年轻人离开牧区，走进城市生活，即使这种生活有诸多不如意，他们也愿意克服各种困难，努力融入城市。

城市发展的最初历史表征，城市化是工业化的伴生物，但随着生产力的发展，城市化走上了一条脱离了工业化束缚的道路，与城市化高度伴生的是"消费社会"的形成。消费社会与消耗型社会不同，消耗型社会是人们生产有限的物质来满足生活必需，而消费社会的典型表征则是社会拥有巨大的物质生产能力，能够不断地满足人们的各种消费欲望，并通过电视、媒介不断地生产、诱导着人们新的消费欲望，通过超级市场使人们能够伸手就可以得到自己想要的物品，而这样的消费社会正是现代城市发展的伴生物。对中国人来说，40 多年来的改革开放使人们逐渐逃离出了物质的匮乏而迅速地拥抱一个物质极大丰富的消费社会，消费社会对现代人的吸引力是无与伦比的。正是因为这样，大量走进城市的人就不愿再回到物质相对匮乏的村庄生活，而没有走出村庄的人则通过各种办法离开村庄走进城市生活。对X省高海拔地区牧民来说，城市的快速发展和城市生活的吸引力使得牧民努力通过各种方式进城生活。

城市化建设的推进给X省高海拔地区牧民提供了进城生活的可能性，而城市生活的巨大吸引力也使一些有能力在城市生活的人通过各种方式留在城市生活，成为城市化推进下的个体决策型的人口流动。X省高海拔地区牧民进城生活，主要在X省内，经济条件较好的在省会A市购房居住生活，比较依恋故土和亲属网络的则在州府或县城附近或建房或购房居住生活，去外省生活的也是在四川、甘肃等地缘、文化相近的城市，极少部分牧民因为特殊的原因会在全国其他省份居住生活。

第三节　城镇的生活：就业网络和生活质量

中国快速的城镇化进程使得城市化建设在全国范围内全方位展开，从拥有上千万人口的北上广一线城市，到作为二线主力的东部各省会城市，到三线主力的西部各省会城市，再到各种地级市、县级市、县城直至乡镇，大量的人口在各种各样的城市生存。而作为一个农业人口仍旧占较大比例的国家，农民进城且稳定的生活下去是城市化最主要的内容。在城市发展的梯次中，大量受过高等教育、有较高技术、较多资本的人涌入层次较高的城市生活，以享受更好的教育、医疗、公共服务等资源，而作为发展程度较低的各类县城，则聚集了大量的想过城市生活但却又不能完全地离开农村，在一定程度上依赖农村，甚至农村是其生活的最后保障的农村人口，对X省高海拔地区的城市化来说，农牧区人口较大数量地向县城集中，也是城市化重要的方式。对进城农牧民来说，能否在城市稳定的就业是其能否在城市生活下去的前提，也是城市化能否顺利推进而不引起社会风险的重要前提。

一 进城牧民的就业及网络

X 省高海拔地区进城牧民就业逐渐发生变化，但目前仍旧以牧业为主。

> 我们家虽然在县城生活了十年了，但家里的牛羊还是养着，家里的生活都要靠牛羊，没牛羊咋办？这个地方打工不好打，挣钱不好挣。我老公主要在牧区放羊，我也经常在牧区，放羊离不开人，城里就老人孩子。但我们进城给他们送东西的时候，有时候会待几天。（FDJ - 2016 - 10 - W40）

像 DJ 家一样在县城修了住房的牧民，很多人并没有放弃牧业，在县城的生活依赖于牧业的供给，大部分这样的牧民在牧区就业，不需要在城市就业，更有少数草场好的家庭，则全家在城市生活，基本上不用在城市就业就可以生活。

更多的进城牧民则需要在城市就业来维持生活，餐饮业及其他服务行业成为进城牧民就业的主要行业。

> 我已经在这个餐厅里干了三年了，这算时间比较长了。我家在县城有房子，父母在牧区放羊，弟弟妹妹们在县城上学，我不上学了就找了个餐厅打工，老板老板娘对我挺好，我就一直干着。（EJMJ - 2016 - 12 - W19）

> 我上了职校，毕业之后找不到专业相关的工作，我学护理。后来这超市招收银的，我就来应聘，那时候不会，老板说年轻一教就会，我就在这里打工了，这都快两年了。（HNBT - 2016 - 10 - W23）

近些年，随着 X 省旅游经济的发展，X 省高海拔地区大面积的地区因为独特的自然地理风光成为游客聚集地，当地的牧民可以获得短期临时性的就业。

> 我们家在 B 州的山里，那里是自然保护区，我们不能养太多的牛羊，家里牛羊不多，有三百只羊，几十头牦牛，家里 5 个孩子。我结婚以前就在外面打过工，现在家里活媳妇和孩子干，我出来挣钱。这几年旅游越来越好，我认识的有做帐篷宾馆的，在大黑地那块有很大的一片帐篷宾馆，帐篷是我们搭的，晚上有篝火晚会，需要干活的，我就在那里干。老板不是本地人，就让我在宾馆里卖家里媳妇做的酸奶，我还卖牛羊肉、蜂蜜，游客需要啥，我们有的都卖。
>
> 我现在在县城租房住，旅游季节就干旅游，不回老家，旅游季节结束没别的事儿干，才回老家。你要旅游季节回老家，人家老板有活了叫你干，家那么远，你一下出不来，人家就不让你干。最早在县城旁边的亲戚家住了一段时间，老住着不行，就和几个朋友一起租了房子。（EGSZJ - 2017 - 04 - M26）

X 省高海拔地区独特的城市化路径，并没有发展出能够吸纳众多劳动力的产业，像 GSZJ 一样细碎、零散、不稳定就业的人口数量并不少，大量的人口依赖逐渐发展起来的旅游业就业，但 X 省高原独特的气候条件，依赖旅游业就业的只有 6—9 月 3—4 个月时间，其他的季节则很难依靠旅游业。

2004 年以来，X 省全省住宿、餐饮业的从业者逐年上升（图 4 - 4）。笔者调查的时候，发现进城牧民所从事的主要职业是旅游业和服务业，因特殊的自然地理条件，从事旅游业能够就业的季节只有 3—4 个月，其他的季节就业机会很少，而服务业也与旅游业密切相关。

> 我在宾馆工作五年了，到旅游旺季的时候，我们宾馆每天都爆满，那时候实在忙不过来，老板也会多找几个人干活，但旺季就三个月，之后就慢慢人少得很，尤其到冬天，有时候几天都没一个人来住，你说老板养那么多人干嘛，养活不起，所以淡季就

我们三五个人，也没啥活干。（CLMZM－2017－02－W31）

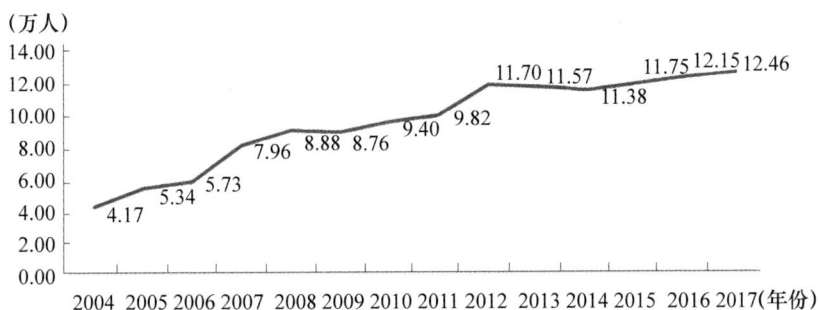

图 4－4　X 省住宿和餐饮业从业人口折线（万人）

资料来源：X 省统计年鉴（2018）。

夏天我们干家庭宾馆，我就每天都在路口拉人，有时候拉得多，有时候少，不过总体还行，旅游季节过了，就没人了，一个人都没有。（EDJCD－2016－12－M33）

夏天我们就在这里卖东西，啥都卖，这里风大，有些游客没有挡风的东西，我们就卖披肩、防风衣、防晒的帽子、伞、藏饰品，还有有时候游客要买我们没有的，我们就进货再卖，但每天都去，也就那几个月，后来就没事干，没钱挣了。（DGG－2017－04－M26）

在笔者对 X 省高海拔地区从事非农职业而又在城市生活的人口的调查过程中，大多数的人口在从事与旅游业相关的职业，但人们说得最多的是"就那几个月，更多的时间没事干，没钱赚"。

小商品零售也是 X 省高海拔地区进城生活的人口从事的重要职业之一。

我 2014 年到这里来开了这个小卖店，卖方便面、牛奶、饮料、水、其他零食、烟酒糖茶啥的，我们也卖酥油、灯，还有这个本地面包（一种介于面包和馍之间的食物），这个有时候卖得好。总体生意不好，这里开店的人太多，卖的东西又差不多，咱又没本钱，也不知道其他东西市场，就只能卖这些小东西，挣不了大钱，就一家人生活。家里还有牛羊，给别人放，草场也租出去了，还能有些收入，我们自己在州上买了房子生活。（FGBZJ - 2017 - 04 - M29）

X省高海拔地区较大规模的商店基本上是外来流动人口经营的，当地人经营日杂用品的比较多，但因为经营日杂用品品种高度雷同，经营者的利润空间非常小，店铺在不断地开业—倒闭—转手过程中，稳定性非常低。

建筑业也是重要的就业领域，但因X省高海拔地区城市化建设的总量较小，可以吸纳的就业人口也是非常少的。

我们在工地上打工五六年了。最开始是亲戚叫来一起干，那时候我啥都不会干，亲戚说慢慢就学会了，家里牛羊少，我就出来一起干了。这几年活也不好找，家里牛羊给别人放，媳妇在县城带娃上学，我就和老乡到外地去打工。但咱汉话不好，外地不适应，又回来了，这里工地少，活不好找，现在就修路的比较多，人家好多还是外地人干，我们找人给帮忙才到工地上干，活不好找。（HSJCD - 2016 - 10 - M31）

X省高海拔地区的各种建设规模小，总量低，使得建筑业提供的岗位并不多，而这不多的岗位大多数还被外来流动人口获得，X省高海拔地区本地牧民获得的机会更少。

我在这里看门已经十年了，那时候这个单位有个看门的，是从B市来的，有一回和我们本地人发生了矛盾，他就不干了，我们家有个亲戚在这个单位上班，就介绍我来看门，觉得本地人适

应。慢慢地老了，再干个三五年就不干了。（HSX－2017－10－M57）

　　我们几个在外面（X省B市）干过，回来现在主要是给各个单位搞绿化，修草坪、种花、浇水施肥啥的。（HNLGS－2017－10－M48）

　　家里牛羊少，收入低，我就托亲戚给找个打工的，招聘环卫工人，我的条件都符合，就来这干了。（GGSZX－2017－10－M46）

给各单位看门做后勤，环卫工人也是进城牧民能够找到的为数不多的非牧职业。

X省高海拔地区进城牧民社会网络研究显示，社会关系网络逐渐在扩大，但就业过程仍旧是强关系起主要的作用，弱关系只是对少数人在少数时候起作用。

　　我买了七座的车，主要跑旅游。A市买了房子，夏天就在A市待着，接上游客，带他们玩X省。我的生意还不错，主要因为是本地少数民族，我汉话又说得好，带游客旅游的时候还能给他们当导游，游客就喜欢租我的车，夏天跑得好，能挣三五万的。别的时候就没事干，家里有草场，有林补、草补，七七八八的，能生活。

　　游客怎么找到我？最早的是一朋友说人家租他的车，他车小，坐不下，就叫我一起去，我那时候也是五座车，跑了几回，就觉得还不错，换了大车，在网上发消息，人家打电话租车。有几回是以前租车的游客介绍的。（ECRZX－2016－12－M34）

CRZX也是依靠旅游业就业，在就业的过程中可以看到他的社会关系网在不断扩大，但范围仍旧有限，主要的客源还是靠着朋友介绍，也能够通过现代化的通信网络获得客源。X省高海拔地区不断城市化的过程中，越来越多的人需要找到非农职业，他们的就业领域和就业网络在不断地扩大，但呈现出明显的年龄和性别差异。年龄和性别成为影响语言能力的重要因素，年龄越大，接受国民教育的程度越低，汉语言交流能力越低，外出就业的可能性越小，女性比男性汉语言能力低，且女性是家务劳动的主要承担者，女性外出打工的比例远远低于男性。

> 你现在要找到活，就得会说汉话，那些年龄大的，别说五六十岁的，有的三四十岁也不会说汉话，就不好找工作。有一次人家外地的一辆车，司机没休息好身体不舒服，要找个代驾，我就介绍了一朋友，结果他汉话不会说，人家就不要，又找了个汉话说得好的。所以现在要学说汉话呢，我们身边的，差不多都好好学说汉话着。年龄大的不会说汉话的，出来打工也没人要。女人出来打工的少，大多不会说汉话，再说家里的活得女人干，娃娃得女人管。
>
> 我现在的朋友有本地的，也有外地的，相互介绍生意。前年人家说我们这边的东西在大城市比较受欢迎，就有几个朋友出去开店去了，有开饭店的，卖饰品的，卖唐卡、堆绣、木雕的，都还不错。我也想出去到大城市去，但目前还没条件。（ECRZX - 2016 - 12 - M34）

语言的交流能力，成为就业网络扩大的重要条件，而汉语言的交流能力越好的人越容易找到工作，就业网络越大，甚至许多人走出X省高海拔地区到全国各地去就业。

二 进城牧民的生活及质量

城市和农村牧区的区别不仅在于生产生活方式，更在于生活观念、闲暇时间、文化观念、公共生活、公民观念等方面。而对以各种方式进入县城生活的牧民的调查时发现，进城的牧民对牧场和牧区的家庭从劳动就业到日常生活有不同程度的依赖。

我们这一带住着很多牧民，平时在这里住，有的甚至包着宾馆住，到挖虫草的季节，回去挖虫草，虫草卖了钱就到处吃喝玩乐，等把钱花完了，就到处借，等了来年卖了虫草再还人家。（HGSLM－2018－10－W37）

靠虫草经济进城生活的部分牧民，如果没有虫草，城市的生活根本难以为继。

这边家里吃的，除了面、米和菜我们自己家里（牧区的家）不产的之外，其他的都从家里拿来。我们家里专门买了送东西的车，三天送一回牛奶，这边家里牛奶是要天天喝，酸奶是要天天吃的。一个星期得送一回肉，这边老人孩子都得吃肉。酥油就不用送了，家里也没做，就在县城买。（DDJ－2016－10－W43）

现在父母和孩子在县城生活，肉和牛奶就要我们给送来，我们兄弟几个有分工，一家送一个星期的，不送不行，牧区的人吃肉习惯了，没肉不行，没牛奶没酸奶也不行。煮奶茶的酥油和砖茶县城买来用。（HRZCD－2016－08－M35）

在笔者对在县城生活的牧民的家庭饮食结构进行调查的时候，发现在县城居住生活的牧民，饮食结构仍旧沿袭了牧区的习惯，以牛羊肉为主，喝酥油茶，辅以牛奶、酸奶、糌粑等，蔬菜、米和面的比例仍旧较低，但各家的比例又有所不同。

我家老大（女儿）在 A 市上了大学，考公务员到州上工作了，现在回来嫌我们做饭不好，吃得不好，不让我们老煮肉吃，她回来就炒菜，啥菜咱就说不上，就是啥都炒着吃，肉也是，切了小片和其他的东西一起炒了吃，就是比煮了好吃。她也教她妈炒菜，可她妈学不会，学不好，她不在我们还是和以前一样吃，

她回来了就吃菜吃米多。（FNB－2016－10－M37）

NB 家的女儿在省城上了大学，毕业之后到了州上工作，带来了较现代的烹调方式，所以 NB 家与别人家不同，厨房里摆了好多种调料，鸡精、味精、十三香、生抽、老抽、陈醋、白醋、料酒、老干妈、王致和豆腐乳、拌饭酱等好几种酱料，NB 媳妇还给笔者展示了一大包混合了花椒、八角、香叶、茴香等的大料。而这些复杂的调味品，NB 家的日常生活中是不太使用的，只有女儿回到家做饭的时候才会使用。NB 家因为女儿的关系，饮食中的蔬菜、米、面的比例比较高。

> 我参加过做饭的培训（指省上相关部门做的妇女烹饪培训），我们村也有好多人参加了培训，本来培训的时候学会了，可一回家做，就又忘了，再加上咱也没那么多东西（原材料和调味品），就又按照以前的办法做了，不过还是不一样，有时候学来的也会用上。炒菜、炒肉的时候，就会用到，总体上到县城来以后，家里吃的蔬菜也多了一些。（DGGC－2017－04－W31）

随着在县城居住时间的延长，饮食结构会出现变化，但家庭饮食结构变化的速度很慢，外出就餐则成为接受新的饮食的重要途径。

> 我们一起的经常去吃火锅，四川火锅，还有川菜，味道好，大家都喜欢吃，其他地方的吃的我们也吃，陕西的面啥的都吃，我们也常去吃自助，有时候还去吃西餐。啥吃的新鲜没吃过就去吃，没啥不能接受的，吃一两次就都习惯了。但我们几乎不吃街上开的我们民族的食物，那些店里的东西根本没家里的好吃，我吃过一回，就再也不吃了。（EWQ－2016－12－W20）

追求时尚生活的年轻人，从日常的吃穿住行都能很快地适应城市生活，饮食结构也能快速地跟进，不会固守一成不变的味道，但味蕾的记忆仍旧有，反映在他们认为街上开的他们本民族的餐馆里的食物不纯正，没有家里的好吃。

> 我们家兄弟姐妹现在都在县城有房子，上学的孩子在房子里住。平时我们在家里放羊，没时间出来，我二哥在乡上工作，他过年过节放假的时候就会把家里人叫到一起吃饭，州上好的饭馆我们家都吃过，啥也都吃。我家里的媳妇有时候我也说她，让她学着做"好"的菜，她现在也做，家里也经常吃菜，我儿子上高中，经常给我们说要吃菜，营养均衡，身体才好。（EMJT－2016－12－M42）

MJT家因为在乡上工作的二哥经常组织家族聚会，使得家族的人们会时不时地接触到各种不同的饮食，对新鲜食物的期待使得MJT也要求媳妇去改进家里的饮食结构，而这正是现代生活方式对进城牧民的潜移默化的影响。

在闲暇时间和文化生活方面，进城的牧民也发生了一些变化。

> 以前在牧区放羊的时候，从早到晚都是干活，早上把羊赶出去，要忙着收拾羊圈，做吃的，晚上要挤牛奶，做酸奶，一天忙得很。现在到县城了，时间多得很，闲了没事干，我给孩子做了几套民族服装，可娃们穿得少，有时也不喜欢穿，就再没做，闲了就去跳广场舞，县城里跳的地方多得很，要不就是去聊天，以前在牧区，见不到人，没人聊天，现在人多得很，聊天方便得很。（FGGC－2017－04－W31）

牧民在广阔的牧区，人烟稀少，人与人之间见面交流的机会比较少，使得牧民形成了热情好客的传统，而当牧民进城之后，这一传统得以保留，人们喜欢扎堆聊天，也喜欢团聚在一起跳锅庄舞。在牧区的县城，每到傍晚华灯初上，城市的角角落落就响起了欢快的音乐，男男女女、老人小孩聚在一起愉快地跳着锅庄舞，不跳锅庄的可以观看，锅庄成为人们交流互动的重要载体，相对牧区的单调生活，城市里的生活更吸引人。

在牧区，哪里天天会有锅庄啊？人都住得远得很，亲戚要来串门有时候都得走一天（现在有了摩托，汽车好多了）。大家就只能在举行锅庄舞大会的时候，有时间聚到一起。但大会上都是人家表演，一般人也没机会跳舞，现在在县城，只要你喜欢，在哪里都能跳。我就很喜欢跳舞，刚开始到处去跳，后来就慢慢地固定下来在一个地方跳，但别的地方也去，有时候去住得远的亲戚家，到他们那里也跳，城里的生活就是好。（FGGC－2017－04－W31）

当地少数民族是全民信教，宗教活动是生活的重要组成部分，即使在城市生活的民众，宗教生活十分重要。

在县城住，以前转经的地方不方便去了，现在就去转寺院，寺院里有活佛，有菩萨，我们就去寺院拜、转经。我们族有"马年转山，羊年转湖"的传统，羊年的时候，家里人一起转了湖，下一个羊年，还想去转湖，但那时候孩子们不知道还能不能去。（FGGC－2017－04－W31）

在县城里生活，县里大寺日常的佛事活动我们都去参加，我们家住的地方离大寺远，不能老去，平时我们就转医院，医院是治病救人的地方，积德行善，和转山转水一样的。总体上在县城参加的佛事活动不比草场的时候少。娃娃们上学，许多佛事活动也去不了，能带上的时候会带上孩子们去的。（EYMJ－2016－12－W39）

转山、转水、转佛塔、转森林、转草场、转寺院、转医院，凡是在他们心中圣神的所在，当地少数民族民众都可以作为日常修行的地方。在县城居住生活以后，宗教活动并没有减少，只是宗教活动的具体形式有所变化，成年人尽可能地给孩子们创造更多的参加宗教活动的机会。

城镇化建设给 X 省高海拔地区牧民一种其他生活的可能，人们通过不同的方式进城获得他们想要的生活，但因 X 省高海拔地区经济的欠发达，社会发育不足等原因，进城牧民大多数并不能在城市获得全职而稳定的就业，使得大部分牧民的日常生活基本上依靠草场（包括虫草）的供给，牧民在分享现代化发展成果的同时要依赖非现代化的牧业生产来生活，他们也事实上生活在两个世界，一个是物质丰富的现代化城市，一个是提供日常生活所需的传统牧业社会。

第四节　城镇化人口流动社会风险

在改革开放以来的城市化建设的动力研究中，有三种常见的观点：有些学者认为快速地城市化是因为城市对非农劳动力的需求和农村劳动力需要外出就业两种力量同时作用而加快了城市化的进程；有些学者认为中国的城市化有自下而上型和自上而下型两种，由产业、市场、消费等推动的城市化为自下而上型，由政府作为城市规划的设计者和城市建设的主要实施者的则是自上而下的城市化；有些学者认为制度变迁对城市化起重要的推动力，改革开放解放了个体，使得农民可以进城，市民可以流动到其他的城市，人口的流动促进了城市发展，认为包括土地制度、户籍制度、社会保障制度等一系列的制度变化也是推动城市化发展的重要力量。[1] 在近些年的城市化建设中，政府作为主要推动者，使得城市化建设加速的同时引发诸多社会问题，城镇化等于房地产开发[2]成为众多城市建设过程中的顽疾。

X 省高海拔地区的城市化率并不高，虽然政府作为主要力量也在推动城镇化建设，但因 X 省高海拔地区地广人稀、以牧业为主的生产方式并没有出现为了快速地城镇化而大面积地造城现象，因此 X 省高海拔地区并没有出现太多诸多地区城市化建设过程的风险，比如大量

---

① 刘哲：《中国城市化动力问题研究——基于产品价格和劳动生产率视角》，《价格理论与实践》2016 年第 9 期。
② 周兴维：《藏区城镇化的路径选择》，《现代经济探讨》2014 年第 12 期。

的失地农民问题等。但城市作为一种生活方式对 X 省高海拔地区牧民群众的吸引力是非常大的，所以有了牧民们通过各种各样的方式进城生活的现象。X 省经济总量小，城市对非农劳动力的吸纳能力很低，在 X 省高海拔地区城市化的过程中基础设施条件、市场发育程度、产业构成状况、教育科技水平、公共产品供给等都相对较弱，使得 X 省高海拔地区人口从牧区流向城市，也孕育了一定的社会风险。

一　产业结构单一，就业岗位不足

X 省历来是经济和人口的双重小省，但 X 省作为全国唯一拥有两个国家级自然保护区的生态大省，其生态价值对全国乃至世界都非常重要。X 省境内因有承担水源涵养、生物多样性保护、防风固沙、生物多样性保护、土壤保持等重要生态功能区的自然保护区而成为全国生态保护极重要区，在全国生态功能区划中 X 省的大部分面积尤其是 X 省高海拔地区是限制开发或禁止开发的区域，可以提供更多就业岗位的劳动密集型产业基本上是禁止的。X 省近些年最重要的发展产业是旅游业，根据中国旅游研究院的统计，西北地区近些年旅游热度排名，X 省以 346% 的涨幅远远领先其他省份，X 省高海拔地区的绿草地、油菜花、白云蓝天、星星点点的牛群羊群成为大批游客旅游的向往之地，在游客们纷至沓来的同时，依靠传统牧业生产的当地牧民得以依靠得天独厚的资源获得一部分收入，而在旅游业发展的同时促进了 X 省高海拔地区人口的非农化和城市化。

2019 年的《政府工作报告》中指出："就业是民生之本，是财富之源"，提出了就业优先政策，第一次把就业优先政策置于宏观政策层面，与财政政策、货币政策并列，从中可以感受到就业问题的复杂性和艰巨性。而对 X 省高海拔地区来说，随着城市化生活的影响，越来越多的人希望找到非牧业的就业岗位，但 X 省高海拔地区能够提供的岗位总量是比较少的，很难满足当地人的就业需求，成为孕育社会风险的主要领域。

前文提到 X 省高海拔地区人口进城的一个重要推动力"虫草经济"的发展。正如尕巴所说：

金草啊！它让家乡的人们过上了好的生活。金草也像毒草啊！它在家乡掀起了恶习的风暴。

由于金草价格的飙升，勤劳的乡亲变得慵懒起来，除了采草季节，整天无所事事，加入到了赌博大军。原本不认识麻将、扑克、色子的牧民，成了"草民"后对这些爱不释手，整天围着它们过日子。对未来毫无规划地涌进城镇，成了城镇里毫无生活规则的游民。除了吃睡和玩乐，再无他事，耻辱不明，信仰和佛事流于形式。他们慵懒、愚昧的生活习性，影响着下一代，使孩子们误以为这就是生活的全部。

而信息爆炸的当今社会是无情的，完全靠自然资源生活的"草民"并不能真正融入现代城市，只能寄生在现代城市的边缘和夹缝里。他们毕竟是原始的，缺现代文化的，像虫子一样爬在山坡，继续寻找虫草。金草，养生佳品，草民走出了家乡，也曾一度迷失了方向，改变了生活。[1]

"虫草经济"给 X 省高海拔地区进城生活的人口提供了基础的物质生活条件的同时，对当地经济、社会、文化的发育有更多的不可预知的影响。

二　城市生活农村化，孕育新的"城中村"

农牧业是"生计"或曰"糊口"经济，人们生活的中心围绕着农牧业生产，生产是"生活"的中心。改革开放后，"个体家庭"成为农牧业生产的主要单位，农牧业生产在很长一段时期内以"安全"即保证口粮和家庭日常所需为前提，大规模的商品生产的能力在改革开放后不断地提高，从城镇到农村牧区，人们的日常所需能够通过市

---

[1]　远上老妖（尕巴）：《草民》，《文学与写作》（微信公众号），2019 年 4 月。

场购买的方式获得，中国社会从"苦行者社会迈入了消费社会"①，而城市生活事实上就是"消费"经济。消费社会与传统的为了日常生活必需品的消耗型社会不同，消费社会的目的就是"消费"，并且在资本、商业、大众传媒、现代国家等一系列力量的作用下，每个个体都被不断地"塑造"成为消费者，并不断地培育人们的消费欲望以消费掉社会生产出的巨大财富，有强大的购买能力是消费经济对消费者的基本要求②。消费欲望的提高与消费能力不足，则成为 X 省高海拔地区城镇化过程中的重要问题。

> 我们在这里住了七八年了，但吃的主要还是从家里带来，城市里的东西买不起，我们主要就买个酥油啥的自家没有的，自家有的都从家里拿，这里的牛羊肉根本买不起，菜也贵得不行，我们就不买。（DDZ – 2016 – 10 – M40）

笔者在 H 州调查期间，统计过蔬菜的价格，基本上在以比省会 A 市高 1.5—2 倍甚至更高的价格出售，而 X 省会 A 市的物价指数已经连续几年全国排名靠前，进城牧民的生活习惯在高物价水平之下，转变非常慢。牧区没有供给的家庭，则因为食肉的饮食习惯，家庭收入中的大部分用来买肉吃，本书第二部分对卖蔬菜的流动人口的调查中，卖菜的流动人口也说：我们这个菜市场主要卖给工地的还有市里有工作的人，牧民们买的少得很，高昂的物价使得进城生活的家庭的恩格尔系数非常高。虽然通过各种渠道，进城生活的牧民也知道营养均衡的意义，但大多数家庭基于生活习惯也因为 X 省高海拔地区较高的物价水平，他们的饮食结构改善得非常慢。

在对其他牧区城镇化的研究中，有学者指出牧区城镇化首先要着力于解决好农牧民和部分城镇贫困人口的基本生存问题，特别是居所

---

① 王宁：《从苦行者社会到消费社会：中国城市消费制度、劳动激励与主体结构转型》，社会科学文献出版社 2009 年版，第 201 页。

② 解彩霞：《把自己尾巴当食物的蛇——消费社会解读》，《现代经济探讨》2014 年第 3 期。

问题①。牧民进城生活的居住条件总体上比牧区居住条件好，但城镇化不仅仅是越来越多的人居住在城镇或城市，更应该是指城市生活的人文化价值观念不尽相同但享有公平公正的基础社会保障，生活观念千差万别但生活质量相差不多，闲暇时间多少不等但能够享受公平均等的公共服务，个体意识觉醒，公民观念形成，融入公共生活等，还应该指乡村和城市的生活方式和价值观念不断融合更新，使得传统乡村文明不断延续的同时乡村能够享受和城市一样的生存资源和生活质量，从而推动实现乡村现代化和城乡一体化②。但在诸多的欠发达地区的城市化的研究中发现，农牧民没有条件完全离开乡村的生活，尤其对 X 省高海拔地区一些严重依赖当地草场供给尤其是虫草经济的城镇化人口来说，虫草经济的波动则直接影响他们在城镇的生活质量，事实上没有稳定的非农就业，X 省高海拔地区城镇人口也无法过上真正的有质量的城市生活，而是一种"城市留不住，乡村回不去"的"挂钉式"③ 或"两栖"式生活④。

　　X 省高海拔地区的城镇化水平在较低的层次上，人口向城市集中是这个阶段的重要特征，但因为该地区经济发展较为滞后，即使进城生活因经济发展总量和经济结构的限制也很难获得稳定全职的非农职业。进城牧民就业领域高度相似，就业网络高度趋同，建构新的社会关系网络的路径很小等，使得 X 省高海拔地区城镇化发展的后劲不足。在世界城镇发展史上，先发展国家的乡村已然发展为生活设施、生活方式、价值观念等都市化了的乡村，而 X 省高海拔地区的城镇化人口在生活方式和价值观念的融合更新方面速度很慢，使得该地的城镇化在一定程度上会发生城市农村化，孕育出新的"城中村"的可能性，实现乡村现代化和城乡一体化的路径漫长而遥远。

---

　　①　周兴维：《藏区城镇化的路径选择》，《现代经济探讨》2014 年第 12 期。

　　②　蒋彬：《试论四川藏区的城镇化与文化变迁》，《西南民族大学学报》（人文社会科学版）2005 年第 8 期。

　　③　解彩霞：《现代化·个体化·空壳化——一个当代中国西北村庄的社会变迁》，中国社会科学出版社 2017 年版。

　　④　王向阳：《两栖式城镇化：农民进城的另一种实践性表达——基于宁夏 p 县 z 村的调研》，《宁夏社会科学》2017 年第 4 期。

三　牧业从业者减少，发展潜力不足

现代性的强大殖民，谁都无法幸免，作为地球第三极，干净而纯洁的 X 省高海拔地区，也无法抵挡现代性的吸引力，与中国的其他农业区一样，牧业从业人员因牧民进城等各种原因不断减少，牧业发展面临挑战。

农业社会的形态在千年稳定平衡中进行生产，一代一代人将生产的经验和教训口口相传，牧民和土地和草场密不可分，人们在常年的日积月累的过程中，把关于土地、草场、牛羊的知识融汇在日常生活中，不用刻意学习，不用理论指导，人与自然和谐共处，生生不息。

> 现在孩子你不让上学吧，不行，现在是义务教育，孩子不上学，教育局的人就天天来叫①。我们家老大孩子不愿意上学，回来一次教育局的人就来一次，叫回去继续上学，后来混到初中，也不好好学习，就再没上学，可他不上学，也不回来放羊啊，现在就在外面打工，也不知道能不能挣上钱，反正是不回家放羊。老二儿子也快上初中了，学习也不太好，高中估计上不上，这也说不愿意回来放羊。你说咋办，义务教育不让娃上学不行，违法，教育局的老来老说，这我们知道，但我们这里的娃，也就上个初中，高中也考不上，再别说考大学了，就是上了初中的也不回家放羊，说是放羊没出息，没用。（GGGZX – 2017 – 10 – M40）

刚四十岁的 GGZX 有五个孩子，老大几经辍学—劝返—又辍学—又劝返的周折之后，初中二年级彻底辍学去打工了，他也不知道孩子具体在干什么工作，就是听说一会儿在 H 州上，一会儿又在其他地方，但就是不愿回家放牧。GGZX 对小一点的孩子要不要送去学校接受教育有点犹豫，不送吧，因为义务教育不送不行，再说不能让孩子不识字，送去吧，老大老二已经是榜样，在 GGZX 看来，不但没从教

---

① 指牧区"控辍保学"。

育中有所受益，反而使孩子们不愿从事牧业生产了。

> 我们现在工作也难做得很，孩子一辍学，我们就得去劝返，劝返了，过段时间又辍学，去学生的家里问家长的意见，家长无所谓，孩子愿意上学就上学，不愿意也没啥，所以我们想开展家庭教育的工作，让家长对孩子的教育上心，孩子才能安心好好学习。现在有些家长就说，孩子上完了初中，高中就很难考，上了高中还不一定能上大学，上了大学也难找工作，所以家长对孩子的教育不上心，有的还说，上了学就不想放牧了。我们现在就想各种办法，县上和州上都在新建高级中学，职业中学也在扩大招生，就是想让娃们多接受些教育，但教育接受完了又能怎样，不好说。（GZXCR‑2017‑10‑M41）

教育系统工作的 ZXCR 已经干了几年的"控辍保学"工作了，但孩子和家长的担心也是他的担心，接受更多的教育并不一定会获得较好的非牧职业，但却意味着更多的人不愿从事牧业生产，牧业从业者的不断减少，对牧业的发展不利。

> 家里现在基本上在县城生活，孩子大的还在牧区生活过一段时间，小的就没在牧区真正生活过，就夏天放假的时候回到牧区，但那都是去玩儿的，基本都不会干活，牛奶都不会挤，剪羊毛的时候，大的孩子会回去帮忙，小的也不去。娃现在是牧区的活有的会干一点，有的一点都不会干。现在还小，大了也不知道会不会回去放牧。
>
> 你说会不会影响畜牧业的发展？现在年轻人谁也不愿意放羊，你们来旅游，看着草场漂亮，你不知道一个人放羊有多没意思，尤其进过城打过工的，就更不愿意放羊了。一天出去有活干，赚的钱比放羊多。
>
> 我们村的村干部，现在也是几乎都在城里住着，有事了电话联系，都有车，回去也方便。（FRZNM‑2016‑10‑M41）

农村牧区的人口向城市流动，使得牧业从业者的数量减少，且年龄结构偏大，年轻人更愿意过热闹的非牧业生活，牧业发展潜力受限。

四　地方文化正功能弱化

有研究者研究发现，中国城市的发展在基础设施、产业结构、城市管理、发展战略等方面有非常明显的趋同现象[1]。基础设施建设的趋同使得城市千城一面，不能明显体现地域和文化特征；城市产业结构趋同导致经济社会资源浪费严重，竞争力明显不足；城市管理趋同，在城市管理的具体方式、方法方面盲目模仿，导致城市管理出现的问题也非常相似；城市发展战略雷同使得城市在发展过程中很难与具体的地方性实践和文化特色密切结合，导致城市发展潜力不足。

在 X 省高海拔地区城市化的过程中，虽然避免了大规模房地产开发的问题，但城市建设的趋同状况也是非常明显的。在房屋开发和建设的主要力量基本上是外来资本的 X 省高海拔地区，房屋的设计并不能满足当地少数民族的日常宗教文化生活。对当地传统的家庭来说，佛事活动是家庭中非常重要的生活，在笔者调查的家庭中，很多家庭在客厅里开辟出重要的位置作为佛堂，老人在佛堂进行佛事活动，孩子们在客厅玩，客人们在客厅聊天，只有一户的佛堂是在单独的房间里，家里老人在佛堂进行佛事活动，其他家人在客厅活动，互不影响。

> 现在的年轻人不喜欢拜佛，我们老年人要拜佛，可年轻人在家里玩，我们也就不拜了。SWB 家有单独的佛堂，那个就好多了。我们家这佛堂虽然小，但有，有些年轻人家，嫌麻烦，连佛堂都没有。从小我们家里人拜佛，我们跟着学，现在的孩子不跟着学，还嫌我们做得太多。我把一些积蓄捐给了寺院，我的孩子不高兴。（GMLMZ－2017－10－M67）

---

[1]　王俭、陈锐：《中国城市发展的趋同与分异研究》，《科研管理》2009 年第 3 期。

年长的人从小浸淫在宗教活动的氛围中，在他们成长的岁月中，宗教活动是最重要的文化活动，耳濡目染，潜移默化，这使他们成为宗教活动的参与者和继承者。而随着城市化进程，年轻人们有更多其他的文化娱乐活动，宗教活动的参与率逐渐降低。

> 我们家就没有专门的佛堂，家里地方小，孩子多，你看这地方，都是孩子上学用的东西。一回家，几个孩子都要写作业，没有地方，晚上睡觉，也没有地方，就没法设佛堂了。我从小信宗教，但参加的宗教活动不多，主要是太麻烦，费时间得很。现在又有这么多孩子，得生活，宗教活动就参与的更少。家里主要由我媳妇负责参加宗教活动，我就心里拜佛了。（EGGCW - 2016 - 12 - M43）

43 岁的 GGCW 家没有专门的佛堂，只在一个角落里挂着佛像，并且自己参与的宗教活动很少，他解释原因在于自己要挣钱养家，没时间，孩子们多，家里居住空间拥挤，没有空间设立真正的佛堂。而 GGCW 家的孩子们除了在不上学的间隙里偶尔跟着妈妈去参加一些大型的宗教活动之外，家里基本上没有宗教活动。蒋彬对四川少数民族城镇化过程中的文化变迁的研究发现，在现代化、城镇化和市场经济的冲击下，笃信宗教的年轻人越来越少，宗教意识逐渐淡化。而孩子由于进入学校接受教育，接受了更多的现代文明，因而出现宗教意识淡化的趋势[1]。笔者在调查的时候，一户人家出现了这样的场景：上小学的女孩放学回来，写了半个小时的作业，就缠着妈妈要手机来玩；上初中的孩子，回家写完了作业，给妈妈说要出去找同学听写英语单词；接受采访的男主人，要时不时地低头看看手机，旁边旁听的女主人，则一直在低头玩手机，角落里坐着的老阿奶，手里盘着佛珠，嘴里念着经文。这是一户人家最平常的日常生活，但是我们可以看到信

---

[1] 蒋彬：《试论四川藏区的城镇化与文化变迁》，《西南民族大学学报》（人文社会科学版）2005 年第 8 期。

息网络技术对家庭的重要影响，男主人说："现在的孩子，不愿跟你参加宗教活动，有时候得硬拉着才去，我们平时去寺里转个经的时候，也叫不动，他们喜欢玩手机。"（FZXCR－2017－04－M42）

宗教是 X 省高海拔地区最重要的活动，浓厚的宗教氛围也是当地文化的重要特点，但随着城市化进程的加快，宗教的社会整合功能逐渐变迁甚至弱化。在人类若干年于严酷的自然中谋求生存的过程中，恐惧、焦虑、不安全感、不确定感等成为日常生活的体验，宗教给人类心理提供慰藉的同时也建立了一套社会规范和行为准则，成为整合社会成员，对成员进行社会化，进行文化传播，促进社会认同的重要载体。随着宗教活动的减少，宗教意识逐渐淡薄。

X 省高海拔地区城市化的重要力量之一是旅游业，而发展旅游业是一把双刃剑，在给当地人提供了一些就业机会和岗位的同时，当地人的生活被放置在游客的眼前，使得 X 省高海拔地区这样一类"小地方"快速地融进全球化的大趋势。

> YJT：我们家娃，长得漂亮，游客来了要抱着我家娃照相，小时候没关系，照了就好。有一次一个女的抱着她照了相，说你要不要跟阿姨走，阿姨带你去玩好玩的、吃好吃的，我家娃就要跟着走，那时候三岁多了。
>
> 笔者：那孩子这样，你们大人有没有羡慕游客的生活？
>
> YJT：也没啥羡慕的，那是人家的生活。但孩子们就不一样，我们家大的娃在上初中，说要去学导游，要去到处旅游。（DYJT－2017－04－M32）

游客的生活对当地人的吸引力也是非常大的，人们通过游客想象那个理想的世界，并试图通过游客去触摸那个世界。

在旅游研究的视野中，相对封闭的环境有利于独特的文化物种的保存，而现代性的强大力量，使得封闭的空间格局不断被打破，封闭的族群和地方不再人迹罕至，被快速地融进现代性的大潮之中，传统的文化开始加速变迁，不断重构以适应新的社会状况。现代性使一些小的文化物种迅速丧失，而现代大众旅游成为加速这种进程的主要助力，大众旅游的到来使这些小族群的文化认同感与自信心受到空前的"震荡"，许多文化物种如生物物种一样因此丧失①。

小结　现代化与不平衡

城市化是两百多年来世界浩浩荡荡的历史潮流，世界各国都在以不同的形式不同的速度进行城市化，但城市化在国际国内的发展都是不平衡的。前发展国家的城市化的历史前提是商品经济，使得劳动力、技术、资本、资源等都向城市集中；原动力是工业化，随着工业化进程，城市中的第二、第三产业迅速发展，为人口提供了众多的就业岗位，促进了人口的城市化，而现在的前发展的国家已经走向了农村城市同步发展，甚至农村比城市生活更好的发展阶段。而作为后发展的国家，中国改革开放以来的城市化发展过程呈现出城市化及其基础工业化都是政府发动型的动力特点，延续城乡二元的双重体制特点，在城市结构上则体现出明显的不协调性，②体现在各个地区城市发展的不协调，城市分布的不均衡，一个地区内部发展不协调，往往形成以省会或其他几个少数城市为中心的发展模式。

X省高海拔地区牧民进城生活，是牧民在中国社会快速地现代化、城市化过程分享改革开放成果，追求更好生活的主动选择，但这种选择受城市化建设和城市发展带来的较丰富的物质生活等方面的影响，同时进城生活的牧民深受当地的经济发展状况、劳动就业机会、社会保障水平等各种因素的影响。进城生活的牧民是在城镇化推动下的人口流动，虽然从形式上来看，个体决策的作用比较大，但事实上城镇化等外力作用比个体决策要重要得多，尤其是一些严重依赖"虫

---

①　赵春肖、彭兆荣：《旅游人类学与旅游发展——旅游人类学者彭兆荣教授专访》，《北方民族大学学报》（哲学社会科学版）2010年第3期。

②　向德平主编：《城市社会学》，高等教育出版社2014年版，第58页。

草经济"进城生活的牧民，经济结构对个体能否进城生活有决定性的影响。这部分人口面临重要的生计问题，如果不妥善解决，社会风险会转化为社会危机，进而影响整个地区的稳定。

中国城市发展的这些特征在 X 省高海拔地区表现为城市化程度不高，城市化水平不高且不均衡等特征。这一特征使得 X 省高海拔地区进城生活的牧民从事着高度相似的服务业、餐饮业、旅游业的工作，但就业机会不多且不稳定，众多家庭高度依赖牧区的农产品供给。

X 省高海拔地区牧民进城生活和全国各地的城市化一样孕育着不同的社会风险，因产业结构单一，就业岗位不足，大多数人只能在不稳定的就业中获得不稳定的收入；在没有充足的收入来源的同时，牧场的收入成为家庭生活的主要来源，并无法过上真正的城里人的生活；牧民进城直接导致牧业从业者减少，越来越多的年轻人不愿从事牧业生产，牧业发展潜力不足；X 省高海拔地区，宗教文化是进行社会教化和社会整合的重要媒介，但随着牧民进城，观念的改变，年轻人的宗教参与率逐渐降低，使得宗教的正功能逐渐弱化；X 省因独特的地理特征，近些年的旅游业高速增长，但在发展旅游业的同时，小地方的快速融进全球化，地方性逐渐丧失。

城市化并不仅仅意味着越多的人进入城市生活，人口向城市的集中只是一种形式，乡村生活不断向城市接近，从基础设施到生活方式生活观念等都接近城市，不因居住在乡村而低于城市的生活水平是另一种形式。X 省高海拔地区的经济发展水平，不论城市还是牧区，都无法过上和发达地区一样的生活水平，但即便如此，牧民尤其是年轻的牧民进城生活的动力是很足的。牧区和牧业的存续，是一个需要重视起来的问题，那些关乎精神与心灵的文化传统应该被传承和发扬，[①]那些传统的生产生活方式须要改善，因此改善牧区生活生活条件，提高牧区生活水平，完善牧区公共服务，促进牧区和城镇一体化，才可能延续牧业及其存在的价值。

---

① 范可：《人类学观照里的"乡村"存续》，《旅游学刊》2017 年第 1 期。

第五章
为了绿水青山：生态移民的流动

2019 年的春天，X 省 G 州的雪灾使得一部分牧民失去了大批财富：适应高原寒冷气候的牦牛被大批冻死，羊被埋在超过羊角高的雪底下不能动弹，被活活冻死。野生的羚羊虽然非常适应高原高寒气候，但极端的寒冷和大量的降雪，使羚羊不但面临着冻死的危险，还得面对雪灾造成的食物严重缺乏的问题，依山而生的当地民众背着饲草，跋山涉水（冰）去喂食野生的动物们，绘就了一幅人与其他生灵共生共存的壮阔生命图景。

随着近些年全球气候的变化，X 省高海拔地区出现了各种异常天气。笔者在调查时，调查对象给笔者描述了他遇到过的雪灾的状况。

2008 年大雪下的，房子只能看到烟囱了。有户富人家 500 多头牦牛，多数冻死了，只剩了 60 头牦牛，穷人家有全被冻死的。我们不是喜欢把家安到窝窝里吗，有夏窝子和冬窝子，在那个季节以后，大部分人就不敢在窝窝里住了，窝窝里积雪更厚。

2012 年的时候，村里有个人，他不是学了车吗，出车回家，家里院子直接不见了，被雪埋了。有的人家房子被雪埋了，人出不来，只能叫来铲车挖，可铲车前面挖，后面又被埋了。老乡拉的网围栏，雪下的，就能看到围栏最上面的那个钉子，至少有个一米深。（HSNAW - 2016 - 08 - M43）

2018 年 2 月 5 日，一则"珠穆朗玛峰永久关闭"的微信文章被大量阅读和转载：定日县珠峰管理局发布一则公告"为落实2018年国家'绿盾'行动相关要求，切实保护好自然保护区生态环境，依据《中华人民共和国自然保护区条例》，从即日起禁止任何单位和个人进入珠峰国家级自然保护区绒布寺以上核心区旅游"，此公告的目标人群是普通游客，个人和单位不能在核心区域内开展旅游活动，但游客还可以在绒布寺附近的试验区进行参观游览。而从2018年开始，专业登山队员和满足条件的探险爱好者，每年进入珠峰核心区的人数被严格控制在300人左右，而且仅限春季登山，别的季节无法进入珠峰核心区。2019年5月下旬出现的登珠峰的"窗口期"天气，使得珠峰迎来了登山热潮，出现大排长龙的景象，为登顶，许多登山者在海拔8000米的"死亡地带"排队3小时，十数人死亡，多人失踪。就这样，世界第一峰的命运被呈现在全世界人的眼前。随着人类"征服"自然能力的提升，圣洁而神秘的珠峰，成为诸多登山爱好者踊跃去"征服"的对象，但全球气候变暖和登山人数的增多，使得近些年珠峰自然生态严重恶化：登山者留下的垃圾成堆，当地动物不得不在垃圾堆里寻找食物，尼泊尔政府在2019年6月清理出了10吨垃圾和4具尸体；因雪线的上升，那些曾被积雪掩埋的尸体，逐渐显露了出来；依靠珠峰雪山融水生活的当地人，水源被污染。

　　生态环境问题并不是一个全新的话题，人类自诞生之日起就不定时的承受着雨雪、干旱、地震、泥石流等自然灾害，但那基本上是具体的地方和具体的人群面临的纯粹自然的问题。而工业革命之后，人类越来越有能力"掌握"自然的同时，带来了越来越多的生态环境问题，大气污染、水污染、土壤污染、森林减少、草场退化等，这种生态环境问题超越了一定地区和一定人群成为全人类共同面临的问题。20世纪80年代，南极上空臭氧黑洞的出现，引起人类对全球气候变暖的高度关注，历届全球气候峰会遏制气候变暖成为恒久的重要议题。

　　X省高海拔地区这片与世界发达地区发展差距遥远，甚至根本没有可能像世界上其他地区一样享受现代性带来的众多成果的地区，没有任何选择地和其他地区一起承担发展带来的后果。X省作为全国重要的生态地区，为了保护生态环境，采取了包括生态移民在内的诸多工程，本书以 X 省某一种典型生态移民为例来研究生态移民这类结构化人口迁移。X 省高海拔地区被称为"地球之肾""中华水塔"，但近些年面临着草场退化、沙化、湿地萎缩减小、物种减少、雪线上升、气候异常等诸多生态问题，这既是全球生态问题在 X 省高海拔地区的具体表现，又是当地人过度放牧、不当放牧的重要后果，为了恢复和保护当地的生态环境，X 省实施了包括生态移民在内的近二十项生态保护项目。生态移民成为 X 省高海拔地区因环境问题这一重要的结构性因素引起的最重要的结构性人口流动，可以说，生态移民是结构性大于个体性甚或由结构性决定的人口流动，这些结构性因素包括恶化的自然生态环境、生态保护工程实施、移民政策等。

第一节　生态移民基本状况

一　高稀源及其生态保护

高稀源区属于高寒干旱地区，生态环境极其脆弱，曾经星罗棋布、水草丰美、牛羊肥壮、野生动物繁多的高原草甸，因自然的变迁和人为的破坏，冰川萎缩，雪线上升，湖泊湿地面积减少甚至消失，草场退化、沙化面积扩大等成为当地居民不得不面临的生存困境，同时也是中国甚至世界要面临的严峻生态问题。2003 年，X 省为了保护高稀源地区决定实施包括生态移民在内的二十项生态修复和保护项目。

二　生态移民基本状况

高稀源生态保护主要工程有退牧还草、退耕还林（草）、沙漠化治理、封山育林、重要湿地保护与禁渔、黑土滩治理、鼠害防治、水土保持、森林草原防火、保护管理施舍和保护能力建设、生态移民、小城镇建设、建设养畜配套、能源建设、灌溉饲草料基地、人畜饮水、人工增雨、科研课题及应用推广、生态检测等项生态保护和恢复工程。[①]

---

① 韦仁忠：《高原城市的陌生人：三江源生态移民的文化调适和社会资本重建》，中国社会科学出版社 2016 年版，第 33 页。

根据该规划，自然保护区内共有 22.3 万人，"规划"移出 10140 户、55773 人，总投资 6.31 亿元。移民分为从自然保护区的核心区整体搬迁出来、不再回迁的永久性移民；从自然保护区的实验区和缓冲区搬迁出来的移民，原居地禁牧十年，十年之后，移民可以选择回迁也可以选择不回迁的十年禁牧期的移民。[①] 2011 年 8 月，生态移民工程全部完成，而与之相配套的 75 亿元保护和建设工程也于 2012 年完工。

高稀源生态移民的安置地点有四种类型：一是大城市周边。如江河源村和 C 州民族文化村，两村位于 C 州第一大城市格市南郊 10 千米处；清源新村、海源新村、西部新村位于 H 州州政府所在地周边；吉娘社区、藏娘达移民社区位于 G 州州政府所在地周边。二是牧区县城周边。如玛查理村位于 H 州下属某县城；北巴滩生态移民社区位于 D 州下属某县城；夏果滩生态移民社区位于 G 州某县城。三是小城镇周边。赛塘移民社区位于 D 州下属某县的河北乡；赛隆移民社区位于 D 州下属某县的秀麻乡。四是离各种城镇都较远的安置。比如尕群移民点位于 D 州下属某县境内，但和当地县城、乡镇距离都不算近，这种安置是比较少的。

三 调查对象基本状况

为了尽可能地覆盖高稀源生态移民的各种类型，根据移民性质十年禁牧还是永久移民和安置地点在城市周边还是州府附近、县城附近的不同安置方式，选择安置在 C 州格市南 10 千米处的从距格市 400 多千米海拔 4800 米以上的 6 个牧业社搬迁而来的江河源村[②]；从 G 州某县的海拔 4600 米以上的曲麻河乡和叶格乡搬迁而来的"C 州民族文化村"。还有 H 州州政府所在地的两个生态移民点：从距移民点 220 千米之外的海拔 4300 米以上的昌麻河乡搬迁而来清源新村；从距移民点 400 千米之外的海拔 4200 米以上的扎陵湖乡搬迁而来的海

---

① 解彩霞：《三江源生态移民社会适应研究》，硕士学位论文，兰州大学，2009 年。
② 本部分的村庄名全为化名。

源新村。其中江河源村、C 州民族文化村和清源新村属于十年禁牧期
搬迁，禁牧期结束后，牧民可以选择回牧区，也可以选择继续留在城
市生活，而海源新村的移民属于永久性移民。

本书对以上四个村庄根据等距抽样的方式抽取调查对象：其中江
河源村总共 135 户，C 州民族文化村 264 户，海源新村 150 户，清源
新村 149 户，样本构成见表 5 - 1。

表 5 - 1　　　　　　　　生态移民调查样本构成　　　　　　（单位：户）

移民村	总户数（户）	样本数（个）	抽样距离（千米）
江河源村	135	45	3
C 州民族文化村	264	52	5
海源新村	150	30	5
清源新村	149	36	4

第二节　移民利他指向：群体身份认同与
责任主体转向

在本书的文献述评部分，笔者花费大量笔墨对国际国内人口流动
的历史与现实及其形成的重要移民理论进行综述，不管是"推拉理
论""累积因果关系说"等都注意到无论国际移民还是国内移民，做
出迁移决策的人口一定是综合了各项利弊得失，动员了各种社会资
本，最后才做出迁移决定的。但是由于世界各地明显存在的财富、资
源配置不公、权益不平等等社会现象，许多社会群体的迁移往往呈现
出非自愿的性质。[①]　即使非自愿，移民最终还是做出了迁移决策进行
了迁移活动，这即是影响迁移的各种结构性因素共同发力的结果，对
高稀源生态移民来说，这些结构性因素中恶化很难继续生存的生态环

---

① 李明欢：《社会人类学视野下的"迁移"与"家园"》，《吉首大学学报》（社会科
学版）2005 年第 4 期。

境，政府的移民动员和移民政策等对移民迁移起了重要作用。

一 生态移民群体身份认同

李友梅等在研究中国社会生活领域变迁的时候认为自 1949 年以来中国社会生活领域的变迁轨迹分为三个阶段：1978 年以前，通过单位制、人民公社制、户籍制、阶级分类制以及高度一元化的意识形态，社会生活被高度组织起来，形成总体性社会，社会生活被纳入国家设置的制度逻辑之中，极大地限制了个人的自主性和社会生活领域的独立性，个体自主性被遮蔽，权利意识几近销声匿迹；1978 年之后原有的社会认同不断失去结构性的制度支持，总体性社会逐渐解体，人们的自主性不断发育、不断挣扎，也被不断释放，但同时也出现了私人生活领域的自主性和公共生活领域自主性发展不平衡，不同个体和不同群体出现自主性的矛盾碰撞，防止不同自主性之间的恶性互动成为社会面临的巨大挑战；2005 年和谐社会建设的提出，调整再分配制度，协调利益结构，形塑市场与国家力量的权力制衡关系以保卫社会即保卫日常生活领域的自主性的发育与成长成为这一时期制度设计和改革的出发点①。而全面建设小康社会、精准扶贫等都是在不断地提高个体自主性的能力，促进自主性社会的发育。

由农村开始的改革开放，贯穿 80 年代的改革通常被描述为"松绑"的过程②，国家用制度不断地为个人松绑，曾被遮蔽的个体利益与个体权益不断地得到制度的支持。个体逐渐地拥有了自己劳动力的支配权、劳动产品所有权、劳动对象的所有权和支配权，拥有了自由流动权、自由就业权、有条件的自由居住权等，国家逐渐从个体具体的日常生活中抽离出去，不再包办个体"从摇篮到坟墓"的具体日常细节，也不再对个体进行从身体到心理的全面监管，个体在制度的保驾护航之下，逐渐自觉而又努力地为自己的生活负责，国家逐渐隐

① 李友梅等：《中国社会生活的变迁》，中国大百科全书出版社 2008 年版，第 5—6 页。

② ［美］阎云翔：《私人生活的变革：一个中国村庄里的爱情，家庭与亲密关系 1949—1999》，龚小夏译，上海书店出版社 2006 年版，第 359 页。

退在个体日常生活之后，从台前走向幕后。

高稀源地区改革开放后实施草场承包到户的草场制度，牧民和全国人民一样，重新掌握了自己的命运，不管富裕还是贫困，不管成功还是失败，国家不再是直接的原因和结果的制造者，牧民自己才是自己生活的决策者。对牧民来说，广袤的草原和散落在草原上星星点点的牛群和羊群是家庭富裕的重要标志，牧民可以通过增加养殖牦牛和羊的数量来增加家庭财富。正是因为这种对财富的需求使得草场被过度放牧，草场退化、沙化，有些甚至永远无法逆转，沼泽面积减少。高稀源生态移民是当地生态环境恶化的直接后果，但是以"动员"的方式使得移民们知道自己可以通过搬迁去获得另外的生活，则是抽象的国家又一次从幕后走向前台，移民说："在政府动员搬迁之前，根本没有想过这样的办法。""以前大的湖缩小了，小的湖变没了，雪线上升了，出现了新的湖泊，草场变成沙地，不长草了，牛羊就不放了，想着少养点牛羊，让草再长，可后来说变成沙地的不会再长草了，说我们得搬走，搬走到哪里也不知道，最后才知道到这里。搬来之前没人来看过住的地方是啥样。"（HSNCD - 2017 - 02 - 02 - M61）

在严峻生态压力之下，国家成为牧民生命历程的重要决策者，给牧民选择新的居住地，修建新的住所、院落，发放搬迁费用，帮助移民在新的地方生活。

移民 DZ 说："到这里就像被一根绳子牵着走，自己不会走的。"（HDZ - 2016 - 08 - M53）这根绳子就是又一次变成移民生活主宰的国家，在移民面临太多的问题而自己束手无策的时候，在各级政府不断想方设法帮助移民就业、提高收入的时候，移民们发现："政府"而不是自己成了生活的主要决策者。"政府"在移民生活中出现的频率远远大于移民前。在移民眼里，政府不仅是那些修建房屋、搭建院落、平整土地，进行生产生活技能培训，寻找就业机会，发放生活补助，提供生活救助的人，也是那些经常以各种名义来调研、采访的人，这些都是某种类型的"政府"。在和"政府"高频率、多方位的互动过程中，移民尤其强调"生态移民"的身份。移民在所有可能的场合，不断强调自己的"生态移民"身份。有移民很清楚地说：

"我们搬出来，不是对我们好，而是对国家好，对世界好。"移民用了"他们"这一模糊所指，但却明确表示自己移民是"利他"的。

在问卷调查中，问到您认为政府动员你们搬迁出来的原因是：全部163名调查对象，161人选择"为了保护迁出地的生态环境，"1人选择"为了迁移的移民的发展"，1人选择"说不上"，可以看出，调查对象中只有两位选择了别的选项，绝大多数移民认为自己搬迁的原因是为了保护迁出地的生态环境而不是为了迁移的移民的发展，移民认为搬迁的利他性指向是非常明显的。

笔者数次进入移民村进行调查的时候，相同的场景在不断地重复：只要有"外人"进入，移民们会很快进入"诉苦模式"，从日常吃穿住行到孩子、房子、工作等生活的各个方面。笔者在调研的时候，请了不同的翻译，本来要求翻译逐句翻译，可当移民经常不容打断地对着翻译说一大段话之后，问翻译移民说了什么，不止一个翻译说："还就是那些抱怨。"事实上，进入村庄调研的人，大多数并不能直接解决移民们面临的问题，而对这些"外面来的"甚至"上面来的"人的诉苦和抱怨，移民们可能也没期待能够直接解决他们的问题，对生态移民来说，"诉苦""抱怨"未尝不是建构群体身份，影响外界认知，追求更好生活的无意识策略。

李明欢在研究华侨农场时发现，华侨农场职工的"归国华侨"身份可以使他们获得政府政策上的倾斜性优惠促生了他们的"归侨"意识，随着时间的推移这种差异性认同并未消失，而在各种内外因素的催化下被模式化、固定化，成为一种群体的集中标识。①

"不是牧民、不是市民，我们是生态移民"成为生态移民的重要共识，不仅因为他们没有草场、牛羊，不是牧民，没有非农职业，居住在移民村，没有享受城市福利，不是市民的社会事实，更是一种心理归属，一种自觉的"身份认同"。

笔者在2008年年底做调查的时候，移民对自己属于牧民、市民还是生态移民的身份认同的结果显示：125人，占77.6%的人认

---

① 李明欢：《社会人类学视野中的松坪华侨农场》，《华侨华人历史研究》2003年第2期。

为自己是生态移民，25 人，占 15.5% 的人认为自己仍旧是牧民的，9 个，占 5.5% 的人说不清的，认为自己是市民的只有 4 人，占 2.4%。2017 年年底的调查，所有的被访者很肯定地说自己是"生态移民"，虽然在笔者 2017 年年底做调查期间发现移民越来越融入当地的生活。

> ZM：我就觉得那种好，我去过几回，价格高，没买！
>
> YJJ：那你想不想买？
>
> ZM：想买的。
>
> YJJ：那咱俩明天再看看去。（HZM－2017－02－W27）
>
> （HYJJ－2017－02－W29）

这是笔者在调研过程中遇到的场景，ZM 想要买一件时髦的衣服，可去了 G 市的几个商场，说是价格高，不合她意，专门跑来咨询在 G 市打工的 YJJ，YJJ 决定第二天和 ZM 一起上街帮她参谋一下。ZM 告诉笔者，她们刚到移民点的时候都不敢出门，出门不敢坐车，进城不敢走路，现在好了，想买东西自己一个人都能上街，她很羡慕 YJJ 能在城市打工，而她因为家务的拖累不能去打工。汉族过年的时候，她们最喜欢元宵节晚上去市里看花灯。生活越来越融入当地和坚定的"生态移民"身份认同似乎是矛盾的。

随着时间的推移，各项针对生态移民的制度又在不断地变化中，使得生态移民虽然从日常生活中一定程度地融入进当地，但却有强烈的不安全感，更加剧了生态移民对自己"利他"移民性质的固化意识，移民们认为自己是为生态做出直接贡献的人群，在移民们解决生活困境能力全方位缺乏的同时，"高稀源生态移民"的群体身份认同却越强烈，使得生态移民出现"别人"要为自己生活负责的心理状况，在很多人的研究中称为"等、靠、要"的思想严重。

二 生态移民责任主体转向

个人的心理状况决定了公开的行为特征，当生态移民根本无法解决自己日常生活的问题的时候，"我不行，但是别人造成"的思想成为主导。高稀源生态移民的诸多研究发现，不同移民家庭会出现不同的状态，良性循环和恶性循环在移民村同时发生，有的解决困境的能力比较强，比如做小生意、跑运输、打工等收入较稳定的家庭，会出现良性循环，在家庭和个人卫生，家居结构设计、家具质量、佛龛摆设、食物制作、庭院环境等方面是比较讲究的。

笔者采访的时候在 SJ 家见到的情形是：虽然房子和其他家一样是标准的移民房，但母女两家里收拾得井井有条，一条用均匀小石子铺成的道路从大门口通到主屋，屋子里温暖而舒适，粉红色的窗帘、淡紫色的沙发、白色的茶几，屋子干净、整洁，散发着淡淡的洗发水的味道，SJ 掀开火炉盖，给里面再添一些烧炭，让屋子更暖和一些，刚洗完头发的女儿，对着镜子梳妆，SJ 添完炭火坐在沙发边，端详着对着镜子梳妆的女儿。SJ 母女俩除了政府的移民补贴之外，都在 G 市打工，每个月合计大约有 6000 元的收入，生活富足、安逸，对目前家庭生活非常满意。

DJ30 多岁，家里温暖，火炉红火，屋子主位一排木制的家具，正中央供活佛挂像，下面点一排长明酥油灯，女主人和孩子们在自己隔开的卧室里，欢声笑语。DJ 作为村干部的收入以及移民补贴是他们家生活的主要来源。

采访 JM 家的时候，一辆小型皮卡停在院子里，上面装了几只宰杀了的羊和一头牛，JM60 多岁的妈妈从车上下来，他们是回迁出来的地方，看看亲戚，宰杀了牛羊，拉肉回来。JM 家主位摆一排高级木料、做工精细的木制家具，供活佛像，供中华人民共和国历任国家领导人画像，点长明酥油灯。JM 在跑运输生意。

个体能力较强，生存能力较好的家庭，移民后的生活适应较好，出现良好的循环。而日常吃穿都面临问题的家庭，则会出现恶性循环，斯科特认为无权群体经常会用：行动拖沓，假装糊涂，虚假顺从，小偷小摸，装傻卖呆，诽谤等方式进行日常反抗，而避免使用集体性直接挑衅的手段①，对生存能力较差的家庭，他们经常使用的方式就是"懒惰"，即使自家房屋漏雨，也不愿自己不动手修缮，院落杂草丛生，也不愿动手拔掉。

笔者2017年的12月，在G市南郊的C州民族文化村调查，见到了这样的景象：12月的狂风卷着风沙和极少数的雪花，噼里啪啦拍打在人脸上，少数几个外出的村民无法迎风行走，只能背对着风，艰难前行。60岁的CD家，几乎没什么家具，屋子正中间放着一个冰冷的火炉，火炉上放着油腻的奶茶碗，地上零星散落着吃完的方便面袋，家里空无一人，热心人去叫CD说有人来访，CD慢吞吞地回来，脸色是铁青色，嘴唇干裂掉皮，说是去别人家取暖了。CD家8口人，靠政策性补贴生活，儿子出去打点零工，为省钱，每天吃冷食，甚至一天只吃一顿饭。

2017年6月，课题组在黑河移民点看到的一家人的生活：50多岁的JM，股骨头坏死，常年卧病在床。家里清冷，一进门一股混合酥油、羊膻、排泄物的味道扑面而来，随行的调查者有的被熏得没敢进门，一位强忍进门，但被熏吐了出来。JM家几乎没有家具，JM蜷缩在墙角羊皮上，面无表情。她的老公抓住来访的人，激动地诉说着他们的苦楚，JM已经卧床好几年，花光了家里的积蓄，可病情并不见好，说可以换掉股骨头，可家里根本没钱，只有让JM等死。

2017年10月，海源新村一户移民家的生活：65岁的LZ和老伴帮助两个女儿带娃，女儿们都没有领结婚证就生了娃，男方"走了"，女儿们出去打工了。10月份的高原天气已经很冷了，LZ的一个3岁的外孙女光着屁股在院子里跑，LZ和老伴手里一人抱着一个不到1岁的孩子。老伴从一堆衣服中找出一条裤子扔给3岁的外孙女，小姑娘把裤子顶到头上玩，老伴放下手里的孩子，帮小姑娘穿上裤子。没有东西可玩的小姑娘，一把抓住墙角晒太阳的猫，捏住猫脖

①　［美］詹姆斯·C. 斯科特：《弱者的武器：农民反抗的日常形式》，郑广怀、张敏、何江穗译，译林出版社2011年版。

子，孩子的妈妈刚好回家，从孩子的手里救下了小猫。LZ 家的屋子里到处堆满了衣服、食物等各种东西，院子里坑坑洼洼，散落着不知哪里来的大小不等的石头。笔者问为什么不修修院子，LZ 说，家里人不会用铁锹，他准备找政府帮他们修整一下院落，再修修漏雨的屋顶。

贫困和疾病是人类面临的两大顽疾，在普通的人群中都是以一定比例存在的，不可能彻底消失，但是现代性以来的贫困和疾病一样成为一种社会发展"现代性后果"。贫困不是和祖先比较下的结果，而是和同时代、同地域的人生活相比较的结果，比较之后有富裕就有了相对的贫困，在现代社会，贫困很多时候并不仅仅是个体的因素，比如懒惰、缺少某种技能造成的，更多的是由社会结构性的因素造成的，比如"资源枯竭性"城市人口的返贫、因企业改制而引起的结构性失业贫困人口。疾病更是一种因发展导致的问题，各种生态环境问题致使疾病多样化、复杂化，同时检查和治疗疾病的科技日新月异的结果。即使如此，一个个具体的贫困或患病的人，并不会有意识地把自己的贫困或疾病归因于社会结构性因素，而更多地归因为个体。但是在研究贫困时，很多研究者都发现了一种像文化一样具有某种人群共有性和代代相传性质的贫困特质，即通常所称的"贫困文化"，在这样的文化中，成员受教育程度不高、日常生活技能较差、生产技术水平较低、时间观念不足、改变生活的欲望较低，等等。高稀源生态移民已经在移民点生活了十多年，因移民们对生态移民的"利他"性质的认识和自己解决问题能力的缺乏，形成了与迁移之前完全不同的心理状态，导致有些移民大大小小的事情都要靠"政府"帮助解决的依赖心理。

研究者在问卷调查中问"你搬迁前遇到问题找谁帮忙"，结果显示：生态移民前，高达51.5%的人遇到困难自己解决，移民说："在草原上的时候，也没啥大困难，吃的牛羊肉自家有，喝的酥油茶自家有，缺钱了卖掉羊毛、牛羊就有了，别的困难就找找亲戚，亲戚们住的近些，也不麻烦别人。"（HDZ - 2016 - 08 - M53）加上找兄弟姐妹、亲戚、父母、子女合计92.6%的人在家庭和家族内部寻求帮助。

生态移民前找村干部的比例只有2.5%，几乎没有人直接找政府。由此可以看到生态移民在迁移之前，"自己是生活的掌控者"通过各种自我的努力去解决生活中的麻烦。

问卷问到生态移民后遇到问题找谁帮忙，结果显示：生态移民后，高达40.5%的人遇到困难找政府，还有12.9%的人找村干部，在移民们看来，村干部就是政府在村上的代言人，找村干部就是找政府，合计53.4%的人"有困难，找政府"，形成一种"责任主体"从自己到国家的转移。

> 我们现在没任何办法，牛羊没有，没有肉吃，没有酥油，没有奶茶，刚开始的时候还喝浓茶，后来喝稀的，再到没有奶茶喝了。铁锹也不会用，地不会种，活不会干，打工没人要。以前在草原的时候，家里牛羊少，还能帮别人放牛羊，现在都不行，有困难了不找政府找谁，亲戚也搬迁了，也困难。（HDJCD－2016－08－M47）

责任主体的转移不是生态移民的主观意愿也不是各级政府在政策设计的时候想要的结果，但却是一种客观后果，是生态移民自己和各级政府都要直面的问题。

第三节　回不去的家园：适应状况与回迁愿望

生态移民面临的生产、生活、社会、文化等方面的骤变不亚于解放、改革开放，因此生态移民被称为当地的第三次革命。高稀源生态移民也成为社会科学研究非常集中的领域，而社会适应则是高稀源生态移民非常重要的方面。移民在移民点居住最长的村已经16年了，从生态移民最初的政策设计永久性移民不回迁而10年禁牧移民是需要回迁的，生态移民目前的适应状况如何，回迁愿望如何是本部分要讨论的问题。

一　生态移民适应状况

许多研究者在对高稀源生态移民社会适应的研究中，运用定量的研究方法，把社会适应操作化为：环境适应、生理适应、日常生活适应、生产适应、风俗习惯适应、心理适应等几个方面，研究结论认为高稀源生态移民环境和生理适应度较高，日常生活适应程度比较低，生产适应程度很低，风俗习惯的适应程度比较高，社区和身份认同较低，心理适应程度差，总体的社会适应程度不高。① 虽然这种操作化的研究比较"科学"，被很多研究者所认同，但是后来的研究者逐渐认识到这种认为每个个体的生活是各方面累积起来的总体，在个体的生命历程中"科学"地"人为"地分类出来的部分之和就等于生活总体的理念是偏颇的，因为生活是鲜活的、多变的，很多时候是无法用科学的方式"测量"的。笔者想要呈现的是一个个具体的生命是如何理解"适应"和怎样去适应当前的生活的，而对于可以回迁的十年禁牧的移民来说，他们还想不想回那个心心念念的"故乡"，还能不能回到"故乡"，举起羊鞭心无旁骛地"望天上云卷云舒"则是更为有价值的研究视角。

生态移民的生活究竟发生了什么样的变化？笔者组织了一次小型座谈会，让移民谈谈自己生活究竟发生了哪些变化。

> 笔者：移民后的生活和以前的生活有啥不一样？
>
> 众人：不一样的多得很。
>
> 笔者：那大家具体谈谈，我们就从吃的、穿的、住的方面先说说。
>
> DJCR：吃的不一样的很，以前我们在草原，吃牛羊肉，糌粑，喝酥油茶，现在要吃面，吃馍，吃米饭，吃菜，就是没肉吃，酥油茶也是，有钱的人才能买得起酥油喝，没钱的人就喝水了。（CDJCR－2017－02－M42）

---

① 解彩霞：《三江源生态移民社会适应问题研究》，硕士学位论文，兰州大学，2009 年。

ZX：我们草原上的肉，锅里一煮就吃，现在要吃面，吃米，还得学着做面食，炒菜，难学的很，参加培训了，回家做也做不好，慢慢做（时间久了）才能做好，炒菜还得用调料，草原上煮肉就不要。（CZX－2017－02－M45）

笔者：穿的有啥不一样？

CRDZ：年轻人喜欢穿新式衣服，女人喜欢城里（流行）的衣服，孩子们喜欢运动服、牛仔服，老年人就还是穿我们的民族服装。家庭条件好的还是要做新的民族服装，家庭条件不好的就不做了。（CCRDZ－2017－02－M42）

笔者：住的有啥不一样？

DJCD：住的不一样得很。我们最早的时候住牛毛帐篷，冬窝子的时候，就住地窝子。到这里就不一样了，政府统一盖的砖瓦房，结实的很，比地窝子好多了。（CDJCD－2017－02－M38）

笔者：除了这些，还有那些不一样？

DZZX：这里吧，啥都方便，就是缺钱。以前在草原，烧的要去捡牛粪，水要去背，牛奶要挤，酥油要打，这里不用，有钱就行，没钱就不行。（CDZZX－2017－02－M41）

这个座谈会因为挑选的座谈对象都比较健谈，能明确地表达自己的观点，笔者请的翻译也能快速准确地翻译出座谈者要表达的内容，所以，一次小型座谈会就说清楚了高稀源生态移民日常生活的重要变化。

张光直先生说"通往一个民族文化最好通过他的胃"，可见"吃"这种日常普通的行为不仅是关乎人类物种繁衍的纯粹的生物活动，更关乎作为社会性动物的人类的文化，人类看似平常的一日三餐进食行为背后隐藏着复杂的文化密码[1]，食材的构成、烹饪的方式、就餐的礼仪都传递出文化信息的符码。很多族群之间饮食文化的边界

---

① 杨明华：《饮食人类学视野下的肉食消费与文化生产》，《扬州大学烹饪学报》2014年第1期。

一直都特别明显，对 X 省高海拔地区的当地民族来说，糌粑和酥油茶是重要的文化符号更是族群的象征，"他族"吃不惯糌粑喝不惯酥油茶，也就不能真正融入当地的社会文化生活中，他们对能够吃糌粑、喝酥油的汉人大加赞赏，认为这样的汉人才能与他们共同生活，以至进一步了解其饮食行为乃至其他社会行为背后的文化逻辑，并理解其思维方式、真正融入当地社会①。所以饮食文化往往是族群认同的重要范畴，人类学家阿尔君·阿帕杜莱在《如何创造国家烹饪：当代印度的烹饪书》一书中对旅居国外的印度人的饮食进行了调查以研究印度各种饮食习惯、烹饪方式，而在正式出版的烹饪书中则形成了一种饮食的统一的国家话语，通过饮食国家话语，使得旅居国外的印度人加强了国家认同②。

饮食也是最难改变的部分，在跨国移民的研究中，经常发现跨国婚姻家庭夫妻双方"各吃各的"的饮食模式，全世界各地的唐人街就是中国人对饮食文化坚持的结果。X 省高海拔地区牧民的食物主要有牛羊肉、酥油、奶茶，以及糌粑等，蔬菜和其他类型的肉类的食物很少。生态移民后，饮食则会主要考虑成本，牛羊肉的比例明显降低，面食比例上升，酥油茶也因酥油价格较高而导致许多经济条件不好的家庭逐渐喝得越来越淡，甚至有的家庭喝不起了。当地普遍"清淡"的本民族食物，基本上是以煮为主，除了加盐外很少添加其他佐料，而随着城市化，进城的人越来越多，很多人会给家里带回各种不常见的佐料，而有没有现代化的佐料，则成为一个家庭生活富裕的标志，在一家生活条件较好的移民家里，厨房里有好几种蘸料和多种大料。独特的食用方法是造成族群认同、符号价值、产生族群边界的一个重要的因素③，对当地民族的饮食来说，用小刀切肉、用手揉糌粑仍旧是食用民族食物的典型标志，但饮食是跟"衣""住"不一样是

---

① 杨洁琼：《饮食人类学中的糌粑及其社会文化意义》，《美食研究》2017 年第 2 期。
② ［英］贾鹰雷：《创造藏餐：青海果洛地区藏族饮食研究》，《河西学院学报》2014 第 1 期。
③ ［英］贾鹰雷：《创造藏餐：青海果洛地区藏族饮食研究》，《河西学院学报》2014 第 1 期。

可以传播、影响、借鉴、模仿的，很容易游离出本民族饮食文化的范畴而和其他族群的食物杂糅，形成饮食的"流动"状况，"流动"就会消解饮食边界①。

从笔者在不同时期对生态移民的调查来看，移民之初移民有典型的"肉食渴望"，这源于长期吃牛羊肉而形成的饮食习惯，但随着时间的推移，加之肉食成本的提高，饮食结构逐渐发生了变化。

> 我们在草原上就吃肉，杀只羊，肉煮了以后就放在帐篷里，孩子们饿了的时候，自己拿着吃，喝的是酥油茶，别的啥吃的少，我来这里之前根本不会炒菜，到这里后，吃不起肉，就得吃菜，人家来培训炒菜，我才学会的。（CGGJ－2017－02－W32）

"衣"作为蔽体和御寒的基本功能在所有的族群中基本一样，但"衣"也因其重要的地方性和族群性特点而成为文化象征和族群分类的标志，族群有时候就是穿某种衣服的人群。"衣"与特定的自然环境，生产生活方式，历史传承与演进，与其他族群的互动都有重要关系，对同一个族群，当代人的服装并不一定和祖先的服装相同，即使同一族群，其服装在不同的地区也有不同的形式。对于居住在高海拔地区的民众来说，服装是顺应气候寒冷的自然条件和游牧为主的生产生活条件而产生的，当地的民族服装实用、注意保暖、用途广的特征一直延续。当地民族服装使用肥腰、长袖、大襟、右衽、长裙，平时可以作为口袋把物品放进腰里，天热的时候可以脱掉一只袖子或上身部分挽进腰里散热，与服装配套的是长靴，结实而保暖，服装经常饰以贝壳、玛瑙、绿松石甚至黄金等昂贵的缀饰。当地的民族服装也吸纳了其他服饰的优点，比如传统的服装用羊皮制作，现代可以使用其他保暖材料，传统服装用较厚重的布料，现代服装多使用更实用的轻便布料，传统服装注意实用，现代服装着力审美。服装相对来说比饮

---

① 徐新建、王明珂：《饮食文化与族群边界——关于饮食人类学的对话》，《广西民族学院学报》（哲学社会科学版）2005 年第 6 期。

食更具有族群分类的象征意义，比如在大型城市，去一次少数民族餐厅，不会被人认为是少数民族，但要是着少数民族服饰，则很可能被人认为是少数民族，服饰对一个族群的意义比饮食更为重要，更具有固化的意义。笔者在高稀源生态移民村调查期间，发现穿着民族服饰的女性比男性比例高；老年女性比例最高，很少有人不穿民族服装，有比例非常高的老年女性除了民族服装根本没有其他服装，老年男性着民族服装的比例低于老年女性，但又高于其他人；中年人着民族服装的比例居中，且女性多于男性，中年人不管男女，都会有至少一套其他服饰；青年人和未成年人着民族服装的比例很低，上学的孩子基本上不穿民族服装而穿校服或其他服装。

> 我来到这里之后才买了（第）一套汉族服装，那时候越来越多的人穿汉族服装，我攒了钱就买了一套，现在有钱了我就去买汉族服装，不穿我们的民族服装，穿着不方便，干活不方便，洗不方便，我就在过节的时候穿民族服装。我弟弟和妹妹在上学，他们不喜欢穿民族服装，在学校都不方便。（HZG－2017－02－W30）

笔者采访的时候，遇到 ZG，她穿着民族服装出去演出，回来就换了其他的衣服，她的解释是穿着"不方便"。她更喜欢穿 T 恤和破洞牛仔裤，认为很时尚，民族服装只有在节日或其他需要的时候才穿着。服饰是与一定的自然环境和生产生活相一致的，生态移民生产生活方式的转变，使得传统的民族服装和新的生活不太适应，人们逐渐主动放弃，这种放弃没有引起移民的心理不适，反而认为是时尚的表现。

"住"是自然条件决定的产物，游牧的人住帐篷，农人住土屋，树林里生活的人住木屋、树屋，山区的人住石屋、山洞，还有人直接住海里，不同的居住方式本无高下区别，但有居住质量高低之别。高稀源生态移民在移民前，有的住黑牛毛帐篷有的住地窝子。帐篷一般用牦牛的毛纺成线，织成厚约二三毫米粗的氆氇，缝成长方形的帐篷，帐内用木杆作为支撑，帐外四周用 20 多根牛毛绳牵拉，帐篷周围用草饼或粪饼砌成挡风的矮墙，帐篷顶上沿脊开长方形天窗，以便于进光和排烟，帐篷一边开一扇门，门上用护幕遮盖。黑牛毛帐篷结实耐用，不漏雨，雪也轻易压不垮，最主要的是拆卸和折叠方便，拆下折叠好，一两头牦牛就可以驮起所有的家当，有利于游牧搬家。地窝子先在地上挖出一米多深、宽2—3米、长2—3米的地窝，用牛粪在地面再垒五六十厘米，顶上用塑料纸蒙住就行，地窝子比帐篷结实暖和。室内悬挂历任宗教领袖的头像，室外合适的地方悬挂经幡。生态移民定居之后，都住60—80平方米不等的砖混结构的房屋，房间外面饰以当地建筑符号，房间内由移民自己布置。移民之初，大多数人家会用卖牛羊的钱购置质量参差不齐的民族家具。笔者数次调查中，生态移民对居住的房子都比较满意，但一直反映房间质量有各种问题。建筑是自然和地域及生产方式的产物，离开了游牧的生产方式，帐篷和地窝子就退出了移民的生活。

学术界对高稀源生态移民的研究热情和密度，使得移民们听到了许多他们根本听不懂的问题，而有些问题却在不断地被重复的同时，生态移民们有了认识，比如"适应"，这一抽象而很难量化的词，调查者一问，有老年移民说"老有人问这个词，我们也不知道这是个啥意思，适应着不，适应着，你不适应咋地，又能去哪里，回也回不去，将凑着过一天是一天"。（CLMJ－2017－02－W67）"将凑着"（凑合着）可能是比适应更能描绘老年生态移民的状况的词语，对在移民村出生和成长的孩子就不存在对自己生长的地方适不适应的问题，适应比较难的是中年人，面临着养家糊口的责任却没有能力解决相应难题。

在笔者开展的小型座谈会上，有人说："这里吧，啥都方便，就是缺钱""有钱就行，没钱就不行"，这些话形象地指出了高稀源生态移民生活的根本变迁，那就是"从生产者社会向消费者社会的骤变"。人天生不是生产者，人天生是消费者，但对于中国传统的农业社会，人们从一开始干活到生命结束，一直都是家庭的生产者。农民和牧民从来不会退休，即便任何事情都无法干，卧床的病人都会想尽办法干力所能及的家务。对高稀源生态移民来说，放牧的生活需要全家协作，放牧的工作交给男人，家务劳动则主要由妇女们承担：捡牛粪、做饭、背水、收拾家、挤奶、做奶茶、打酥油、带孩子等，而孩子们边玩耍、边成长、边学会干活，纯粹闲着的可能只有 3 岁以下的孩子。但当生态移民之后，没有了草场、没有了牛羊、没有了活干，人们一下从繁重的牧业劳动中解放出来，成了"没事干"的人，不再是"生产者"，而变成所有生活所需都要花钱从市场上购买的"消费者"。在"生产者"的牧业社会，不是没有消费，而是大量的日常生活消耗品都由家庭日常生产中自给自足，作为主食的牛羊肉，自己家生产的；奶茶，自己家产奶；酥油，勤快的人家自己打酥油；民族服装的主要材料羊皮自己家生产；作为燃料的牛粪，从草场上捡回，要从市场上购买的比如作为糌粑的原料青稞面，砖茶、布料以及其他生活用品，依赖家庭的牛羊、羊毛、草场等获得现金，再去购买。而移民之后，所有家庭自产自销的东西都变成要从市场上购买，"钱"成为生活中最重要的东西。而对移民来说，挣"钱"却是很难的事情，移民目前的主要收入来源还是各项政策性补贴：55 岁以上（以户口本为准），16 岁以下的发放生活补助、草补偿（草原生态保护补助）、燃料补助、湿地补偿、林地补偿、生活困难补助、最低生活保障。生态移民的政策性收入占总收入的 90%，自己获得的收入占10%，主要工作是做环卫工人、宾馆服务员，在餐饮服务行业当服务员，在政府、学校等地当门卫等。

现代性使得所有的"地方性""族群性""小传统"在追赶现代性的大潮中以不同的形式逐渐消亡。在生态移民之前，他们的生活方式就在以较慢的速度吸纳新的东西，吃、穿、住、行生活的方方面面都有体现，但生态移民加速了这一进程，移民快速地被动地接受这一切变化。对高稀源生态移民来说，适应就是从生产者社会向消费者社会的转型，意味着必须具备消费者社会的重要特征：充足的购物欲望，强大的购物能力。因为消费者社会的运行逻辑只有不断地消费才是合格的社会成员，要不有被解除社会成员资格的风险，高稀源生态移民是外力推动下从生产者向消费者的骤然转变，生态移民付出了较大的社会变迁成本，承担了沉重的社会变迁后果。

二　生态移民回迁愿望

十年禁牧期移民禁牧期已经结束，理论上可以选择回迁，究竟有多少人选择回迁，不回迁的原因又是什么？

笔者调研的时候，DJC在家里炸一种小吃，DJC从一团柔软面团上揪下一小团，用擀面杖擀薄，用刀划成四五厘米的菱形，放到滚烫的油锅里炸，一分钟就熟，DJC用一个不锈钢的笊篱捞起，放进墙角的被撑成圆柱形的大塑料袋里，已经有两大塑料袋这种食物了。10月的天气，苍蝇寻着温热的气息，盘踞在DJC的家里久久不愿离去，DJC穿着厚重又长的民族服饰，上半身已经全部退下，系在腰上，只剩下一件单薄的蓝色毛衫。DJC的脸被火炉和热油熏的满面通红，额头汗珠闪闪，一边干活，一边用擀面杖无奈地赶着苍蝇。两个只差一岁的漂亮的女儿和孙女围着火炉玩耍，顺手拿起一个DJC做的面食，边玩边吃。她们更期待爸爸（爷爷）刚从牧区带来的食物——肉和酥油。

这是移民村DJC家的一个下午的场景，可DJC家并不是这家的主人，他们是租住移民村某户人家的房子，这户人家回到草原上帮人放牧去了。DJC家因为牛羊多，搬迁的那年接近一千头羊，近百头牦牛，他们没有选择搬迁，但因为孙子上学的问题，他们最终决定租住同村的生态移民家的房子，由老两口带着上学的孩子生活，而DJC的老公则会过一段日子回到草原，拉回牛羊肉和牛奶。在笔者调查的十年禁牧期的移民村，遇到六七户房子已经被出租出去了，而移民大多数回到原居地去打工。

满头白发的GS手摇着经桶，嘴里念着经，躺在家门口用塑料布等东西搭建起来的小窝棚里，和前来聊天的妇女们有一句没一句地聊着。笔者问聊天的妇女们，她们一天在干什么，GS说："我们都是无用的人，挣不来钱，就是花钱。"笔者问她们想不想回草原，有人说："我想回到草原上去，想躺在草地上，想看看草原上夏天的花朵。"笔者问，回去生活还是回去看看？有人答："回去没法生活了，回去看看也行。"

当笔者问老年生态移民及关于草原以及关于生活的问题，他们用真诚的眼神和急促的语调快速地向笔者诉说那些并不遥远的草原故事，以及他们对草原的思念，以致笔者请的在城市出生和长大的翻译听得如痴如醉，感同身受，忘记了翻译，笔者只有把这场景记录下来，等翻译情绪平稳了再给讲述。中国语言中的乡愁，关乎土地，关乎生活，关乎人情，聚集了时间和空间，是对过去的时间和远离的地方的怀念。关于草原，关于生态移民的故乡，笔者是局外人，有人说"城市不是乡愁的产生地，城市只是埋葬乡愁的坟场"，对老年生态移民来说，回去"没有牛羊，没有草山，没有房子"根本没法生活，但他们还是心心念念那个绿油油的草场，那个可以恣意生活的寄托乡愁的草场。

而对成长的儿童来说，那个爸爸妈妈或爷爷奶奶成长的草原与他们其实没有太多的关系，他们的未来的生活不在草原。十岁的 YJCR 家挂着许多奖状，笔者和他进行了一段随意的对话（YJCR 汉语普通话说得非常标准，还充当了父母的翻译）。

> 笔者：你学习好吗？
>
> YJCR：好。（很干脆，顺手指了指墙上的奖状）
>
> （笔者拿起茶几上的英语考试卷看了一下，84 分。）
>
> 笔者：这分数在班里第几名啊？
>
> YJCR：前三吧！
>
> 笔者：你回老家去吗？
>
> YJCR：去，暑假寒假都去！
>
> 笔者：你去谁家？
>
> YJCR：我哥家。
>
> 笔者：你哥为啥没有移下来？
>
> YJCR：他家孩子多，六个，移下来没法养活。
>
> 笔者：他们家孩子羡慕你不？
>
> YJCR：羡慕，他们没法上学，太远，我回去就给他们讲城里的事情，学校的事情，他们爱听。

笔者：那你想将来在草原生活还是在哪里生活？

YJCR：老师说我学习好，好好学习将来考了大学，就在大城市生活了。（HYJCR－2017－02－M10）

语言作为人类交往的重要媒介，人类群落围绕着语言而非仅仅是距离进行组织，曼宁甚至说："人类群落是持某种特定语言的人的集合"①。一个地区的主要语言会逐渐对亚语言的持有者产生重要影响，亚语言的使用者为了融进主流文化会主动学习主语言。但是调查发现，语言的学习过程跟年龄有非常重要的关系，年龄越小越容易学会说普通话，在调查期间，笔者经常请移民家里上学的小学生、中学生帮忙翻译，作为好学生的 YJCR 一直是班里排名靠前，笔者和他父母之间的对话由他来翻译，笔者请的翻译认为比他自己翻译的还精准。良好的汉语言能力使 YJCR 自信。自己将来的生活将与他的父母会有所不同。YJCR 的老师给学习好的他规划了未来，而对 YJCR 来说，老师说的未来就是他想要的未来，那就是去大城市生活，他的生活跟父母迁移出来的那片草原只有在假期回去玩的时候才发生一点关系，而将来的生活一定不在那片草场。

笔者：想不想回去？

LJ：想回去。回不去。家里的草山不行，沙化严重，又没有牛羊，更没有劳动力，回去没法生活。（HLJ－2016－08－W27）

LJ 在州民族中学的食堂里打工，他的父母帮助她和姐姐带孩子，孩子们的父亲都走了。一家人在 60 平方米的生态移民房间，住不下，把房前屋檐下密封起来居住，对 LJ 一样的青年人来说，故乡故土可以回去，但回不去过去的生活。

高稀源生态移民需要两个世界，一个是教育、医疗、交通、通信

① ［美］帕特里克·曼宁：《世界历史上的移民》，李腾译，商务印书馆 2015 年版，第 3 页。

等硬件基础好，年轻人和孩子们希望拥有的生活的"日常生活世界"；另一个是老年人记忆中的、向往的，许多人生计依赖的"梦中的家园"，他们在两个世界穿行，在一个世界享受现代化的成果，而却需要在一个不发达的地方获得这种享受的精神支撑甚至经济支持。

第四节　生态移民社会风险

高稀源生态移民是全球生态风险的直接后果承担者，他们赖以生存的家园在全球气候变暖和牧民自己过度放牧的双重力量之下，使得适宜放牧的牧场退化、土地沙化，牧民生活贫困化，为了保护和恢复生态环境的重要功能，对当地的牧民进行了生态移民。这种因结构性原因引起的人口迁移，因迁移者自身的主动性不够，导致较多的社会风险。

一　社会融入不足，形成社会排斥

迁移对迁移者个体和家庭来说，无论计划和前期工作做得如何全面，仍旧会面临诸多新的问题。而对高稀源生态移民来说，虽然因生态环境的压力导致其自己认为搬迁是相对比较好的选择，但基本上由政府帮助选择安置地点的方式出现"飞地"式的安置问题，使得高稀源生态移民出现居住点的地理区位，在经济、政治、文化、心理等方面都出现"边缘人"认同[1]。所谓边缘人不仅是地理位置上的边缘，更是社会位置上的边缘，高稀源生态移民要快速地融入当地，习惯目前的生活方式，更快地转变生产方式，获得新的谋生技能，稳定的生活下去是非常重要的。而对高稀源生态移民来说，更可能的风险是融入不足而出现社会排斥。[2]

社会排斥是与社会融入相对的概念。20世纪60年代，欧洲各国

---

[1]　冯雪红、安宇：《三江源生态移民的"边缘人"处境》，《广西民族研究》2015年第4期。

[2]　潘泽泉：《社会、主体性与秩序：农民工研究的空间转向》，社会科学文献出版社2007年版，第7页。

社会问题频发，有社会责任感的政治家、社会活动家、记者、学者在其职业活动中意识到穷人是"受排斥者"。法国学者勒内·勒努瓦看到一些特殊的社会成员比如身体或精神有残障者、药物或酒精滥用者、问题家庭、单亲父母、其他社会越规者等人被排斥在就业和社会保障之外，他们是社会的"不适应群体"，借此提出了"社会排斥"这一概念以强调个体与社会整体之间的各种断裂。后来，社会排斥逐渐从经济领域扩展到社会、政治、文化领域并成为分析弱势群体困境的重要概念。社会排斥指社会成员没有参与正常的社会生活的路径，在经济生活领域中无法进入劳动力市场没有就业机会；在社会生活领域如教育、医疗、社会保障等缺乏；在政治生活领域参与权丧失被边缘化；在文化生活领域自身文化逐渐丧失。社会排斥发生的原因非常多，从被排斥者自身角度看，有些个体和群体自身的行为比如酗酒、违反社会规则甚至懒惰等都是其遭受主流社会排斥的原因；从社会结构的角度看，社会排斥是社会整合力下降的结果，是个人与社会联系纽带的断裂，比如大面积的失业人口；从利益集团的角度看，社会排斥是优势群体有意无意地通过权力和歧视性政策垄断稀有资源，并通过社会封闭限制外来者进入，从而永久性地保持这种利益的手段。①通常情况下社会排斥的发生是各种因素综合作用的结果。

　　本书文献述评里提到，法裔美国学者克雷夫科尔早在 1782 年就美国的族群流动现象形象地提出了"熔炉论"，认为美国从诞生之日就是一个各种族群的大熔炉，所有的族群都做出了生物学和文化意义上的贡献，这就是社会融入的早期思想。社会融入的研究角度随着世界人口流动的加速，人们发现跨国移民的融入经历经济融入，逐步达到社会融入、文化融入，最高级的融入是移民开始政治参与即政治融入。国内学者借鉴社会融入的概念主要研究农民工的城市融入问题，建立了可操作化的模型，一级指标为经济、社会、文化、心理。经济方面用是否获得稳定职业及收入；社会层面用是否获得当地的教育、医疗、社会保障等社会公共服务资源及与当地人保持持续和良性互

---

① 殷辂：《社会排斥的系统性、结构性及其价值支撑》，《中州学刊》2018 年第 10 期。

动；文化层面用价值观念是否和本地人趋同；心理方面用自我和群体身份认同及对居住地的情感等维度来测量社会融入的程度。还有人建构身份融入、行为融入、情感融入与制度融入①等测量维度去测量某种人群的社会融入问题。

从各类影响社会融入的研究可以看出，能否稳定就业和拥有稳定收入是影响各类人群社会融入的非常重要的因素。在工业时代，职业成为界定和辨识个体的重要指标，收入、地位、语言能力、教育程度、社会关系甚至兴趣爱好等都与职业有关，工资劳动和职业成为生活的轴线，与家庭一起，形成了生活所处的两级坐标系，成为对个体两种重要的保障，给予生活"内在的稳定感"。

本书问卷调查中问道"您移民前的职业和目前的职业"：移民前主要的职业是牧民和打工者，而移民后主要的职业是无业和打工者。移民很难获得稳定的就业和收入，成为影响社会融入产生社会排斥的重要原因。

从社会融入的角度可以看出，移民点到目前仍旧是归属原移出地管辖，从制度上没有完全交给移入地管理，对移民享受移入地各项社会公共服务等有一定的影响。但从移民和当地人的交往来看，本书做了2008年和2017年的对比：2008年调查的时候，生态移民和本地人没有交往的占60.1%，交往不多的占13.5%，两者合计占73.6%，交往一般的占6.2%，交往比较多的占19%，交往非常多的占1.2%。2017年调查的时候，生态移民和本地人交往非常多的占23%，比较多的占26%，两者比例明显上升，合计占49%，交往一般的占13.5%，交往不太多的占24%，没有交往的占13.3%，证明从交往层面生态移民逐渐增加了和当地人的互动。

从心理认同角度前文已经论述了移民对生态移民身份越来越强的认同，这是一种生存策略选择也是和当地人进行互动的结果。笔者在地做调查的时候发现，当地居民不会主动去移民村，甚至会给移民村

---

① 徐鹏、周长城：《新时代背景下流动青年社会融入的结构测度与影响因素——基于2017年湖北流动人口动态监测调查》，《中国青年研究》2018年第9期。

庄起污名化的称谓。当地居民的主动隔离使得生态移民也会进行自我隔离，以避免被伤害，高稀源生态移民从自信的牧者到敏感的"局外人"。[①]

总之因为社会融入度不足，使得生态移民出现一定程度的社会排斥，这种社会排斥与移民自身的生活状况、身份认同有关，也跟迁入地的社会接纳状况有关。

二 出现文化断裂，演化贫困文化

高稀源生态移民从传统的生产生活方式中"脱域"出来，离开了土地（草原）、牲畜、邻里、社区、亲属的"生产者"社会可以提供的传统安全，被迫快速进入非农"消费者"社会的生产生活方式中，离开了传统生活地域提供的神山、圣水的护佑，要迅速找到新的信仰寄托。

如何处理"身体"与"灵魂"的关系成为所有宗教关注的终极意义。高稀源生态移民信仰的是一种"出世的追求来生"的宗教，强调此生"苦修"对来世的重要意义，所以并不注重物质享受而注重精神上的圆满，他们甚至愿意日常生活中节衣缩食而会把节省下来的金钱毫无保留地供奉给寺院。而生态移民之后，生产生活条件发生变化，人们再也无法作为无欲无求的"生产者"而必须变成被高昂的物价压迫着的"消费者"，与之相适应的生产生活文化、衣食住行文化、宗教信仰等都出现调适甚或断裂。

在高稀源生态移民的日常生活中，与牧场相关的生产生活方式作为一种重要的文化已经远远离去；与生命相关的生老病死文化正在逐渐变迁；生命与自然的关系也演绎出新的认知，归依自然的丧葬文化也逐渐地要适应迁入地的丧葬文化；与信仰相关的圣山和圣水和可以围绕圣湖转经的日子一去不返了，也得依据居住地的自然地理条件重新调整。因为居住的较为集中，移民点附近基本上都有寺院，移民会

---

① 韦仁忠：《高原城市的陌生人：三江源生态移民的文化调适和社会资本重建》，中国社会科学出版社 2016 年版，第 130 页。

选择去寺院进行日常的宗教活动。高稀源生态移民之后，生存方式根本转型，因传统的宗教信仰和移民点的具体状况的束缚，使得移民们没有能力也没有路径通过努力而改变生活，对移民来说，则会形成一种安于贫困，不努力改变而依赖外界救助的贫困文化，这种文化可以通过儿童的社会化过程像基因一样遗传到移民村的孩子们身上，这对移民村未来的发展极为不利。

三 身份认同固化，孕育群体性事件风险

高稀源生态移民的利他指向与非自愿性，使得他们永远占据"道德优势"，而这种道德优势会成为行动策略选择的重要依据。"高稀源生态移民"因为居住点的分散和绝对人数并不太多，并不是一种实体意义的"事实共同体"，只是一种心理归属意义上的"想象的共同体"。但移民原因相同，生活境遇相同，居住地域相似，虽地理相隔，仍信息相通，有限的信息使他们相互比较，比如江河源村和 C 州民族文化村，海源新村和清源新村，因各种原因造成两个相隔很近的村庄境遇不同，境遇较差的村落会形成心理落差，而当所有的移民村和居住地周围的居民相比，相对剥夺感则会更强，随着移民短期失业甚至长期失业，改善生活的机会渺茫，则会进一步加强"高稀源生态移民"的身份认同，会把生活中的不如意都直接归因到这一身份上。

斯科特的研究认为穷人的议论有特殊的歪曲意义，他们倾向于把自己的损失与他人的获益，他们自身的痛苦与他人的快乐联系在一起①，而利益受损者为了同当前的局面进行比较则经常会建构"过去的好日子"。高稀源生态移民的十年禁牧期自愿性移民大多数属于牧区牲畜较少，家庭条件较差的家庭，但即使条件差，也比移民之后的生活好是移民的共识，因此更强化了移民自己是"代价群体"的认知。贝克认为群体的团结有需求促进型团结和焦虑促进型团结，需求促进型团结有所指，焦虑促进型团结无所指，甚至超出了人们的认知

---

① 参见［美］詹姆斯·C. 斯科特《弱者的武器：农民反抗的日常形式》，郑广怀、张敏、何江穗译，译林出版社 2011 年版，第 190 页。

范围，但使人们产生恐惧，使人们投入非理性的、过激的行为中，当移民面对生活的困境无能为力，或者会产生安于现状的贫困文化或者会产生心理焦虑，焦虑则会导致个体非理性的行为甚至出现群体非理性的行为，在不可预测的因素刺激之下成为群体性事件的诱发因素。

小结　非自愿移民的自愿

高稀源生态移民是 X 省高海拔地区最典型的结构化人口迁移。在世界气候变暖和移民自己过度和不适度放牧的双重作用下，作为生态脆弱的高稀源地区生态急剧恶化，为了保护和恢复当地生态进行了生态移民。生态移民使得在草场承包之后在牧民生活中退居幕后的国家又一次成为移民生活的主要决策者，导致移民在遇到困难的时候大多数人选择找政府解决问题。

生态移民从不自觉的身份认同到自觉的身份认同，是移民十多年来跟政府不断互动中形成的策略性选择。移民收入严重依赖政策性收入的同时还不稳定的，与此相伴的却是高涨不下的消费支出，移民有某种深刻的，不为所知的不安全感，这种不安全感是一种对未来的不确定性和完全不可预期和无法掌控。生态移民的身份成为寻求政府和他人帮助的理直气壮的理由又是自己无力解决生活困难的可靠借口，在移民村形成一种"等、靠、要"式的贫困文化，这种文化来源于长期的就业不足以及可预见的就业机会不多。

贝克指出风险分配与财富分配存在的悖论，即风险在下层聚集，财富在上层聚集。对生态移民来说，以前的可掌控的生活变得失控，生活成了某种别人给定的而不是自我追求的结果，一种"责怪他者"的心态油然而生，使得移民心理上产生或麻木不仁或充满暴戾的心态。

高稀源生态移民主要的问题仍旧是就业而不仅仅是收入。在高稀源生态移民的主要收入来自政策性收入的事实基础上，为了避免移民社区严重的"等、靠、要"思想，形成一代人甚至几代人理直气壮等人"给钱"的心态，要使移民学会用劳动来获得收入，即使政策性收入也只能无偿提供给老、弱、病、残、幼等弱势群体，要让有劳动能力的人通过自己的劳动获得收入。因此在各级政府帮助发展后续产业的成效不明显，全职而又稳定收入的工作机会缺乏的情况下，灵活多元的不充分就业代替标准化的充分就业，计件付酬代替计时付酬，服务性工作付酬等都可以用来调动青壮年生态移民的劳动积极性。

风险产生之后会沿着自己的逻辑进行生产，风险会出现累积和叠加效应，当生态移民面临着诸多细碎的问题，生活、工作、就业、医疗、入学等，就会出现风险累积，如果风险累积为社会危机，则会因高稀源生态移民特殊的生态区位和族群特征，成为各种国际政治力量凭借的口实。作为经济大国，必须有能力从经济的角度解决高稀源生态移民面临的问题，可以凭借各种制度性力量彻底改善移民的生存状况，使生态移民生存境遇改善的同时化解社会风险，解除社会危机，从而使理论上自愿事实上非自愿的生态移民成为心理上自愿的移民。

余论
个体化背景下的人口流动及社会风险

自古以来人口流动就是人类生活的正常形态之一，只是随着现代科学技术的发展，人类迁移的脚步得以跨涉了整个生存的星球。总体来说，无论流动的人口还是定居不动的人口总会面临着各种各样的社会问题，只是这些问题的原因、内容、表现方式以及其孕育的社会风险有所不同。

本书在研究 X 省高海拔地区人口流动问题时，虽然发现了个体性和结构性两种不同的流动动力会引起不同的人口流动类型和不同的社会风险，但仍旧无法回答为何基于个体决策基础上的人口流动的社会风险会较小，而基于结构性因素推动的人口流动引起的社会风险就会大一些，为此，本书试图在一个更广阔的历史视野、地理空间区位上进行讨论，进而去发现 X 省高海拔地区的人口流动特质与社会风险的关系，挖掘一时一地的人口流动在中国的历史长河和地理区位中的价值，进而为整个国家人口流动的研究有所启示。

第一节　个体化：历史进程与理论表述

人类历史的发展过程从本质上说就是一个不断克服蒙昧、打开禁锢人们身体和精神的枷锁、解放人自身的过程。近代以来的三大思想解放运动：文艺复兴、宗教改革、启蒙运动逐渐使人作为一种独立的个体走上历史舞台；法国大革命使得自由、民主、人权等个体价值成为人类的遵循和奋斗目标；工业革命促使人们离开土地，离开传统家园，寻找崭新的"自己的"生活。当时的诸多思想家注意到伴随这一历史进程个体逐渐脱离集体进入了一个完全不同的社会形态的"个体化"过程：涂尔干发现社会快速变迁使中间组织逐渐解体，个人不断地从同业组织中脱离，失去保护的个体不得不与国家直接对峙①，但同时也发现"个人越来越个体化的同时却越来越需要团结合作"这两种矛盾并行地出现，因此，个体只有融合进社会里，社会才能更高效地运作②。滕尼斯描绘了传统社会和现代社会的不同：传统社会人们生活在共同的地域，有共同的生产生活，享共同的群体文化，拥有共同的群体心理，人们守望相助、休戚与共，形成了一个没有个人主义的"共同体"；进入现代社会，个体离开了祖先生活的地方，加入了由无数陌生人组成的、分享众多社会价值和群体认同的彰显个人主义的"社会"。③ 总之，思想家们看到了这个阶段个体主动地脱离出传统的集体而加入新的群体和社会组织、对传统社会的依赖逐渐减弱、新的社会关系重新建立的过程，但脱离出集体的个体在很大程度上依赖自己谋生的同时，对他人的依赖程度不是减少而是增多，也即这是一个彰显个人价值，把个人还给个人，同时又不断整合进新的社会结构的过程，此过程被研究者们称为"个体化"，第一现代性下"个体化"被认为是一个个体从传统集体之中脱离出来的过程。

随着社会现代性进程的加快，传统生活全面瓦解、政治民主广泛确立、福利制度逐渐成形、消费主义席卷社会、网络技术迅猛发展、全球自由流动等促进社会进入"第二现代性"过程，第二现代性下的个体化与第一现代性下的个体化有较明显的区别：第一现代性下的个体化是个体努力争取从传统集体中脱离，实现个体价值，并重新选择加入新的集体的过程，而第二现代性下的个体化则是在现代性制度

① ［法］埃米尔·涂尔干：《社会分工论》，渠东译，生活·读书·新知三联书店2000年版。

② ［法］雷蒙·阿隆：《社会学主要思潮》，葛志强等译，华夏出版社2000年版，第254页。

③ ［德］斐迪南·滕尼斯：《共同体与社会——纯粹社会学的基本概念》，林荣远译，商务印书馆1999年版，第58页。

的保驾护航下个体性被不断释放，从而使得个体对自己生命全面负责的过程。

埃利亚斯敏锐地捕捉到现代社会"把社会成员铸造成个体"的新特征①：在早期较为严密、封闭的集体里，个人与群体及其成员联系密切而又稳定，人们大多或长期较稳定地或终其一生地依附于故乡、部族、宗氏里，个体对群体有深切的归属感和依赖性，群体规范对个体行为具有最大的限制力；高度城市化的社会里，个人逐渐脱离了地域的、血缘的庇护群体，对家庭、血亲、地域社团等集体的依附性减少了，原先所属的群体和地域的庇护和控制功能以及凝聚力日渐丧失，随着流动性的增加，个体不得不依靠自己谋生立业，要凭借自身的奋斗去实现自己的追求，别无选择。②

鲍曼认为：个体化是一个强制的、被动的过程，是一个不断流变的过程，主要体现在：首先，现代性通过劳动、就业、工资制使得个体从与生俱来的社会属性中解放出来，重新确定自己的身份及一切。③其次，个体化消解了阶级和阶层，人旧有的结构、格局、依附和互动的模式都需重新铸造和形塑，社会阶层最终由单个的社会成员所取代，个体再也不会团结起来形成稳固的有集体利益的"阶级"。再次，作为个体的有限性和永恒价值之间双向通行的两座桥梁——家庭和民族在后现代时期逐渐崩溃了，④ 个体化的个人"被连根拔起"。⑤最后，个体化是一个别无选择的、只得如此的、充满着不稳定性和不

① ［德］乌尔里希·贝克、伊里莎白·贝克—格恩斯海姆：《个体化》，李荣山等译，北京大学出版社 2011 年版。

② ［德］诺贝特·埃利亚斯：《个体的社会》，翟三江、陆兴华译，译林出版社 2003年版，第 139—177 页。

③ ［英］齐格蒙特·鲍曼：《共同体》，欧阳景根译，江苏人民出版社 2003 年版，第37 页。

④ ［英］齐格蒙特·鲍曼：《共同体》，欧阳景根译，江苏人民出版社 2003 年版，第69 页。

⑤ ［英］齐格蒙特·鲍曼：《流动的现代性》，欧阳景根译，生活·读书·新知三联书店 2002 年版，第 73 页。

确定性的、没有稳固性可以"依附""流动"的个体化，① 鲍曼认定"个体化是命定而非可选择之事，在个体自由选择的范围内，逃避个体化和拒绝参与个体化游戏这种选择，都没有提上议事日程"。②

乌尔里希·贝克在《个体化》一书中深入系统地论证了个体化的命题。斯科特·拉什认为贝克的个体化与伦理的、利他的"作为个体"的个体主义截然不同，贝克的"个体化"是一个个体如何"成为个体"的观念。阎云翔则认为："贝克和其他人的个体化命题不同，他强调的是一种新的张力，即一方面是不断增长的对个性、选择和自由的要求，另一方面是个体对社会制度的复杂而不可避免的依赖。"③ 贝克的个体化命题因此被认为是研究"第二现代性"下的个体化的主要范式，也被称为"制度个体化"理论。在贝克看来"成为个体"既是个体通过一系列自我行动努力达至的结果，也是一系列制度保障实现的过程，是一个看似个体主动选择，实则被强制的过程：通过制度化的教育水平的提高，个体可支配的工资性收入的增长，民主和福利制度的保障，以及随着信息社会的到来的工作场所、工作时间的分散化和灵活化，使得个体从传统的社会形式和义务中完全脱离出来④。但个体从旧有的义务和支撑关系（家庭、性别、阶级）中"脱嵌"出来的同时，却不得不依赖于教育、医疗、就业、生产、消费、法律、养老等一系列复杂的社会制度和社会结构。

现代性以来的西方社会，通过一系列的制度设计，使得个体逐渐摆脱了传统的地域、血缘、身份的束缚，在制度的保障下一步步地成为"自己为自己负责"的个体，进而形成一个高度"个体化"的社会。从人口流动的角度来看，高度"个体化"社会会促进人口离开

---

① ［英］齐格蒙特·鲍曼：《现代性与矛盾性》，邵迎生译，商务印书馆2003年版，第45页。

② ［英］齐格蒙特·鲍曼：《个体化社会》，范祥涛译，生活·读书·新知三联书店2002年版，第181页。

③ ［美］阎云翔：《自相矛盾的个体，纷争不已的个体化进程》，载［挪威］贺美德、鲁纳编著《"自我"中国：现代中国社会中个体的崛起》，许烨芳等译，上海译文出版社2011年版，第2页。

④ ［德］乌尔里希·贝克：《风险社会》，何博闻译，译林出版社2004年版，第8页。

传统的家园，通过流动来实现个体的价值，进而促进整个社会的活力。

第二节　中国社会个体化及其特点

虽然个体化是一种浩浩荡荡的历史潮流，任何国家、任何个人都无法避免，但并不是所有国家在不同的时刻走上相同的道路，而是在不同的时刻走上不同的个体化道路，中国的个体化有其独特的形式。

中国改革开放以来的特殊历史时期，使其同时面临着全球资本的快速涌入、世界市场的迅速形成、信息时代的到来、全球一体化的步伐加快、风险在世界范围内快速扩散等世界共同面临问题的同时，还需面临长期的历史欠账而造成的经济结构不太合理，社会中间组织发展缓慢，现代政治文化没有跟进的社会状况。"中国快速发展的时空压缩模式，使得个体化同时展现了前现代、现代与后现代的复杂状况"，个体同时从传统和第一现代性中脱嵌，需要同时处理第一现代性和第二现代性的所有问题，而嵌入后现代的风险社会之中[①]。因此中国的个体化绝不是对欧洲个体化的简单复制，而是必须被理解为一条非常不同的、中国式的"制度个体化"道路。

对集体化之后的"个体"的重新解放以及因此而促生的人口流动是中国的个体化案例中至关重要的制度动因。改革开放以前，为了快速的社会建设，国家建立了一套包括单位制、人民公社制、户籍制、阶级分类制在内的高度一元化的社会管理体系，进而形成总体性的社会结构，重要资源几乎由国家全部垄断，不但物质财富资源，连就业机会和信息资源这些关涉人们生存和发展的资源也被国家掌控。作为个体重要依靠的城市的"单位"和农村的"人民公社"，不但为个人提供工薪，还提供"从摇篮到坟墓"的一切社会保障，住房、医疗、生育、教育、养老等一切社会福利都高度依赖单位，这就使得人们的

---

① 沈奕斐：《个体家庭：中国城市现代化进程中的个体、家庭与国家》，生活·读书·新知三联书店 2013 年版，第 288 页。

身体流动和社会流动的路径都非常缺乏，社会处于铁板一块的"固定"状态，全面限制了人口的流动，"整体性社会危机"出现①。但是实践证明，这种一元化的社会管得太死，统得太严，个人失去了对自己生活的决策权，社会创新能力被严重束缚，国家并没有彻底摆脱鸦片战争以来的"整体性社会危机"，甚至中国共产党的执政合法性也受到质疑。

作为改革开放试水区的从农村开始的"家庭联产承包"，通过"包产到户"的方式，打破了人民公社化运动以来的国家主导的"集体化"农业生产，把土地交给农民"个体家庭"进行生产，农民自己掌握了自己和家庭的命运。而后国家通过各项制度，对社会进行全方位的"松绑"②，使得每个人都可以通过努力而使自己和家人过上好日子，进而极大地解放了个体。富有余力的农民从原来的土地束缚和身份束缚中解放出来，大批农民作为自由的流动者加入社会流动过程之中，投入了劳动力市场，从而使个体而不再是家庭成为基本社会生产单位，人们逐渐摆脱了"身份政治"的限制，可以通过"个体努力奋斗"而"发家致富"。随着社会生产能力的快速发展，社会从"苦行者社会"过渡到了"消费者社会"③，农民走上了一条"自己为自己负责"的"个体化"道路。国有企业的一系列"改革"，使资金、技术、原材料、劳动力等统一由国家掌控的要素进入了市场流通，国企职工"从摇篮到坟墓"的社会福利逐渐被"个人奋斗"所替代。

可以看出，改革开放之后的国家或政府，逐渐从个体生活的"前台"走向了"幕后"，不再去全方位地管理个人的私人生活，而是通过一系列制度来释放个体、保障和尊重个体权利，使每个人都有机会和能力追求更适合自己的生活，从而使个体的创新能力得到了发展的空间，社会结构发生了由总体性向分化性的转变，经济得到了空前的

---

① 李友梅等：《中国社会生活的变迁》，中国大百科全书出版社 2008 年版，第 48 页。

② 田毅鹏、漆思：《"单位社会"的终结》，社会科学文献出版社 2005 年版，第 56 页。

③ 王宁：《从苦行者社会到消费社会：中国城市消费制度、劳动激励与主体结构转型》，社会科学文献出版社 2009 年版，第 32 页。

繁荣，社会文化得到了长足发展。

　　中国的个体化进程事实上给了国民更多的流动自由和选择权利，中国社会的个体化具有与西方社会个体化不同的特征。第一，对个体权利的重视。集体化时期，家庭不再是生产单位，父亲在农业生产中的领导地位被干部取代成为和家里的其他劳动力一样挣工分的劳动者，个体对家庭的贡献明确地体现在工分上，消解了家长权威①；改革开放以后的人口流动，个人可以凭借自己的劳动获得属于自己并由自己支配的劳动收入，彰显了个体权利②。第二，"我的生活我做主"。随着对传统村庄、家庭依赖的不断减少，越来越多的人追求"我的生活我做主"而不再遵从传统家庭权力，最明显地体现在个体不再听从"父母之命，媒妁之言"而是大胆追求自己的爱情和婚姻。第三，对传统的解构。随着现代化进程的加快，作为孕育和承继文化传统的村庄，因人口大量外流而使传统失去了守护者，传统的婚礼、葬礼、节庆仪式等都被现代的形式所替代。第四，自我认同的重构。当人们离开乡土社会，走进高度分工的工厂、城市甚至信息社会，个体的社会关系不再建立在"乡土"基础之上，而是建立在"业缘""趣缘""学缘"等新的社会关系之上。第五，中间组织衰落。传统的中国官府鼓励地方自治，地方社区也期望照管自己的事情，尤其是注重家族的地方，如"多属聚族而居的华南，宗族用自己的方式维持内部的和平"③。1949 年以后，因社会建设的需要，国家控制了绝大部分稀缺资源，民间已经不掌握重要稀缺资源，中国社会便只剩下两个结构因子：国家和民众④，从而使得民众和国家之间没有任何中介力量，使得中间阶层和中间组织数量减少作用减弱。第六，再嵌入进家庭等原生社会组织中。中国社会的个体化使得单独的个体可以通过

①　［美］阎云翔：《中国社会的个体化》，陆洋等译，上海译文出版社 2012 年版，第 190 页。

②　解彩霞：《现代化·个体化·空壳化：一个当代中国西北村庄的社会变迁》，中国社会科学出版社 2017 年版，第 52 页。

③　［英］莫里斯·弗里德曼：《中国东南的宗族组织》，刘晓春译，上海人民出版社 2003 年版，第 96 页。

④　孙立平：《转型与断裂：改革以来中国社会结构的变迁》，清华大学出版社 2004 年版。

努力成为社会需要的"自己为自己负责"的社会劳动者，但作为个体化最基本的国家的制度保障与支持却没有快速地跟进，个体享受的仍旧是较低水平的福利、教育、医疗、就业、养老等社会保障，并没有完善的"社会安全网"保障国民的"本体性安全"，因此个体只有寻求可以依赖的其他路径，以期在个体遇到生命困境时有所依靠。在关于中国社会关系网络的诸多研究中发现血缘、亲缘、地缘关系仍旧是个体在面临生活困境和社会问题时的重要支撑①，可见中国的个体化过程中的"再嵌入"不是嵌入一个新的制度保障下的"个体的"社会里而是又回到脱嵌的地方，在个体需要帮助的重要时刻，比如生育、疾病、养老、救助等时候，个体只有回到"原生家庭"中获得帮助，即又回到"脱嵌"出来的家庭和私人关系网络中去寻求保障。

第三节　X省人口流动类型与社会风险

一　X省人口流动特征与类型：个体性与结构性

无论如何，中国社会的个体化路径和西方并无本质区别，现代化的中国，制定越来越多的制度来保障包括自由流动权在内的个体权利，但在X省高海拔地区人口流动的具体实践中却体现出互相矛盾甚至冲突的路径，在保障的同时，制度对个人生活的干预也有所增加，从而使X省高海拔地区形成两种重要的人口流动类型：个体性人口流动和结构性人口流动。

X省高海拔地区人口流动在个体性和结构性因素共同推动下形成了不同的人口流动形式，总体上看，X省高海拔地区人口流动呈现四个特征。第一，生态环境保护成为人口流动的地域特征之一。X省高海拔地区独特的自然地理区位，使得大面积的土地成为限制和禁止开发区，大量的当地人口不得不为生态环境保护做出贡献，离开自己的家园到其他地方生活，这是在特殊的历史时期和地理条件下的独特的人口流动类型，而这一类型的人口流动，结构性因素远远大于个体性

---

① 徐琦：《"社会网"理论述评》，《社会》2000年第3期。

因素。第二，新型城镇化建设成为人口流动的强动力。X 省高海拔地区的城镇化虽然速度较慢、质量较低，但城镇化的建设同样给当地民众一个进城生活、享受较好物质生活和其他生活条件的机会，城镇化成为促进人口从乡村牧区向城镇流动的重要原因。第三，生活、养老目的成为人口流动的新诱因。X 省高海拔地区高原高寒特殊地理环境使得大量公职人员和其他有能力的人为了获得更好的生活选择在 X 省高海拔地区工作但在其他地方买房居住生活。第四，结构性因素成为人口流动的新动向。流动人口是最典型的个体性人口流动，因个体的移民网络，使得一部分流动人口有到 X 省高海拔地区的流动惯习，在 X 省高海拔地区流动就业有重要的情感支持，但是选择在 X 省高海拔地区安家落户的流动人口比例极低，X 省高海拔地区流动人口的总体数量较少。从 X 省高海拔地区人口流动的总体趋势来看，结构性因素引起的人口迁移的数量远远大于个体性因素引起的人口迁移。

二 X省高海拔地区人口流动社会风险分配逻辑

从社会风险的视角来看，本书中的人口流动形式，流动人口、公职人员、城镇化人口、生态移民等都蕴藏着社会风险，但这几类人群的风险程度却是完全不同的，从小到大依次是：流动人口、公职人员社会风险很小；城镇化人口有一定风险；生态移民的社会风险较大，也即个体性因素引起的人口流动社会风险较小，结构性因素引起的人口流动社会风险较大。为何会如此？因为在"个体化"的潮流之下，制度越来越保障个体权利，个体越来越享受一个对自己生命负责的"自决"人生，但当个体因为结构性的原因，自己的生命过程由结构性的因素尤其是政府等可见的力量起决定作用时，个体在交出自己生命"决策权"的同时也自然而然地把"责任"转移给了结构性因素，而当结构性因素并不能解决结构性人口的大多数问题时，就会使得结构性人口面临诸多问题，产生不满心理，可能会孕育较大"集体行动"的风险。

（一）个体性人口流动社会风险较小

流动人口（包括农民工）、公职人员这两类群体有非常重要的共同属性：这些人口的流动不是由外界的原因引起的而是由流动者自己的自我（包含家庭）决策引起的（随着社会经济条件的变化，此种类型的人口流动的结构性因素逐渐在增加），我们称这种人口为个体性人口或"自在人口"。

"家庭联产承包"以来，农（牧）民依靠承包的土地草场生活，有生活比较富裕的，也有生活比较贫困的，农牧民一般会认为生活不好是自己没本事（现在情况有所变化），而不会去责怪他人甚至政府，本质上农牧民"自己为自己生活负责"，共同的利益点和利益诉求较少，所以即使贫穷的农牧民也一般不会"责怪他人"；公职人员尤其是 X 省甚至 X 省高海拔地区的公职人员，在近些年就业压力之下，越来越多的人选择在祖国的大西北地区考取公职，这与当地招录的公职人员数量、质量等结构性因素有关系，但公职人员就业仍旧是个体和家庭决策的结果，虽然公职人员会遇到很多问题，比如环境不适应、工作压力大、待遇不如意、晋升空间小、年轻人找不到对象等，使得 X 省高海拔地区"每个年轻人都有一颗调到省会的心"，基层管理人才流失比较严重，但总体来看，目前公职人员这一类型的流动人口其社会风险是比较小的。

（二）结构性人口流动社会风险较大

在快速的城镇化过程中，X 省高海拔地区越来越多的农牧民进城生活，这种看似农牧民自己和家庭决策的迁移行为背后隐藏强大的结构性因素。目前大部分进城生活的牧民可以依靠牧场（包括虫草）的供给和少量的其他收入在城镇生活下去，而随着代际更替，在城市长大的"牧二代"能否和父辈一样继续城市—乡村"两栖"生活，是否可以维持牧业和"虫草经济"的可持续发展，成为进城生活的人口面临的主要问题，而 X 省高海拔地区的产业结构并无法提供大量的非农职业来保证就业，进城生活的人口成为潜藏社会风险的重要结构性人口。

本书最典型的结构性人口流动"高稀源生态移民"是保护"地球之肾""中华水塔"这一重要生态地区"高稀源"而进行的人口迁移。在众多研究者的研究中，普遍认为生态移民"等、靠、要"的思想严重，而对生态移民收入的调查发现，九成的收入是各项政策性收入。从前文可以看到，移民在和"政府"多方位的互动中不断强调自己"生态移民"身份，强调他们作为一个重要群体对整个国家甚至国际社会的"牺牲式"贡献，借此"社会资本"来获取生存资源。

城镇化人口和三江源生态移民，逐渐从可以凭借初级市场过上"自给自足"的小农生活，进入消费社会后，日常吃穿住行都需要花钱来解决。尤其是高稀源生态移民，家庭联产承包以来从牧民生活前台转到幕后的"国家"，又一次站到了个体生活的前台，使得高稀源生态移民在个体生活遇到困难时通过不断去找"各级政府"来解决问题。

总之，凡是由个体性因素引起的人口迁移，个体"自己为自己负责"，引起的社会风险较小，而由社会制度性因素引起的，迁移人口就容易形成共同的"身份认同"从而造成暂时或长久的"群体意识"进而在持续不断地互动中形成"群体策略"来维护"群体利益"，尤其在遇到各种个人和家庭生活中的很难解决的问题时，就会采取用群体身份进行"利益申诉"，对结构性迁移人口来说，生活中遇到的问题越多，"集体行动"的社会风险就会越大。

（三）X 省人口流动主要社会风险领域：民生与社会心态

改革开放以来，经济建设成为国家和普通民众生活的主要内容，国民经济得到了较大发展，个体日常生活得到了较大改善，但整个国家对社会风险的意识不够。2003 年的非典疫情之后，使中国人深刻地意识到"经济这条腿长，社会这条腿短"，国家政治、经济、文化、社会、生态等方面还存在重大的不协调，而这种不协调会孕育社会风险。2003 年之后的结构调整，"社会这条短腿"在一定程度上得到了成长，但和经济的发展仍旧存在不协调，社会领域依然孕育着许多社会风险。对 X 省高海拔地区人口流动来说，前文各部分已经详细分析了人口流动的主要社会风险，从另一个层面来说，X 省高海拔地区人口流动主要的社会风险是民生领域。

1. 民生是孕育社会风险的主要领域

民生指民众的日常生活领域，包括民众的基本生存、生活状态，即日常的衣、食、住、行、生育、教育、医疗、养老、就业等，也包括基本发展机会、基本发展能力和基本权益保护等方面，一般来说民生的两个主要方面：一曰生存，二曰发展。

X省高海拔地区本地经济发展底子薄、总量小且环境保护的压力大，能够吸纳大量劳动力的产业不足，就业岗位总量供给不足，岗位结构与岗位需求不能高度匹配，而人口向外流动就业又受语言、技术、思想观念等的限制，并不能大规模向外流动就业，在人们的消费需求升级而以牧业为主的产业结构并不能有效提高收入，高度依赖的"虫草"收入并不稳定，快速发展的旅游业因旅游季节较短，并不能提供充分的就业岗位，X省高海拔地区的就业压力会成为较长一段时期内孕育社会风险的重要领域。对X省高海拔地区流动人口来说，因就业的领域基本上在服务业、零售业、餐饮业、建筑业等高度流动的行业，并且流动人口绝大多数人并没有打算在X省高海拔地区"落地生根"，所以如果X省高海拔地区不利于自己的发展，就会很快换地方，对X省高海拔地区成熟市场的形成甚至当地人的就业都有一定影响。对公职人员来说，因X省高海拔地区特殊的地理条件，使得在职公职人员向外流动的动力比较大，而离退休公职人员则大多数在省会及其他省份生活，使得X省高海拔地区缺乏高素质的社会管理人才。城镇化人口面临着较大的就业问题，目前越来越多的人口进城生活却又依靠牧业（包括虫草）供给才能够保障在城市的生活，但随着在城市成长起来的"牧二代"到了就业的年龄，他们中有多大比例人口愿意并有能力继续从事牧业生产，从而保障城市生活会成为较大的问题，而"牧二代"对非牧职业的需求在上升，就需要产业结构调整以有更多的非牧岗位供给，但显然对X省高海拔地区来说，具体的地理条件，并不能保障有更多的非牧岗位的供给。

其他民生领域比如医疗，也潜藏社会风险。随着人们对健康的重视，越来越多的人有越来越复杂精细的医疗需求，但作为经济仍旧欠发达的X省高海拔地区，同时面临着医疗资源不足，医务人员紧缺，医疗技术水平有待提高的诸多问题，使得医疗资源和就医人口大量向省会城市集中，孕育社会风险。

2. 社会心态领域是孕育社会风险的又一重要领域

社会心态就是在一定时期内广泛存在于各类社会群体内的情绪、情感，社会认知、价值取向、行为意向等，是一种集体氛围和共同情绪，尤其是公众对社会现象和社会运作态势的评判和期待。社会心态是社会现实的结构性问题的映射，社会心态反过来参与现实社会的构建。

X省高海拔地区人口流动中有一些重要的社会心态，孕育一定的社会风险，尤其对结构性人口迁移来说，比如高稀源生态移民，因结构性因素在人口迁移中的重大作用，使得移民产生严重的依赖心理，甚至是一种失衡的心理状态，而这种心理状态可能转换为具体的行动，表现在仇富仇官心理、平均主义心态甚至莫名其妙的无名业火，抱怨、嫉妒、怨恨、暴戾之气等社会情绪，常见的是在各种场合的各种抱怨，[①] 在行动上表现为消极怠工等，极端的时候会有报复式行为。随着移民和政府互动过程，累积出越来越多的移民认为政府应该解决问题，这导致移民对政府的信任度降低。

社会心态的不健康会反映在社会结构上，使得社会出现"结构性紧张"，社会结构性紧张使社会群体之间的关系处在对立、矛盾、冲突的状态中，社会关系处于一种很强的张力之中，在这样一种状态之下社会矛盾比较容易激化，容易孕育社会风险。

第四节　X省高海拔地区人口流动社会风险总体应对思路

自道格拉斯和贝克以来，人们逐渐理性地认识到现代社会的风险和传统社会的危险并不相同，危险是具体地域的人面临的具体问

---

① ［美］詹姆斯·C. 斯科特：《弱者的武器：农民反抗的日常形式》，郑广怀、张敏、何江穗译，译林出版社 2011 年版。

题，而风险并不是一时一地的，而是随着工业化以来所产生的社会问题。风险分配的逻辑也与传统社会不同，风险分配符合"飞去来器"的运作即风险制造者也是风险后果的承受着，使得每一社会阶层的人都可能成为某种社会风险的"受害者"。风险本身具有不确定性、不可预测性，风险后果也具有不确定性、不可预测性，任何社会成员都无法幸免。从本质上说，风险是现代社会的伴生物，不可能从根本消除，但人类可以通过行动改变风险发生的条件，将风险控制在有限的范围，保证社会某种程度的安全。

正如贝克的"制度个体化"理论所论述的，个体在一个越来越自由的社会中越来越高度地依赖制度和他人，也即是说"外在于个人的制度的对个体生活的决定性作用"，这就是"自主性的悖论"，唯其如此，制度建设作为一种现实努力，其重要职能之一就是最大限度上缓解生活领域中普遍存在的自主性的悖论①，因此在高度发达的社会中，国家并不管理属于个人的事务，国家仅仅在不同的人各行其是的时候进行协调、保持公正，② 以缓解社会矛盾，避免社会风险。

因此应对 X 省高海拔地区人口流动的社会风险，要认真分析不同人群的生存状态，以及造成该人群生存问题的个体性因素和结构性因素，用不同的方式方法改变社会风险转化为社会危机的各种条件，把社会风险解决在萌芽状态。

一　加大基础社会保障，使每个人都能有尊严地活着

"个体化社会"是在制度的保障之下使得每个人过上"自己为自己"负责的生活，也即社会越个体化，越需要全面有效的社会保障，福利制度是保障个体化的基础社会制度，为了降低个体化社会的社会风险，就必须加大教育、就业、失业、收入分配、医疗、生育、养老、住房等基础的社会保障，使每个人都能有尊严地活着。

X 省高海拔地区虽然因经济发展水平较低，无法提供像发达地区

---

① 李友梅等：《中国社会生活的变迁》，中国大百科全书出版社 2008 年版。
② ［英］科尔曼：《精神的力量》，朱毅译，安徽人民出版社 2004 年版，第 23 页。

一样水平的社会福利保障，但国家的存在不在于解决每个人具体的问题，而在于维护社会的公平公正，"不患寡而患不均"，寡是做蛋糕的问题，均是切蛋糕的问题，国家要通过加大基础社会保障领域的投资，使每个国民都有安全感、获得感、幸福感，以缓解群体内部和群体之间的紧张。

二 用政治眼光、经济手段解决民生问题

目前 X 省高海拔地区的人口流动，不管是哪种类型和哪种因素作为主要推动力量的流动群体，基本诉求都在经济领域。作为经济大国，必须有能力从经济的角度解决各种人口面临的问题，用经济的手段化解社会风险。尤其是对最主要的结构性人口迁移高稀源生态移民来说，因迁移群体特殊的迁移原因、动力，以及独特的安置方式，移民的生存和发展会越来越受到关注。而高稀源生态移民目前遇到的问题集中在经济领域，主要是就业和收入，作为此类迁移人口主要决策者的政府，要承担更多的责任，尤其在促进移民自主发展方面，借助一切可以借助的力量，促进移民发展，高稀源生态移民的稳定会充分印证"发展才是硬道理"。

三 发展中间组织，建立国家和民众之间沟通的桥梁

传统中国"皇权不下县"，基层的社会治理基本上依靠基层的社会、经济、文化精英，通常被称为士绅阶层自治，士绅阶层是国家和民众之间重要的缓冲阶层，使得大量的社会矛盾在基层得到有效化解。西方社会治理也有一些经验值得我们借鉴，比如国家和民众之间有大量的广泛存在的中间"社会"力量，国家通过"社会桥梁"和民众沟通，不容易形成国家和民众的直接对立。这些年我国中间组织的发展迅速但起到的作用还不够，可以介入的领域还有很多，可以起作用的空间还很大，比如高稀源生态移民等群体就可以让中间组织全面参与，在促进移民就业、提高收入的过程中，政府不需要扮演"全能"的角色，而是把具体的工作交给各类社会组织，充分发挥社会组织的"桥梁"作用，维护移民的社会稳定，降低社会风险。

四 把群体性问题转变为个人性问题，避免把个人性问题转变为群体性问题

个体性的问题最终可能导致偶发、单发的社会越轨行为，结构性的社会问题则会孕育社会风险。改革开放的经验告诉我们，国家从台前走向幕后，生活自主权交给个人，不仅能够调动广大民众的积极性，激发社会创新活力，并且把更多的权利和机会交给个人，让每个人在制度保障的基础上"自己为自己负责"，避免"自在个体"在某些条件的刺激下可能变成"自觉群体"，降低社会风险。比如在引导高稀源生态移民就业的过程中，可以转变常规的"计时付酬"为"计件付酬"，改变移民只要有了某种身份，比如清洁工，就可以依靠身份而获得月收入和年收入，使得移民非常在意并努力争取各种"身份"以获得收入待遇，而不是通过具体的劳动而获得收入的状况。"计件付酬"淡化某种身份，而是根据劳动来付酬，参加一次劳动付一次报酬，从而调动移民劳动的积极性，促进失业这一群体性问题转变为"是否参加劳动"的个体性问题，引导移民转变观念，进而"自己对自己的人生负责"。

五 对社会心态疏而不堵，让民间情绪有正常发泄渠道

民间情绪必须要有发泄渠道，这是社会的"安全阀"。在处理社会问题的时候，不要风声鹤唳、草木皆兵把正常的社会矛盾放大成社会风险，但也不能因意识不足或行动不力耽误发现和处理重大社会风险的时机。在个体化的社会，每个成员拥有不同的社会心态是正常的，不要因对社会心态的围堵而促成群体社会心态，引发民间群体性不满情绪。

X省高海拔地区人口流动因面临不同的问题而有不同的社会心态。总体来说，流动人口及公职人员中的个体存在社会心态方面的问题，但整个群体社会心态较好。城镇化引起的人口的心态问题较严重，因为稳定工作的缺乏和对牧业生产（包括虫草经济）的信心问题，使得城镇化人口有较明显的不确定感和不安全感。高稀源生态移

民因对移民的"利他"指向的认识，使得"被剥夺感"甚至"代价阶层感"比较强烈，不满情绪较大。要容许这些社会心态在一定条件下的发泄，但要合理引导，尤其通过提高城镇化人口和高稀源生态移民自我生存能力来根本上解决孕育不满社会心态的状况，改善社会心态。

　　社会就像生物体一样是个活的有机体，只有每一部分功能正常，社会才能良好运行，但是也不要把社会中的所有问题都看作威胁整个社会结构的问题，就像一些小的问题事实上是身体的自我调节，任何社会都有社会问题，社会问题的存在是正常的，只是要诊断清楚各种社会问题，处理得好，就仅是某一领域的社会问题；处理不当，社会风险才可能演化为社会危机。

　　改革开放之初，国家快速地从私人生活中撤离，不再干涉每个人日常生活的方方面面，把个体的私人生活还给了个人，极大地解放了个体。发展社会生产力，使得国家和国民都快速地富裕起来，同时也促进了中国社会的个体化进程。X省高海拔地区也在改革开放的形势下获得了较大的发展，但是目前的各种人口流动尤其是结构性因素引起的人口流动群体则隐含着一定的社会风险，而这些社会风险解决的唯一路径就是"更深入的改革、更广泛的开放"，用更深入的改革开放来保障广大人民群众的基本权利，保障人民的劳动权、休息权、财产权、生育权、人格权、监督权、获得物质帮助权等基本权利，促进初次分配更注重效率，再分配保障社会公平，使X省高海拔地区人口能够在公平、公正、诚信与和谐的社会环境中共享国家发展的成果。使每个人，不因为富有而骄横跋扈，不因为贫穷而低人一等，贫富有别而又公平公正，地位不同而又相互尊重，从根本上化解社会风险转为社会危机。

小结　所得与所失：研究反思

一　主要价值

　　社会科学研究有三种类型：探索性研究，描述性研究，解释性研究。作为本书来说，力图用研究来描述 X 省高海拔地区人口流动的图景，解释人口流动的原因，预测因这种独特的人口流动而带来的社会风险以及如何避免或化解这些风险。X 省高海拔地区这一独特地域的人口流动，作为专门研究对象的研究目前还非常少，本书针对于此，可能具有一些学术上的价值。

第一，描述的价值。本书努力用描述的广角镜，力图全景描述 X 省高海拔地区人口流动画卷，在结构式访谈、非结构式访谈、问卷调查等一系列方式的辅助下，获得大量一手资料，尽力呈现 X 省高海拔地区人口流动的生动图景，使社会科学研究具有生命的色彩，呈现 X 省高海拔地区人口流动的广阔意蕴。

第二，解释的价值。任何社会科学研究，无论运用何种理论，都是对社会生活现象的某种解释，本书在个体性和结构性框架的指导下，运用"通道—生境""两个世界""结构化""个体化"等理论来描述这样一个独特地域人口流动的图景，解释造成社会风险的原因。

第三，实践的价值。本书在大量一手资料的分析基础上预测 X 省高海拔地区主要类型的人口流动的社会风险，对相关部门进行风险预测、改进社会治理方式方法有一定参考价值。

第四，推论的价值。对 X 省高海拔地区来说，这片土地上的人口流动与国家的发展呈现密切关系，也是整个国家人口流动的独特形式，是整个国家人口流动在 X 省高海拔地区的具体表现，是国家发展状态的具体化，对 X 省高海拔地区人口流动及社会风险的研究，对全国其他类似地区和类似群体的流动有推论价值。

二　主要缺陷

任何研究都充满着遗憾，本书虽然尽可能地做到"科学"，但对社会科学研究来说，"真实"其实是研究者们一直在追求的"理想状态"，永远没有"最真实"只有"更真实"。社会科学研究者采用的具体的方式方法则对结论会产生更大影响，本书的主要缺陷也在于此。本书对不同的研究对象采用了不同的抽样方式和调查方式，比如对流动人口和城镇化人口的研究，因为调查总体不可知，本书只能用非概率的判断抽样、滚雪球抽样和偶遇抽样的抽样方式，但这三种抽样方式最大的缺陷在于不能用样本推论总体，所以，本书的流动人口和城镇化人口部分在多大程度上接近于整个 X 省高海拔地区此类型人口流动的真实状态是未知的。对深度访谈对象的选择，则带有笔者很大的主观性，或许会因为研究假设，或许会因为某种偏好，甚至出于偶然，一些研究对象的生命故事就呈现在了这里，而另外一些则没有了机会，而在访谈资料的使用过程中，笔者尽可能"类型化"地使用访谈资料，即同一类型的访谈资料可能只会呈现最典型的案例，并不是每一个访谈对象的访谈结果都呈现在本书里。

无论如何，任何研究都有得有失，本书呈现出来的优点或许值得笔者自己认真保持，显现出来的缺点，但愿后来的研究者能够克服。

附　　录

附录一：流动人口访谈对象名单①

序号	编号	性别	年龄（岁）	访谈地点	访谈方式	访谈日期	访谈时长（分钟）
1	FJSH－2016－10－M46	男	46	F 州	面对面	2016.10.20	40
2	HMD－2016－08－W45	女	45	H 州	面对面	2016.8.12	30
3	CLCH－2017－02－W39	女	39	C 州	面对面	2017.2.19	35
4	HSLM－2016－08－W40	女	40	H 州	面对面	2016.8.12	30
5	DLJH－2017－01－W46	女	46	D 州	面对面	2017.1.21	20
6	DWY－2017－01－M25	男	25	D 州	面对面	2017.1.20	25
7	EQX－2016－12－M29	男	29	E 州	面对面	2016.12.12	20
8	HNT－2016－08－W47	女	47	H 州	面对面	2016.8.20	30
9	FQXP－2016－10－W54	女	54	F 州	面对面	2016.10.20	40
10	GCZJ－2016－09－W36	女	36	G 州	面对面	2016.9.13	35
11	GLCX－2016－09－M32	男	32	G 州	面对面	2016.9.13	40
12	HGMC－2016－08－M37	男	37	H 州	面对面	2016.8.13	35
13	GJN－2016－09－W38	女	38	G 州	面对面	2016.9.14	40
14	HHDF－2016－08－M47	男	47	H 州	面对面	2016.8.15	40
15	CCZC－2017－02－M25	男	25	C 州	面对面	2017.2.19	15
16	EQX－2016－12－W24	女	24	E 州	面对面	2017.1.21	25

① 流动人口访谈对象编码格式：流动地域＋姓名字母缩写＋采访时间＋性别＋年龄。

序号	编号	性别	年龄（岁）	访谈地点	访谈方式	访谈日期	访谈时长（分钟）
17	EGCD – 2016 – 12 – M36	男	36	E 州	面对面	2017.1.21	25
18	FJBL – 2016 – 10 – M40	男	40	F 州	面对面	2016.10.20	45
19	ESZ – 2016 – 12 – M41	男	41	E 州	面对面	2017.1.21	40
20	FDZ – 2016 – 10 – M35	男	35	F 州	面对面	2016.10.21	30
21	HCJX – 2016 – 08 – W48	女	48	H 州	面对面	2016.8.15	30
22	FDSW – 2016 – 10 – M27	男	27	F 州	面对面	2016.10.22	30
23	CZHP – 2017 – 02 – M41	男	41	C 州	面对面	2017.2.19	20
24	DHLB – 2017 – 01 – M39	男	39	D 州	面对面	2017.1.22	20
25	HCFS – 2016 – 08 – M45	男	45	H 州	面对面	2016.8.15	30
26	CHLY – 2018 – 05 – M46	男	46	C 州	面对面	2018.5.20	35
27	DLZG – 2017 – 01 – M45	男	45	D 州	面对面	2017.1.20	35
28	EZGF – 2018 – 01 – M43	男	43	E 州	面对面	2018.1.09	35
29	HZAM – 2018 – 07 – M48	男	48	H 州	面对面	2018.7.22	20
30	FZJW – 2016 – 10 – M45	男	45	F 州	面对面	2016.10.24	30
31	GCH – 2017 – 03 – W39	女	39	G 州	面对面	2016.9.15	30
32	HMCL – 2018 – 07 – W39	女	39	H 州	面对面	2018.7.21	30
33	CJSH – 2017 – 02 – M25	男	25	C 州	面对面	2017.2.20	30
34	EZYM – 2018 – 01 – M38	男	38	E 州	面对面	2018.1.09	35

附录二：流动人口访谈提纲

1. 您的民族？您的年龄？您的婚姻？

2. 您现在具体的职业是什么？

3. 您是从哪里来的？您是怎么到这里来的？

4. 您现在在哪里住？您在这里住的房子是自己买的还是租的？

5. 您在哪里买房（或建房）了？

6. 您对这里的气候环境适应吗？

7. 您对这里的饮食习惯适应吗？

8. 您在这里交往最多的是谁？

9. 您和当地人交往的多吗？

10. 您会说当地话吗？

11. 这里和您老家比有什么不同？

12. 您过年回老家吗？几年回一次？怎么回去？

13. 您还会在这里待几年？

14. 如果您要离开，您离开这里的主要原因是什么？

15. 您要是离开这里会到哪里去？

附录三：公职人员访谈对象名单[①]

序号	编号	性别	年龄（岁）	访谈地点	访谈方式	访谈日期	访谈时长（分钟）
1	DNCR－2017－04－M25	男	25	A 市	面对面	2017.4.15	40
2	ECSJ－2017－10－M27	男	27	E 州	面对面	2017.10.20	20
3	EPCH－2017－10－W28	女	28	A 市	面对面	2017.10.11	30
4	EQDL－2017－10－W29	女	29	A 市	面对面	2017.10.20	30
5	GXDZ－2017－10－M34	男	34	A 市	面对面	2017.10.20	25
6	DLJH－2017－01－W46	女	46	D 州	面对面	2017.1.21	20
7	HWSL－2017－10－W30	女	30	A 市	面对面	2017.10.20	20
8	ECHY－2017－09－W27	女	27	A 市	面对面	2017.9.23	30
9	DWYH－2017－10－W28	女	28	D 州	面对面	2017.10.01	30
10	HGQX－2017－10－M32	女	32	A 市	面对面	2017.10.02	25
11	GLNH－2017－10－M34	男	34	A 市	面对面	2017.10.02	30

[①] 公职人员访谈对象编码格式：工作地域缩写＋姓名字母缩写＋采访时间＋性别＋年龄。

序号	编号	性别	年龄（岁）	访谈地点	访谈方式	访谈日期	访谈时长（分钟）
12	ELLH－2018－12－W28	女	28	A市	面对面	2018.12.04	40
13	EJCL－2018－12－W27	女	27	A市	面对面	2018.12.04	30
14	HBLH－2019－02－W36	女	36	A市	面对面	2018.2.04	30
15	HGZZX－2017－10－M53	男	53	H州	面对面	2017.10.21	40
16	GNX－2017－10－M52	男	52	A市	面对面	2017.10.21	40
17	GLJ－2017－09－M63	男	63	A市	面对面	2017.9.23	35
18	EZQH－2017－10－M57	男	57	A市	面对面	2017.10.21	30
19	HLL－2017－10－W53	女	53	A市	面对面	2017.10.21	40
20	EWDY－2017－10－M72	男	72	A市	面对面	2017.10.22	30
21	FLJCR－2017－10－W65	女	65	A市	面对面	2017.10.22	30
22	FDZCR－2017－10－M52	男	52	A市	面对面	2017.10.23	70
23	GNMDZ－2017－04－M32	男	32	A市	面对面	2017.4.23	60
24	HCL－2017－10－W36	女	36	A市	面对面	2017.10.23	30
25	DCRLJ－2017－08－M52	男	52	A市	面对面	2017.8.29	35
26	ELCL－2017－08－W26	女	26	A市	面对面	2017.8.29	30
27	HCHX－2017－10－M46	男	46	A市	面对面	2017.10.23	30
28	EYCM－2017－09－W32	女	32	A市	面对面	2017.9.23	30
29	EZDL－2017－04－W46	女	46		电话	2017.4.23	15
30	HXGZJ－2017－10－M48	男	48	市	面对面	2017.10.24	20
31	FZPF－2017－10－M41	男	41		电话	2017.10.24	15
32	HCZR－2018－07－M39	男	39	H州	面对面	2018.7.14	40
33	DXFH－2017－10－M49	男	49		网络	2017.10.21	20
34	EZBH－2017－01－W62	女	62	A市	面对面	2017.1.03	30

续表

序号	编号	性别	年龄（岁）	访谈地点	访谈方式	访谈日期	访谈时长（分钟）
35	FGCL－2017－10－W64	女	64	A市	面对面	2017.10.21	20
36	FJYM－2017－10－W57	女	57	A市	面对面	2017.10.21	25
37	CGGZJ－2017－10－M63	男	63	A市	面对面	2017.10.21	25
38	EWLY－2017－07－W57	女	57	A市	面对面	2017.7.20	20
39	FLJL－2018－04－W42	女	42	A市	面对面	2018.4.20	25
40	HGZJ－2017－10－M48	男	48	A市	面对面	2017.10.21	30
41	HHXX－2017－10－W42	女	42	A市	面对面	2017.10.21	25
42	ELFJ－2017－10－M41	男	41	A市	面对面	2017.10.21	25
43	HXGZJ－2017－10－M48	男	48	A市	面对面	2017.10.21	30

附录四：在职公职人员调查问卷

X省高海拔地区国家公职人员社会流动调查问卷

调查地址：

朋友：您好！

我们是"X省高海拔地区人口流动及社会风险"课题组成员，正在做有关X省国家公职人员社会流动的相关课题，您是我们按照科学抽样原则抽取出来的调查对象，您的意见将代表和您一样的部分公职人员。本问卷所有题目答案没有正确和错误的区别，您只需要在您认为合适的答案上画○或填上合适的答案。我们将遵守《中华人民共和国统计法》的相关规定，对您的所有资料会做好严格的保密工作。

答题开始时间 月 日 时 分

一 基本资料

1. 您的性别：

①男性 ②女性

2. 您的年龄_____岁

3. 您的民族是：

①汉族　②藏族　③回族　④蒙古族　⑤撒拉族　⑥土族　⑦其他

4. 您的教育程度是：

①文盲　②脱盲、小学　③初中　④高中及中专　⑤大专

⑥本科　⑦硕士研究生　⑧博士研究生

5. 您的婚姻状况：

①未婚　②初婚　③离婚未婚　④离婚再婚　⑤丧偶未婚　⑥丧偶再婚　⑦其他

6. 您的政治面貌：

①群众　②共产党员　③共青团员　④民主党派　⑤无党派人士

7. 您的职业：

①行政机关工作人员　②党群组织工作人员　③事业单位工作人员　④企业工作人员　⑤社区工作人员　⑥企业经营者　⑦小个体经营户　⑧商业服务业人员　⑨打零工者　⑩下岗失业人员　⑪无业人员　⑫军人、警察　⑬离退休人员　⑭其他

8. 您的级别是：

①普通工作人员　②科级　③县处级　④厅局级　⑤省部级

9. 您现在工作的具体地址是 X 省＿＿＿＿＿＿＿（市/州）＿＿＿＿＿＿＿（区/县）＿＿＿＿＿＿＿＿（乡/镇）

二　个人流动状况

10. 您的籍贯是＿＿＿＿＿＿＿＿＿＿＿＿＿＿＿＿＿＿

11. 您的出生地是＿＿＿＿＿＿＿＿＿＿＿＿＿＿＿＿

12. 您是如何到第一份工作的：

①大学毕业分配　②公务员考试　③事业单位考试　④本单位考试　⑤特岗　⑥优大生/选调生　⑦人才市场　⑧亲戚朋友帮忙　⑨其他途径

13. 您认为您工作的地方（多选）：

①海拔高　②气候寒冷　③气候干燥　④都还好　⑤其他

14. 您的身体总体上能适应您工作地的气候吗：

①完全能　②比较能　③一般　④不太能　⑤不能　⑥说不上

15. 到目前为止，您的工作地点变动过几次：

①一次　②两次　③三次　④四次　⑤五次以上

⑥没有变动（选没有变动的，请跳答第 17 题）

16. 您认为您最重要的一次工作变动的原因是新工作（多选）（跳答第 19 题）：

①工作地点气候条件更好　　②工作单位收入待遇更好

③工作单位个人发展前景更好　④工作单位压力更小

⑤工作单位性质更稳定　　　⑥工作单位氛围更好

⑦其他＿＿＿＿＿＿＿＿＿＿＿＿＿

17. 您工作没有变动的原因是目前的（多选）：

①工作地点气候条件好　　②工作单位收入待遇好

③工作单位个人发展前景好　④工作单位压力小

⑤工作单位性质稳定　　　⑥工作单位氛围好

⑦没有机会　　　　　　　⑧其他

18. 如果有工作变动的机会，您更想到哪里工作：

①外省　②西宁　③本省地州　④本省县乡

为什么？＿＿＿＿＿＿＿＿＿＿＿＿＿

19. 如果您退休了，您最可能选择的养老地点是：

①外省　②A 市　③本省地州　④本省县乡　⑤还没想过

三　代际流动状况

20. 您父亲的职业是：

①农民　②工人　③干部

21. 您母亲的职业是：

①农民　②工人　③干部

22. 您父亲的工作地点是：

①外省　②A 市　③本省地州　④本省县乡

23. 您母亲的工作地点是：

①外省　②A 市　③青海省地州　④青海省县乡

24. 您父母现居住的地方是：

①外省　②西宁　③本省地州　④本省县乡　⑤外国

25. 您有孩子吗：①有（继续第 26 题）　②没有（跳答第 27 题）

26. 您的孩子在何地上学：

①外省　②A 市　③本省地州　④本省县乡　⑤外国　⑥孩子还没上学

如果您有两个及以上的孩子，请详细注明孩子们上学的情况＿＿＿

———————————————

27. 您希望您的孩子在何地上学：

①外省　②A 市　③本省地州　④本省县乡　⑤外国

28. 您有已经参加工作的孩子吗：①有　②没有（跳答第 31 题）

29. 您的孩子在何地工作：

①外省　②A 市　③本省地州　④本省县乡　⑤外国

30. 您孩子从事何种职业（多选）：

①国家行政机关工作人员　　②党群组织工作人员

③事业单位工作人员　　　　④企业工作人员

⑤社区工作人员　　　　　　⑥企业经营者

⑦小个体经营户　　　　　　⑧商业服务业人员

⑨打零工者　　　　　　　　⑩军人、警察　⑪无业人员

31. 您希望您的孩子在何地工作：

①外省　②A 市　③本省地州　④本省县乡　⑤外国

32. 您希望孩子从事何种职业（多选）：

①国家行政机关工作人员　　　②党群组织工作人员

③事业单位工作人员　　　　　④企业工作人员

⑤社区工作人员　　　　　　　⑥企业经营者

⑦小个体经营户　　　　　　　⑧商业服务业人员

⑨打零工者　　　　　　　　　⑩军人、警察

⑪完全尊重孩子自己的意愿　　⑫无所谓

四　流动问题

33. 您觉着您单位的工作人员数量：

①足够　②比较够　③一般　④不太够　⑤不够　⑥说不清

34. 您觉着您单位的工作人员流出：

①流出非常多 ②流出比较多 ③一般 ④流出较少 ⑤流出很少 ⑥说不清

35. 您觉着您的单位的工作人员流入：

①流入非常多 ②流入比较多 ③一般 ④流入较少 ⑤流入很少 ⑥说不清

36. 您觉着您单位人才：

①足够 ②比较够 ③一般 ④不太够 ⑤不够 ⑥说不清

37. 您觉得您单位人才流失：

①非常严重 ②比较严重 ③一般 ④不太严重 ⑤不严重 ⑥说不清

38. 您觉着您单位的人才引进：

①非常多 ②比较多 ③一般 ④较少 ⑤很少 ⑥说不清

39. 您认为单位人才流失跟以下哪种条件有关系（多选）：

①工作地点气候条件 ②工作单位收入待遇 ③工作单位个人发展前景 ④工作单位压力大小 ⑤工作单位性质 ⑥工作单位氛围 ⑦其他

答题结束时间 月 日 时 分

问卷到此结束，感谢您的配合！

祝您生活幸福，工作愉快！

X省高海拔地区人口流动及社会风险课题组

附录五：在职公职人员访谈提纲

1. 您是哪里人？

2. 您哪一年到 X 省高海拔地区工作的？

3. 您通过何种途径到 X 省高海拔地区工作的？

4. 您到 X 省高海拔地区工作的主要原因是什么？

5. 您有没有想过要调动工作？调动到哪里？为什么？

6. 您对 X 省高海拔地区的气候、自然条件总体适应吗？

7. 在 X 省高海拔地区工作，您面临哪些主要问题？

8. 请您描述一下您目前的工作、生活状况。

9. 您认为影响 X 省高海拔地区公职人员向外流动的因素有哪些？

附录六：退休公职人员访谈提纲

1. 您啥时候离/退休的？

2. 您是哪里人？通过何种途径到 X 省高海拔地区工作？

3. 您退休后居住在哪里？为什么会选择居住在那里？

4. 您居住的房子是？

5. 您现在和谁一起居住？

6. 您平时主要忙些什么？

7. 请您描述一下您目前的日常生活。

附录七：城镇化人口访谈对象名单①

序号	编号	性别	年龄（岁）	访谈地点	访谈方式	访谈日期	访谈时长（分钟）
1	GJMLC - 2016 - 12 - W42	女	42	A 市	面对面	2016. 12. 23	30
2	DZXYT - 2017 - 04 - M26	男	26	D 州	面对面	2017. 4. 20	25
3	ECYT - 2016 - 12 - M36	男	36	E 州	面对面	2016. 12. 20	30
4	FDJ - 2016 - 10 - W43	女	43	F 州	面对面	2016. 10. 20	35
5	GGS - 2018 - 08 - M43	男	43	A 市	面对面	2018. 8. 09	30
6	DZMCR - 2017 - 04 - W38	女	38	D 州	面对面	2017. 4. 20	25
7	DNB - 2016 - 10 - M37	男	37	D 州	面对面	2017. 4. 20	20
8	HRZCD - 2016 - 08 - M35	男	35	H 州	面对面	2016. 8. 20	25

---

① 城镇化人口访谈对象编码格式：访谈地域缩写 + 姓名 + 采访时间 + 性别 + 年龄。

续表

序号	编号	性别	年龄（岁）	访谈地点	访谈方式	访谈日期	访谈时长（分钟）
9	FTM－2016－10－W40	女	40	F 州	面对面	2016.10.25	30
10	ECRWD－2016－12－M17	男	26	E 州	面对面	2016.12.20	20
11	EWQ－2016－12－W20	女	20	E 州	面对面	2016.12.20	30
12	FDJ－2016－10－W40	女	40	F 州	面对面	2016.10.25	20
13	EJMJ－2016－12－W19	女	19	E 州	面对面	2016.12.20	20
14	HNBT－2016－10－W23	女	23	H 州	面对面	2016.10.21	20
15	DGSZJ－2017－04－M26	男	26	D 州	面对面	2017.4.21	20
16	CLMZM－2017－02－W31	女	31	C 州	面对面	2017.2.21	25
17	EDJCD－2016－12－M33	男	33	E 州	面对面	2016.12.06	25
18	DGG－2017－04－M26	男	26	D 州	面对面	2017.4.21	20
19	DGBJ－2017－04－M29	男	29	D 州	面对面	2017.4.21	20
20	HSJCD－2016－10－M31	男	31	H 州	面对面	2016.10.22	25
21	HZX－2017－10－M57	男	57	H 州	面对面	2016.10.22	20
22	DLGS－2017－10－M48	男	48	D 州	面对面	2017.10.23	20
23	GGSZX－2017－10－M46	男	46	G 州	面对面	2017.10.23	20
24	ECRZX－2016－12－M34	男	34	E 州	面对面	2016.12.20	25
25	DGGC－2017－04－W31	女	31	E 州	面对面	2017.04.21	25
26	EMJT－2016－12－M42	男	42	E 州	面对面	2016.12.20	30
27	EYMJ－2016－12－W39	女	39	E 州	面对面	2016.12.23	20
28	FDZ－2016－10－M40	男	40	F 州	面对面	2016.10.23	20
29	GGGZX－2017－10－M40	男	40	G 州	面对面	2017.10.21	20
30	GZXCR－2017－10－M41	男	41	G 州	面对面	2017.10.24	30

续表

序号	编号	性别	年龄（岁）	访谈地点	访谈方式	访谈日期	访谈时长（分钟）
31	FRZNM – 2016 – 10 – M41	男	41	F 州	面对面	2016. 10. 20	15
32	GZMLM – 2017 – 10 – M67	女	67	G 州	面对面	2017. 10. 20	20
33	EGGCW – 2016 – 12 – M43	男	43	E 州	面对面	2016. 12. 21	20
34	EZXCR – 2017 – 04 – M42	男	42	E 州	面对面	2016. 12. 21	30

附录八：城镇化人口访谈提纲

1. 您在这里居住生活了多长时间？
2. 您家的房子是？
3. 您来城里生活的主要原因是什么？
4. 您家人现在主要的生活来源是什么？
5. 进城生活后，您家饮食结构有啥变化？
6. 进城生活后，您和家人的宗教生活有啥变化？
7. 进城生活后，对牧业有啥影响？
8. 在城里生活，您家面临的主要问题有哪些？
9. 描述一下您的日常生活。

附录九：生态移民访谈对象名单[①]

序号	编号	性别	年龄（岁）	访谈地点	访谈方式	访谈日期	访谈时长（分钟）
1	HSNAW – 2016 – 08 – M43	男	43	H 州	面对面	2016. 8. 15	30
2	CSNCD – 2017 – 02 – 02 – M61	男	61	C 州	面对面	2017. 2. 19	30

---

① 高稀源生态移民访谈对象编码格式：访谈地域缩写＋姓名＋采访时间＋性别＋年龄。

序号	编号	性别	年龄（岁）	访谈地点	访谈方式	访谈日期	访谈时长（分钟）
3	HDZ－2016－08－M53	男	53	H州	面对面	2016.8.15	20
4	CZM2017－02－W27	女	27	C州	面对面	2017.2.21	20
5	CYJJ2017－02－W29	女	29	C州	面对面	2017.2.21	20
6	CSJ－2017－02－W45	女	45	C州	面对面	2017.2.21	25
7	CDJ－2017－02－M42	男	42	C州	面对面	2017.2.21	20
8	HJM－2017－02－M40	男	40	H州	面对面	2016.8.15	15
9	CCD2017－02－M60	男	60	C州	面对面	2017.2.22	20
10	DJM2018－04－W56	女	56	D州	面对面	2018.4.20	10
11	HLZ－2016－08－M55	男	55	H州	面对面	2016.8.15	20
12	HDJCD－2016－08－M47	男	47	H州	面对面	2016.8.15	20
13	CDJCR－2017－02－M42	男	42	C州	面对面	2017.2.19	60
14	CZX－2017－02－M45	男	45	C州	面对面	2017.2.19	60
15	CCRDZ－2017－02－M42	男	42	C州	面对面	2017.2.19	60
16	CDJCD－2017－02－M38	男	38	C州	面对面	2017.2.19	60
17	CDZZX－2017－02－M41	男	41	C州	面对面	2017.2.19	60
18	CGGJ－2017－02－W32	女	32	C州	面对面	2017.2.19	40
19	CZG－2017－02－W30	女	30	C州	面对面	2017.2.19	20
20	CLMJ－2017－02－W67	女	67	C州	面对面	2017.2.19	15
21	HDJC－2016－08－W45	女	45	H州	面对面	2016.8.15	30
22	HGS－2017－02－W66	女	66	H州	面对面	2016.8.15	15
23	HYJCR－2017－02－M10	男	10	H州	面对面	2016.8.15	25
24	HLJ－2016－08－W27	女	27	H州	面对面	2016.8.15	25

附录十：生态移民调查问卷

生态移民社会风险调查问卷

问卷编号

移民朋友：您好！

我是"X省高海拔地区人口流动及社会风险"课题组成员，正在做有关高稀源生态移民社会风险的调研，您是我们从高稀源生态移民中按照科学抽样原则抽取出来的调查对象，您的意见将代表和您一样的部分移民，答案没有正确和错误的区别，请您根据实际情况回答即可。

我们将遵守《中华人民共和国统计法》的相关规定，对您的资料做好严格保密工作。

答题开始时间　月　日　时　分

一　背景资料

1. 您的性别_____。

2. 您的年龄_____。

3. 您的民族是_____。

4. 您家有_____口人。

5. 您是从哪里搬迁来的_____，您当地的海拔有_____米。

6. 搬迁前您家有_____头牛，_____只羊。

7. 搬迁前您家在当地的生活水平（　）

①非常好　②比较好　③一般　④比较不好　⑤非常不好

二　迁移与认同状况

8. 您迁移的原因是（　　　　）

①政府没动员，自己搬迁的　②政府动员，自己愿意　③政府强制搬迁

225

9. 您认为政府让您搬出原来居住地的原因是（　　　　）

①为了迁移的移民的发展　②为了保护迁出地的生态环境

③其他

10. 您认为您是（　）

①牧民　②市民　③生态移民　④说不清

11. 您家现在主要的收入来源是（　）（多选）

①移民生活补助　②生活困难补助　③草补偿　④湿地补偿

⑤林地补偿　⑥燃料补助　　⑦最低生活保障　⑧打工收入

⑨经营收入　⑩其他

12. 您家现在的生活水平（　）

①非常好　②比较好　③一般　④比较不好　⑤非常不好

13. 您认为您移民主要对（　）有好处（多选）

①移民自己　②草场　③政府　④非三江源区的人　⑤世界上其他地方的人

14. 您家目前的生活困难吗（　　　）

①没困难　②有点困难　③很困难

15. 搬迁前您遇到了困难找谁帮忙（　）

①父母　②兄弟姐妹　③其他亲戚　④朋友　⑤子女　⑥村干部

⑦村民　⑧政府　⑨自己解决　⑩其他人

16. 搬迁后您遇到了困难找谁帮忙（　）

①父母　②兄弟姐妹　③其他亲戚　④朋友　⑤子女　⑥村干部

⑦村民　⑧政府　⑨自己解决　⑩其他人

17. 您和以下人的交往情况：

	非常多	比较多	一般	比较少	没有
一起搬出来的亲戚					
没有搬出来的亲戚					
本村的村干部					
本村其他村民					
本市其他亲戚					
本市的陌生人					
其他干部					

18. 您想不想搬回去? 为什么? ＿＿＿＿＿＿＿＿＿＿＿＿＿＿＿。

19. 您能不能搬迁回去? 为什么? ＿＿＿＿＿＿＿＿＿＿＿＿＿＿＿。

答题结束时间　月　日　时　分

感谢您的配合, 祝您生活幸福!

附录十一: 生态移民访谈提纲

1. 您为什么会搬迁到这里来?

2. 您觉得您搬迁了对谁有好处?

3. 您现在生活有困难吗? 最大的困难是什么?

4. 您过去有困难了找谁解决? 现在有困难了找谁解决?

5. 您想不想搬回去? 为什么?

6. 您能不能搬回去? 为什么?

7. 描述一下您家现在的生活。

后　记

　　人类的历史漫长而丰富，能在历史上留下痕迹的人占的比例并不高，但能给历史留下一点什么，却成为一些人执迷不悟的迷梦。研究和写作，并用铅字的方式，走进图书馆，偶尔有一天由某一个被命运牵引的后人捡拾了起来，拂去历史的灰尘，看到一段普通人记录的普通人的生活史，成为像我这样的知识分子能够留给世间的唯一痕迹。后人可以透过铅字，看到研究者字里表述的意义，后人也可以透过字里行间甚至留白，猜测那些没被表述出来或许更重要的东西，毕竟，留下来，才有这种可能。

　　笔者在十六年前，从黄土高原流动到青藏高原生活和工作，成为"孔雀东南飞"大的历史潮流中"逆流"而动的较少案例中的一员，在时空距离用网速计算的时代，青藏高原上的人也快速地加入了一个聚变的时代，书写自己生命的乐章，上演了多样的人生故事，在青藏高原上持续的工作和生活，使我有机会记录下高海拔这个特殊空间人口迁移流动的历史。

　　本书的写作缘由来自国家哲学社会科学项目的资金支持，使得我有机会在高原遇到一些人，听他们讲自己的故事，并把这些故事记录在册，用很多被访者自己并不能听懂的方式呈现出来。出于对被访者的尊重，文中大量引用了他们的原话，为了对被访者的生活造成较小甚至不造成影响，文中尽可能地使用化名或代码，虽然每一个生命故事完全不同，但每一个生命故事又有太多相似。

　　写作是自己和自己的对话，对社会科学研究者来说，更是与一大批此领域的先行者们的对话，但当一个人被困于生活工作的各种琐琐碎碎之中，这对话就是一种奢侈，还好，有很多人为我分担了这种琐碎，让我有时间完成这样的对话。

人之所以能成为社会需要的人，是因为社会尤其是家庭给个人提供了一个较长时间的生活依赖期，对我而言，此依赖期显得漫长而又没有尽头，在人生的许多关键时刻，都是依赖父母提供的帮助。小女儿出生后的两个月，我决定要开始此书的写作，与我而言，精神和肉体都面临巨大的压力和挑战，高龄生产引起的诸多身体不适和既要照顾刚出生的小女儿又要照顾上初中的大女儿的精神压力，使此书的写作从一开始就征程遥远，前途未卜。感谢我的父母，两个面朝黄土背朝天的农民，为了照顾我和我的家庭，离开自己喜欢的土地和庄廓、熟悉的亲人和朋友，来到陌生的城市，过上陌生的生活，养育我的孩子，扶助我的生活。父母看着我年幼孩子的每一点进步和我人生历程中的每一点收获，安慰自己的辛苦，犒劳自己的背井离乡。感谢我年幼的小女儿，幼年时期的规律作息，使得我能够抓住她睡眠的空隙高效写作，完成此书的初稿，而此书修改的阶段，则是她每次都大度地说"妈妈上班去吧，妈妈再见！"我得以在安静的办公室完成书稿的修改。感谢我青春期的大女儿，从小建立的信任，使得她经常是我的第一个读者，我常常把忙于学习中的大女儿揪到身边，给她读一段刚出笼的文字，得到大女儿的肯定，也是我写作下去的重要动力。感谢我的先生，十几年的婚姻生活，使我们形成了各司其职，生活中分工协作而又独立且互不打扰的相处方式，使得我能够享受写作的独处时光。

感谢我的工作单位青海省委党校，在学校面临着巨大的教学、科研、资政量化考核的压力之下，学校仍旧能给科研人员提供足够的进行并不能预期结果的写作时间。感谢我部门的同事们，不计辛劳帮我分担工作。

文字虽已出，但作者—文字—读者之间的关系并不简单是读者通过文字了解作者，因为文字的表述中总存在一些或词不达意或似是而非的困境，文字很多时候并无法力透纸背甚至还留下太多欲说还休的痕迹，使得文字反而可能会制造出作者和读者沟通的鸿沟，唯此"用情不敢至深，恐大梦一场"。

文责自负！

2020 年 12 月 28 日